AF226155

HENRI CORDIER

MEMBRE DE L'INSTITUT

PROFESSEUR A L'ÉCOLE DES LANGUES ORIENTALES

MÉLANGES

D'HISTOIRE ET DE GÉOGRAPHIE

ORIENTALES

TOME I

PARIS

LIBRAIRIE DES CINQ PARTIES DU MONDE

JEAN MAISONNEUVE & FILS, ÉDITEURS

3, RUE DU SABOT, 3

—

1914

Reproduction et traduction interdites pour tous pays

Librairie Jean MAISONNEUVE et Fils, Éditeurs
3, rue du Sabot, 3 — PARIS (VIᵉ)

BIBLIOTHÈQUE ORIENTALE

Publiée sous la direction d'un Comité Scientifique International

Vol. I. — **Rig-Véda** ou *livre des Hymnes*, traduit du sanscrit par A. Langlois. 2ᵉ édit. avec un index analytique, par Ph.-Ed. Foucaux, 620 pages à 2 col.
Gr. in-8° br.......... .... **20 fr.**

Vol. II. — **Chi-King** ou *livre des Vers*, traduit pour la première fois en français par G. Pauthier. Hymnes sanscrits, persans, égyptiens, assyriens et chinois, 425 pages à 2 col.
Gr. in-8° br................................ **15 fr.**

Vol. III.— **Introduction à l'histoire du Bouddhisme Indien**, par E. Burnouf. Deuxième édition, rigoureusement conforme à l'édition originale et précédée d'une notice des travaux de Burnouf, par Barthélemy-de-Saint-Hilaire, XXXVIII-587 pages.
Gr. in-8° br............................... **20 fr.**

Vol. IV. — **Le Koran** analysé d'après la traduction de Kazimirski et les observations de plusieurs orientalistes par Jules Labaume, XXIII-800 pages.
Gr. in-8° br............................... **20 fr.**

Vol. V. — **Avesta,** *livre sacré du Zoroatrisme,* traduit du texte zend, par C. de Harlez. Deuxième édition avec cartes et planches, CCXLVIII et 671 pages.
Gr. in-8° br............................... **20 fr.**

Vol. VI-VII-VIII. — **Le Râmâyana de Vâlmîki**, traduit en français par A. Roussel, de l'Oratoire.
3 vol. gr. in-8° br........................ **75 fr.**

MÉLANGES D'HISTOIRE

ET DE

GÉOGRAPHIE ORIENTALES

I

HENRI CORDIER

MEMBRE DE L'INSTITUT

PROFESSEUR A L'ÉCOLE DES LANGUES ORIENTALES

MÉLANGES

D'HISTOIRE ET DE GÉOGRAPHIE

ORIENTALES

TOME I

PARIS

LIBRAIRIE DES CINQ PARTIES DU MONDE

JEAN MAISONNEUVE & FILS, ÉDITEURS

3, RUE DU SABOT 3,

1914

JEAN DE MANDEVILLE [1]

—

Cette publication remarquable [2] qui met au point, si je puis m'exprimer ainsi, la question de MANDEVILLE, n'a pas été suffisamment connue dans le monde savant français, et je ne sache pas qu'elle ait eu en Angleterre, sauf dans deux publications périodiques estimées [3] et dans le monde spécial de la bibliophilie l'accueil qu'elle méritait.

Il est bien entendu pour le grand public et même pour quelques autres que Jean de Mandeville, chevalier anglais, natif de St. Albans, passa « la meer lan millesme CCC^me vintisme et secund, le iour de Seint Michel [4] » et qu'il a voyagé depuis dans l'Asie entière au XIVe siècle, que pour se reposer de ses fatigues il écrivit dans la retraite le récit de ses

1. Extrait du *T'oung pao*, Novembre 1891, pp.288-323.
2. The Buke of John Maundeuill being the Travels of Sir John Mandeville, knight 1322-1356, a hitherto unpublished english version from the unique copy (Egerton Ms. 1982) in the British Museum edited together with the French text, notes, and an introduction by George F. Warner, M. A., F. S. A. Assistant-keeper of Manuscripts in the British Museum. Illustrated with twenty-eight miniatures reproduced in fac-simile from the additional MS. 24,189. Printed for the Roxburghe Club. Westminster, Nichols and Sons..., MDCCCLXXXIX, gr. in-4, pp. XLVI + 232 + 28 miniatures.
3. *The Academy*, Sept. 6, 1890, notice par Alfred W. Pollard. — *Edinburgh Review*, 1891.
4. Brit. Museum, Harley, 4383, f. 1 verso.

voyages, et enfin qu'il mourut le 17 Novembre 1372 à Liége où il fut enterré dans l'église des Guillemins.

Rarement ouvrage jouit d'une plus grande popularité ; tandis que le colonel Sir Henry Yule cite 78 manuscrits du plus grand voyage en Asie à l'époque du moyen-âge, Marco Polo, que j'en marque 76 pour Odoric de Pordenone qui vient immédiatement après l'illustre Vénitien par ordre d'importance, c'est par centaines que l'on compte les copies de Mandeville. Quant aux éditions imprimées, elles sont légions ; Carl Schönborn [a] en a donné en 1840 une bibliographie fort incomplète, Tobler [b] a été moins étendu mais meilleur dans sa *Bibliographia geographica Palestinae* (1867) ; je crois pouvoir ajouter, quoiqu'elle soit inconnue de Mr. Warner, ma *Bibliotheca Sinica* [c] qui décrit les éditions de Mandeville, col. 944/959 et va être terminée dans peu de temps par un supplément.

La première édition imprimée est incontestablement, comme pour Marco Polo, en langue allemande [1] s. l. n. d. [2], mais probablement à Bâle, vers 1475, découverte par le libraire Tross, et faisant aujourd'hui partie de ma collection particulière [d]). Puis viennent l'édition française du 4 avril 1480 suivie de celle du 8 février de la même année, Pâques tombant le 2 avril [e]), ensuite les éditions latines [f]), hollandaises [g]) et italiennes [h]), puis les impressions anglaises de Pynson et de Wynkin de Worde.

Mais en quelle langue avait été écrite la relation ? Quoique la première édition imprimée soit en

1. Nuremberg, 1477. — Cf. *Bibliotheca Sinica*, col. 2022-2045.
2. Voir toutefois l'éd. hollandaise signalée page 330.

allemand, elle n'indique, comme nous l'avons déjà
dit pour Marco Polo, qui a été dicté en français, que
l'activité scientifique plus grande et l'impulsion donnée à la presse dans les villes de Bâle, Nuremberg et
Augsbourg. On a cru tout d'abord à l'existence de
trois textes originaux, probablement en français,
en anglais, et en latin vulgaire : le doyen de Tongres,
Radulphus de Rivo, originaire de Bréda, écrit en
effet dans les *Gesta Pontificum Leodiensium*, p. 17 [1] :
« Hoc anno Ioannes Mandeuilius natione Anglus vir
ingenio, & arte medendi eminens, qui toto fere terrarum orbe peragrato, *tribus linguis* peregrinationem suam doctissime *conscripsit*, in alium orbê
nullis finibus clausum, lōgeque hoc quietiorem, &
beatiorem migrauit 17. Nouembris. Sepultus in
Ecclesia Wilhelmitarum non procul à moenibus
Ciuitatis Leodiensis. » Le doyen de Tongres est mort
en 1483 [2] ; Mr. Warner [3] marque 1403.

Mandeville lui-même a cependant dit à la fin de

1. Radvlphi de Rivo Decani Tongrensis Gesta Pontificvm Leodiensivm. Ab anno tertio Engelberti a Marcka vsque ad Ioannem
à Bauaria, dans le Vol. III de : Qui Gesta Pontificvm Leodiensivm
scripservnt avctores Præcipvi, Ad seriem rerum, & temporum
collocati, ac in Tomos distincti. Nunc primùm studio & industria
R. D. Ioannis Chapeavilli Canonici & Vicarij Leodiensis typis
excusi, & annotationibus illustrati, & ad nostra vsque tempora
deducti. Tomvs III. et Vltimvs. Leodii, Typis Christiani Ouvverx
iunioris, propè sanctum Dionysium sub signo Patientiæ. Anno
1616. in-4.

2. *L. c.* Vita Radvlphi de Rivo ex eivs scriptis : « Obijt Radulphus anno 1483 ».

3. « De Rivo died in 1403, so that, unless the words « tribus
linguis », are a subsequent interpolation in his chronicle, we must
suppose that an English translation of some kind was made long
enough before that date to have become known on the continent.
Be that as it may, it could not have been long after 1400 that the
defective text, as we now have it, fell into the hands of those

son introduction [1] : « Et sachez qe ieusse cest escript mis en latyn pur pluis briefment deuiser ; mes, pur ceo qe plusours entendent mieltz romantz qe latin, ieo lay mys en romance, pur ceo qe chescun lentende et luy chiualers et les seignurs et lez autres nobles homes qi ne sciuent point de latin ou poy, et qount estee outre meer, sachent et entendent, si ieo dye voir ou noun, et si ieo erre en deuisant par noun souenance ou autrement, qils le puissent adresser et amender, qar choses de long temps passez par la veue tornent en obly, et memorie de homme ne puet mye tot retenir ne comprendre [2] ». D'AVEZAC, il y a longtemps, avait penché pour une unique version française d'après ce passage et d'après le texte latin [3]. Le manuscrit anglais du British Museum (Cott., Titus C. xvi) donne d'autre part dans le prologue (cf. éd. 1725, p. 6) : « And zee schulle undirstonde, that I have put this Boke out of *Latyn* into *Frensche*,

who have the means of comparing it with a complete French manuscript (perhaps indeed more than one) and took the opportunity of revising it and supplying the omitted matter » (Warner, p. xi).

Mr. Warner s'appuie (p. xxxiv) pour la date 1403 sur le *Bulletin de l'Inst. Archéol. Liégeois*, XVI, 1882, p. 358.

1. Warner, texte du Harley, 4383.

2. Le Dr. Vogel donne le même passage d'après le plus ancien manuscrit français connu, celui de 1371 écrit par Raoulet d'Orléans et provenant de la Bibliothèque de Charles V, jadis Barrois XXIV — et depuis qu'il est passé de la collection Ashburnham à la Bib. Nationale, à Paris, N. Fr. 4515.

3. ... Ce qui est confirmé par l'intitulé de la version latine : « Incipit itinerarius a terra Angliæ ad partes Iherosolimitanas et in ulteriores transmarinas, editus primo in lingua gallicana a milite suo autore anno incarnacionis Domini m. ccc. lv, in civitate Leodiensi, et paulo post in eadem civitate translatus in hanc formam latinam ». (P. 33 de la *Relation des Mongols ou Tartars par le frère Jean du Plan de Carpin*, Paris, 1838).

and translated it azen out of *Frensche* into *Englyssche*,
that every Man of my Nacioun may undirstonde
it... [1]. » Mais en dehors de l'importance du passage
français cité plus haut, mal compris probablement
par le traducteur anglais, dont le texte est reproduit
dans le Titus C. xvi, nous verrons que la version
anglaise dont nous venons d'extraire une phrase, qui
ne se rencontre pas d'ailleurs dans les manuscrits
latins, est certainement postérieure au texte français
et que par suite l'extrait de Titus. C. xvi n'a qu'une
maigre valeur. Il ne peut y avoir de doute pour l'an-
tériorité que pour le français et le latin dont il y a,
suivant le Dr. VOGEL, cinq versions différentes, dont
une seule a été imprimée.

Le Dr. Carl. SCHÖNBORN [i]) et M. Eduard MÄTZNER [i])
ont démontré que les textes latin et anglais n'ont pu
être rédigés par Mandeville lui-même, et, dit NICHOL-
SON, le Dr. J. Vogel marque la même chose pour les
textes latins inédits qu'il a découverts au British
Museum, ainsi que pour la version italienne [2].

L'universalité de la langue française à l'époque
serait encore un argument en faveur d'une rédaction
originale dans cette langue, si des noms propres
corrompus, des abréviations dans le texte latin, etc.,
ne rendaient plus vraisemblable encore ce fait.

L'histoire de la version anglaise racontée par
MM. Nicholson et Warner est fort intéressante. Une
première version a été faite sur un texte français
(incomplet ainsi que le montre Mr. Warner, p. x)
au commencement du xve siècle ; elle a servi de

---

1. Ce passage n'existe ni dans le MS. Egerton, 1982, ni dans
les versions latines.
2. *Encyclopaedia Britannica.*

modèle à tous les manuscrits anglais sauf deux et elle
a fourni les textes imprimés jusqu'à 1725[k]). Ainsi
que l'a remarqué M. Nicholson [1], elle est incomplète
de tout le passage donné par HALLIWELL (1839)
d'après Titus C. xvi depuis la page 36, l. 7. « And
there were to ben 5 Soudans », jusqu'à la page 62,
l. 25 « the Monkes of the Abbeye often tyme », qui
répond dans le texte Egerton de Warner à la p. 18,
l. 21 « for the Sowdan », à p. 32, l. 16 « synges oft
tyme ». C'est ce mauvais texte, nous disons donc, qui
a été imprimé, avec de nombreuses variantes jusqu'en 1725, même par M. Ashton [2] qui a reproduit
dans une édition, sans valeur et sans critique, celui
de East et non celui de la Cottonienne sous prétexte
que celui-ci est illisible [3].

Deux révisions de la version anglaise furent faites
dans les vingt-cinq premières années du xve siècle
et sont représentées, l'une au British Museum par
le MS. Egerton 1982 et à la Bodléienne par le MS.
abrégé e Mus. 116, l'autre au British Museum par
le MS. Cotton. Titus C. xvi. Ce dernier est celui de
l'édition de 1725 souvent réimprimée jusqu'à celle
de Halliwell (1839 et 1866) [l]. Le MS. Egerton 1982
est celui qui est reproduit dans le magnifique ouvrage
dont nous parlons aujourd'hui. A dire vrai, le MS.
Egerton 1982 est le seul manuscrit anglais complet

---

1. *The Academy*, X, p. 477. — *Encyclopaedia Britannica*, 9th ed.,
XV, p. 475.

2. *The Voiage and Travayle of Sir John Maundeville Knight
which treateth of the way towards Hierusalem and of marvayles
of Inde with other ilands and countreys. Edited, Annotated, and
Illustrated in Facsimile by John Ashton... London, Pickering
& Chatto, 1887, gr. in-8, pp. xxiv-289.*

100 ex. imprimés sur grand papier.

3. *L. c.*, p. vi.

que possède le British Museum [1], car en dehors des sept copies du texte défectueux, le Cotton. a trois ff. en moins après le f. 53, le texte de l'édition de 1725· ayant été complété avec le MS. Royal, 17 B. [2].

Malgré son extrême popularité, la version de Mandeville ne pouvait néanmoins manquer de frapper par son extrême ressemblance avec certains autres récits de voyages, celui du frère Odoric de Pordenone notamment [3]. Cette similitude a fait parfois donner le religieux de St. François comme compagnon au Chevalier de St. Albans, par exemple dans des manuscrits de Mayence et de Wolfenbüttel [m]). D'autres ont été plus loin et ont traité soit de plagiaire, soit de menteur le moine d'Udine. L'excellent Samuel PURCHAS [n]) dans son avertissement au lecteur avant Marco Polo, p. 65, a soin de nous rappeler son compatriote ! Mandeville, *après* le célèbre Vénitien, de tous les voyageurs en Asie le plus grand, et encore ! il nous laisse entendre que le travail du chevalier a été pillé par quelque prêtre ! Astley est plus brutal ; il traite Odoric de menteur, *liar* [o]).

D'autres plus équitables, MALTE-BRUN [p]) par exemple, avaient signalé les emprunts faits par Mandeville à Odoric. LA RENAUDIÈRE n'est pas moins explicite dans la *Biographie universelle* [q]).

Ce que Malte-Brun et La Renaudière indiquaient d'une façon générale, d'autres allaient tout récemment le marquer d'une façon irréfutable, et démontrer

1. Le British Museum renferme 29 mss. de Mandeville, dont dix français, neuf anglais, six latins, trois allemands et un irlandais. Cf. Warner, p. x.

2. Cf. Warner, p. 61.

3. Cf. *Odoric de Pordenone*, publié par Henri Cordier... Paris, E. Leroux, 1891, gr. in-8, pp. I-lii, 211, 326, 352, 361, 468.

— non seulement que l'ouvrage entier ou presque
entier est pillé principalement de Vincent de BEAU-
VAIS, de Jacques de VITRY, de Guillaume de BOL-
DENSEL, de Jean du PLAN de CARPIN, d'HETOUM
l'Arménien, d'ODORIC, etc., mais encore que le récit
de voyages imaginaires n'est dû ni à un chevalier de
Saint-Albans, ni à un Anglais, ni à un Sire Jean de
Mandeville, mais très probablement à un médecin,
JEAN DE BOURGOGNE ou JEAN à la BARBE. Ce résultat
est dû à M. le Docteur S. BORMANS [1], au Colonel Sir
Henry YULE, à Mr. E. B. NICHOLSON [2], au Docteur
J. VOGEL [3], à M. Léopold DELISLE [4], à Mr. A. Bo-
VENSCHEN [5] et enfin à Mr. G. F. WARNER.

Dans un répertoire de la *Librairie de la Collégiale
de Saint-Paul à Liège au XVe siècle*, publié par le
Dr. Stanislas BORMANS, dans le *Bibliophile Belge*,
1re année, Bruxelles, Olivier, 1866, in-8, p. 236, se
trouve indiqué sous le No. 240, *Legenda de Joseph
et Asseneth ejus uxore, in papiro. In eodem itinerarium
Johannis de Mandevilla militis, apud guilhelmitanos
Leodienses sepulti.*

Le Dr. B. a ajouté à cette indication la note sui-

1. *Vide infra.*
2. E. B. Nicholson. — Letters to the *Academy*, Nov. 11, 1876 ;
Feb. 12, 1881. — E. B. N. et Henry Yule, MANDEVILLE, dans
Encyclopaedia Britannica, 9th ed., 1883, pp. 472-475.
3. Dr. J. Vogel. — Die ungedruckten Lateinischen Versionen
Mandeville's. (Beilage zum Programm des Gymnasiums zu Cre-
feld). 1886.
4. *Vide infra.*
5. Untersuchungen über Johan von Mandeville und die Quellen
seiner Reisebeschreibung. Von Albert Bovenschen. *(Zeitschrift
d. Ges. für Erdkunde zu Berlin*, XXIII Bd., 3 u. 4 Hft., n°s 135-
136, pp. 177-306).

vante : « Jean Mandeville, ou Manduith, théologien, médecin et mathématicien, était né à St. Alban en Angleterre d'une famille noble. On le surnomma pour un motif inconnu, *ad Barbam* et *magnovillanus*. En 1322, il traversa la France pour aller en Asie, servit quelque temps dans les troupes du sultan d'Egypte et revint seulement en 1355 en Angleterre. Il mourut à Liége chez les Guilhemins, le 17 novembre 1372. Il laissa au dit monastère plusieurs mss. de ses œuvres fort vantés, tant de ses voyages que de la médecine, écrits de sa main ; il y avait encore en ladite maison plusieurs meubles qu'il leur laissa pour mémoire. Il a laissé quelques livres de médecine qui n'ont jamais été imprimés, des *tabulae astronomicae*, de *chorda recta et umbra, de doctrina theologica*. La relation de son voyage est en latin, français et anglais ; il raconte, en y mêlant beaucoup de fables, ce qu'il a vu de curieux en Egypte, en Arabie et en Perse. »

Puis vient un extrait, d'après LEFORT, héraut de Liége, à la fin du xviie s., de Jean d'OUTREMEUSE, que nous aimons mieux tirer d'une autre publication du Dr. S. Bormans, parce que cette dernière contient en plus la phrase finale : « Mort enfin, etc. »

En effet, dans son introduction à la *Chronique et geste de Jean des Preis dit d'Outremeuse*, Bruxelles, F. Hayez, 1887 *(Collection des chroniques belges inédites)*, le Dr. Stanislas Bormans écrit, pp. cxxxiii-cxxxiv : « L'an M.CCC.LXXII, mourut à Liége, le 12 novembre, un homme fort distingué par sa naissance, content de s'y faire connoître sous le nom de Jean de Bourgogne dit à la Barbe. Il s'ouvrit néanmoins au lit de la mort à Jean d'Outremeuse, son compère, et institué son exécuteur testamentaire.

De vrai il se titra, dans le précis de sa dernière volonté, messire *Jean de Mandeville, chevalier, comte de Montfort en Angleterre, et seigneur de l'isle de Campdi et du château Perouse.* Ayant cependant eu le malheur de tuer, en son pays, un comte qu'il ne nomme pas, il s'engagea à parcourir les trois parties du monde. Vint à Liége en 1343. Tout sorti qu'il étoit d'une noblesse très-distinguée, il aima de s'y tenir caché. Il étoit, au reste, grand naturaliste, profond philosophe et astrologue, y joint en particulier une connoissance très singulière de la physique, se trompant rarement lorsqu'il disoit son sentiment à l'égard d'un malade, s'il en reviendroit ou pas. Mort enfin, on l'enterra aux F. F. Guillelmins, au faubourg d'Avroy, comme vous avez vu plus amplement cy-dessous. »

Ce n'était pas la première fois que l'on rencontrait en même temps les noms de Jean de Mandeville et de Jean à la Barbe, car Ortelius, dans sa description de Liége, renfermée dans son itinéraire de Belgique, avait donné l'épitaphe du chevalier médecin [1] : « Leodium primo aspectu ostentat in sinistra ripa (nam dextra vinetis plena est,) magna, & populosa suburbia ad collium radices, in quorum iugis multa sunt, & pulcherrima Monasteria, inter quae magnificum illud ac nobile D. Laurentio dicatum ab Raginardo episcopo, vt habet Sigebertus, circa ann. sal. M.XXV aedificatum est in hac quoq. regione Guilelmitarū Coenobium in quo epitaphiū hoc Ioannis à Mandeuille excepimus : *Hic iacet vir nobilis Dns Ioēs de Mandeville al' Devs ad barbam*

---

1. Itinerarivm // per nonnvllas // Galliæ Belgicæ partes, // Abrahami Ortelii et // Ioannis Viviani. // Ad Gerardvm Mercatorem, // Cosmographvm. // Antverpiæ, // Ex officina Christophori Plantini. // clɔ. lɔ. lxxxiv. // pet. in-8, pp. 15-16.

miles dn̄s de C̄apdi natᵥs de Anglia medicīe pfessor devotissimᵥs orator et bonorᵥm largissimᵥs paᵥpribᵥs erogator qᵥi toto qᵥasi orbe lᵥstrato leodii diem vite sᵥe claᵥsit extremᵥm ano Dn̄i M⁰ CCC⁰ LXXI⁰ [1] mensis novēber die XVII [2].

« Haec in lapide, in quo caclata viri armati imago, leonem calcantis, barba bifurcata, ad caput manus benedicens, & vernacula haec verba : *vos ki paseis sor mi povr lamovr deix proies por mi.* Clypeus erat vacuus, in duo olim laminam fuisse dicebant æream, & eius in ea itidem caelata insignia, leonem videlicet argenteum, cui ad pectus lunula rubea, in campo caeruleo, quem limbus ambiret denticulatus ex auro, eius nobis ostendebāt & cultros, ephippiaque, & calcaria, quibus vsum fuisse asserebāt in peragrando toto fere terrarum orbe, vt clarius eius testatur itinerarium, quod typis etiam excusum passim habetur ».

Dans une lettre datée de la Bodléienne, 17 mars 1884, et insérée dans *The Academy*, april 12, 1884, N⁰. 623, Mr. Edward B. Nicholson attirait l'attention sur l'extrait de Jean d'Outremeuse, et en tirait cette conclusion que l'auteur de la relation de Mandeville est un grand menteur, *a profound liar*, et qu'il est le professeur de médecine de Liége, Jean de Bourgogne ou à la Barbe. Il ajoute : « If, in the matter of literary

1. Lire 1372.
2. Purchas, *His Pilgrimes*, 3rd Pt., Lond., 1625, la reproduit ainsi p. 128 : « Hic jacet vir nobilis, D. *Ioannes de Mandeville,* aliter dictus ad Barbam, Miles, Dominus de Campdi, natus de Anglia, Medicinæ Professor, deuotissimus, orator, & bonorum largissimus pauperibus erogator qui toto quasi orbe lustrato, *Leodij* diem vitæ suæ clausit extremum. Anno Dom. 1371, Mensis Nouembris, die 17. »

honesty, John a Beard was a bit of a knave, he was very certainly no fool ».

D'un autre côté, M. Léopold Delisle [1] nous montre que deux manuscrits Nouv. acq. franç. 4515 (Barrois, 24) et Nouv. acq. franç. 4516 (Barrois, 185), faisaient jadis partie d'un même volume copié en 1371 par Raoulet d'Orléans et donné au roi Charles V la même année par son médecin Gervaise Crestien, c'est-à-dire une année avant la mort du prétendu Mandeville ; or, l'un de ces manuscrits — aujourd'hui séparés — renferme le livre de Jehan de Mandeville, l'autre, un traité de « la preservacion de epidimie, minucion ou curacion d'icelle faite de maistre Jehan de Bourgoigne, autrement dit à la Barbe, professeur en médicine et cytoien du Liège », en l'an 1365. Ce rapprochement n'est pas fortuit.

Enfin, il est un point intéressant à signaler, dans la relation de Mandeville, c'est l'absence de renseignements personnels, d'anecdotes typiques, d'incidents de voyage, du nom de ses compagnons, en un mot de tout ce qui fait la vie d'un récit. Ce fait seul suffirait à marquer le caractère général et non particulier du voyage de Mandeville. Mr. Montégut, qui a lu Mandeville, comme on eût pu le faire il y a cent ans, a bien relevé cette circonstance, mais elle n'a pu lui ouvrir les yeux [2].

Aussi croyons-nous que l'on peut dire aujourd'hui que le récit des voyages qui porte le nom de Mande-

1. Bibliothèque nationale. — Catalogue des manuscrits des fonds Libri et Barrois par Léopold Delisle... Paris, H. Champion, 1888, in-8, cf. pp. 251-253.
2. Curiosités historiques et littéraires. — Sir John Maundeville. Par Emile Montégut. I. L'homme et le Conteur. *(Revue des Deux*

ville, rentre, sauf peut-être en ce qui concerne la Palestine et l'Egypte, dans la série des voyages imaginaires que nous a légués le Moyen Age, qu'il est l'œuvre d'un habile géographe en chambre, qui ne serait autre, d'une part, d'après le passage du chroniqueur de Liège, Jean d'Outremeuse, de l'autre, par la coïncidence avec certains ouvrages du même auteur, que le médecin Jean de Bourgogne ou à la Barbe.

La publication de Mr. Warner se compose de : 1° une Introduction, pp. v-xliii, datée du 20 Nov. 1889 ; 2° un glossaire, pp. xlv-xlvi ; 3° des textes anglais et français imprimés l'un sous l'autre, pp. 1/ 156 : le texte anglais est d'après le ms. du British Museum, Egerton, 1982 ; le texte français d'après le ms. du Brit. Mus., Harley 4383, qui est incomplet et s'arrête au milieu du chap. XXII, p. 103 ; ce dernier est complété par le ms. Royal 20 B. X ; 4° Notes, pp. 157/222 ; 5° Index, pp. 223/232 ; 6° 28 planches d'après les miniatures du ms. du Brit. Museum, Add. MS. 24, 189.

Ce magnifique volume, édité aux frais du Roxburghe Club, en 1889, qui ne devait être au début, que la reproduction des miniatures d'un manuscrit du Musée Britannique, est devenu, grâce à Mr. Warner un document extrêmement précieux pour l'étude de la géographie de l'Asie à l'époque du moyen àge, et prendra place à côté des travaux de Yule.

Mondes, 15 nov. 1889, pp. 277-312). — II. Le Philosophe. *(Ibid.,* 1er déc. 1889, pp. 547-567). — Voir note, p. 284. — Les articles de M. de Montégut ont été réimp. sous le titre *Heures de lecture d'un critique*, Paris, Hachette, 1891, in-18. — Cf. *T'oung-Pao*, art. de Henri Cordier, déc. 1890, pp. 344-5.

a) Bibliographische Untersuchungen über die Reise-Beschreibung des Sir John Maundeville. — Dem Herrn Samuel Gottfried Reiche, Rector und Professor des Gymnasiums zu St. Elisabet in Breslau und Vice-Präses der Schlesischen Gesellschaft für Vaterländische Cultur, Ritter des rothen Adlerordens, zur Feier Seines Amts-Jubelfestes am 30. October 1840 im Namen des Gymnasiums zu St. Maria Magdalena gewidmet von Dr. Carl Schönborn, Director, Rector und Professor. — Breslau, gedruckt bei Grass, Barth und Comp., br. in-4, pp. 24.

b) Bibliographia Geographica Palaestinae. Zunächst kritische Uebersicht gedruckter und ungedruckter Beschreibungen der Reisen ins heilige Land. Von Titus Tobler. — Leipzig, Verlag von S. Hirzel, 1867, in-8, pp. iv-265. = : C. 1336 (1322-1356). Der englische Ritter John Maundeville, pp. 36/39.

— Bibliotheca Geographica Palaestinae..... Von Reinhold Röhricht. — Berlin, H. Reuther, 1890, in-8, pp. xx-742 + 1 f. n. ch.

c) Bibliotheca Sinica. — Dictionnaire bibliographique des ouvrages relatifs à l'Empire chinois par Henri Cordier. Paris, Ernest Leroux, 1878-1885, 2 vol. gr. in-8. — Supplément, Ibid., 1893-1895, gr. in-8.

— Deuxième édition. Paris, E. Guilmoto, 1904-1908, 4 vol. gr. in-8.

d) Editions allemandes.

—JCh Otto von diemeringen ein || Thůmherre zů Metz in Lothoringen . han dises bůch verwandelt

vsz || welschs vnd vsz latin zů tütsch durch das die
tütschen lüte ouch mögent || dar inne lesen von me̅-
nigen wunderlichen sachen die dor inne geschribe̅ ||
sind . von fremden landen vn̅ fremden tieren von
fremden lüten vnd von || irem glouben . von iren
wesen von iren kleidern . vnd vo̅ vil andern wun ||
deren als hie noch in den capitelen geschriben stat.
Und ist das bůch in || fünf teil geteilt vnd saget das
erst bůch von den landen vnd von den we || gen vsz
tütschen nider landen gen Jerusalem zů varen . vnd
zů sant Ka | || therine̅ grab vnd zn̅ dem berg Synai .
vnd von den landen vnd von den || wundern die man
vnterwegen do zwischen vinden mag. Jtem von des ||
herren gewalt vnd herrschafft der do heisset der
Soldan vnd von sinem || wesen. Das ander bůch saget
ob ymant wolt alle welt vmbfaren was || lands vnd
was wunders er vinden mȯcht. Jn manchen steten vn̅
in vil || insulen dor inne er kame . vnd saget ouch von
den wegen vnd von den la̅ || den vn̅ lüten was in des
grossen herre̅ land ist . 8 do heisset zů latin Ma ||
gnus canis | das ist zů tütsch der grosz hunt . der ist
so gar gewaltig vnd || so rich das im vff erden an gold
an edlem gestein vn̅ an anderm richtům || niemant
gelichen mag . on allein priester Johann von Jndia.
Das drit || bůch saget von des vor genanten herren
des grossen hůnds glowben vn̅ || gewonheit vnd wie
er von erst her komen ist vnd von andern sachen vil ||
Das vierde bůch saget von jndia vnd von priester
Johann vnd von siner || herschafft . von sinem vr-
sprung vnd von siner heiligkeit von sinem glou'| || ben
von siner gewonheit vnd vil andern wundern die in
sinem lande sind || Das fünfft bůch saget von manchen
heydischen glouben vnd ir gewon | || heit vn̅ ouch von
menigerlei cristen glouben die gensit mers sint die

doch || nit gar vnsern glouben hand. Jtem von meni-
gerlei Jüden glouben vnd || wie vil cristen land sint
vnd doch nicht vnsern glouben haltend noch re| ||
chte cristen sind.

In-folio gothique, s. l. n. d., sans ch. récl. ni signature ;
102 ff. dont le premier blanc, à 38, 41 et 42 lignes à la page
entière, avec 139 gr. sur bois dont quelques-unes ont été re-
produites dans l'édition d'*Odoric de Pordenone* de Henri
Cordier. C'est l'ex. trouvé par Tross et que Brunet assigne à
Bâle ? vers 1475. Il avait figuré à la vente de M. Grant à
Nancy en avril 1833.

« Cette édition très ancienne peut être considérée comme la
première, ainsi que le croyait M. Tross, qui la découvrit, et
demandait 600 fr. d'un exempl. incomplet des ff. 89 et 90 ;
ce qui nous a fait mettre au colophon le nom de Bâle, c'est
que les armes de la ville figurent au milieu d'un édifice
gravé au feuillet 43. » (Brunet, *Supp.)*

1er f. blanc ; f. 2 recto, titre *ut supra* ; f. 7 recto, grande
grav. ; f. 7 verso commence :

« Do ich Johann || von Montauíll || ein Ritter geborn vsz
Engeland von || einer stat die heisset sant Alban von || heyme
zů dem ersten vsz fůre in dem || můte vnd in der meinunge
das ich || wolt faren über mere zů dem heilig] || en grab vnd
zů dem gesegneten vnd || gebeneditem ertrich das man in
lati] || ne nennet terra promissionis das ist. || das verheissen
vnd gelobt land. Und das heisset billich das gesegnet er-
| || trich vnd das heilig land... »

Le dernier chap. commence au recto du dernier f. et finit
au verso, le voici :

« Das. Vij. capitel. im .v. bůch. ||

Christen lute hant ouch vil vn || derscheid an irem glouben
Etlich gloubent an das heilig Sacrament || Etliche hand einen
sunderen sitten mesz zů lessent. vnd haltend sunst vil || an-
dere stuck deñ die anderen christen. Als die kriechen htůnd

als man ǁ dar von in dem. XViij. Capitel. des ersten bůchs
geschriben vindet. ǁ

Etlich gloubent nit an die heiligē dryuåtickeit etlich nit an
das fegfürr ǁ noch an die helle Etlich nit an die heiligen ec
Etlich nit an gottes heili ǁ gen wan sie hant der heiligen leben
vnd ander christene recht nit gelich ǁ geschriben an iren
bůchern. Etlich gloubent nit an den bapst vnd einer ǁ sunst
der ander so. vnd heissent doch all christen vnd gloubē doch
an dē ǁ besten got iesum christum vnd an sin gotheit vnd
bittent vn̄ begerent all ǁ siner gnaden vnd zů Jm in sin ewig
rich zů kōment. vnd das selbe bitte ǁ ouch ich Johans von
Montauil Doctor in der artznye vnd Ritter ge ǁ born vsz
Engelland von der stat heisset sant alban der des ersten
disz bůch ǁ got zů lob gemacht hat. ǁ

Hie hat ein end das .v. bůch. »

Au-dessous une gravure.

Voici les autres éditions allemandes :

— Iohannes de montevilla : hie hebt sich an das
buch des ritters herr hannsen von montevilla. (A la
fin) : *Das buch hat gedruckt vnd volenndet Anthoni Sorg
zu Augspurg an der mitwochen vor sant marie Magda-
lene tag.* M.CCCC. lxxxj. *jare*, in-fol. de 91 ff. non
chiffr. à 34 et 35 lign. par page, fig. en bois.

« Cette traduction est de Michelfeld ou Michelfelser ; il
en a paru une seconde édition à *Augsbourg* par *J. Schoen-
sperger*, en 1482, in-fol. de 87 ff. à 34 lignes par page, avec fig.
en bois. [Il en existe un ex. dans la Bibliothèque Grenville,
6774]. Une autre traduction allemande de cette relation, par
Otto von Demeringen, a été imprimée à Strasbourg, chez
J. Pruss, en 1484, in-fol., fig. sur bois ; en 1488, in-4 ; et aussi
dans la même ville par *Barth. Kistler*, 1499, in-fol. de 77 ff.,
fig. en bois, et réimpr. plusieurs fois depuis. L'édit. de Strasbourg, par *Math. Hüffus*, pet. in-fol., 31 fr. en novembre 1856.

Une traduction hollandaise du même ouvrage a été imprimée à Anvers, par *Govaerdt Back*, 1494, in-4. » (Brunet).

L'ex. que nous avons examiné — celui de la Bib. roy. de Berlin — est incomplet ; il n'a que les 80 ff. [dont le dernier blanc] de la fin. Voir Hain, *Rep. Bib.*

— Johannes Von Mon ‖ teuilla. Ritter. Sig. miij : *ICH Otto von Diemeringen Thūherre zū Metze in Lothringen ‖ han dises bůch verwandelt vssz Latin vnd welhischer sproch ‖ in teutsch.* ‖ (A la fin) : *Getruckt zū Straszburg ‖ Johannes Prüssz. Anno ‖ Domini* M.CCCC.lxxxiiɪ [1483]. In-fol. de 86 ff. ; 150 grav. sur bois.

Ce vol. relié avec 4 autres pièces rares imprimées à Strasbourg : *Ritter Stauffenberg, Mélusine, Griseldis, Alexander*, a figuré dans le cat. 179, *Elsass-Lothringen*, de la librairie Joseph Baer de Francfort sur le Mein, 1886 ; il est maintenant dans la Bib. grand-ducale de Karlsruhe.

— *(Recto* 1er *f.)* : Johannes Von Mon//teuilla Ritter. — *(Recto* 2e *f. sig. aii)* : *Do ich Johan von Monteuilla Ritter Geborn vssz En//geland, etc.* — *Sig. miii : Ich Otto von Demeringen Thumherre zu Metz in Lothringen ‖ han dises buch usz Matin vn̄ welscher sproch in teutsch, etc.* ‖ (à la fin du dernier f.) : *Gedruckt zu Straszburg ‖ Johannes Prüssz. Anno Domini,* M.CCCC. lxxxiiɪɪ [1484], in-fol.

Bib. Grenville, 6773. Un ex. en mar. vert, fil., tr. dor., à la date 1483, a paru à la vente Sobolewski. N°. 1726, avec la note suivante : « Belle reliure janséniste, de Duru. Cette traduction allemande, quoiqu'elle ne soit pas la première, est un livre de la plus grande rareté. Elle se compose de 87 feuillets non chiffrés, sig. *a-m*, ornés d'un grand nombre de figures sur bois fort bizarres. Brunet, Graesse et d'autres bibliographes citent une édition de 1484, mais point celle de 1483.

Ils ont probablement commis une erreur. L'exemplaire a quelques raccommodages, très habilement faits du reste, dans les marges, Sans cela, il est en bel état ». Un exemplaire de l'édition *Strassburg, Prüssz,* 1484, a figuré à la vente Crawford (Londres, juin 1887, 1348).

La Bib. nat. possède un ex. incomplet au commencement et à la fin, d'une éd. allemande que l'on a cataloguée à la date 1484 ; il commence au f. *a-iiij* et comprend 73 ff. — Réserve O² f. 11. Les sig. doivent être : *a, b, e, g, i, k, l, m* par 8 ; et *c, d, f* et *h* par 6 ; voir *Cat. of the Huth Library,* III, p. 896.

— Von . der . erfarüng . // des . strengen . Ritters // iohannes. võ. mon // tauille.

Titre *ut supra* recto 1ᵉʳ f. — s. pag. — 70 ff. — sig. Aij — Mjjjj — Grav. sur le titre et dans le texte. — Trad. d'Otto von Demeringen. — Finit recto fol. 70 : ¶ *Gedruckt vnnd volendt durch Johannem Knoblouch Bürger vnnd inwoner der keyserlichen jryen stat Strassburg. nach Cri sti geburt fünffzehē hundert vñ sybenn jor, In dez XXI. tage des Mo nes Octobris.* Excessivement rare. — British Museum, 143. c. 3.

— Reysen vnd Wanderschafften durch das Gelobte Land, Indien vnd Persien, dess Hocherfahrnen, vnd Weitfahrenden Doctors vnd Ritters Johannis de Monteuilla auss Engelland von ihm in Frantzösischer vnnd Lateinischer Sprach, vor zwey hundert vnnd sechtzig Jaren, selbst beschrieben. Nachmals durch Otto von Demeringen Thumbherrn zu Metz in Lothringen, verteutscht... auffs neuw corrigieret vnd mit schönen Figuren gezieret. Gedruckt zu Franckfurt am Mayn. MDLXXX. pet. in-8, s. pag., sig. a-d⁵ plus 6 ff. prél. et 1 f. à la fin.

— Reysen vnd Wanderschafftem. Des Hocherfarnen vnd Weitberumpten Herrn Doctors võ Gebornen Ritters // Johannis de Monteuilla auss Engel-

landt / so er ins gelobte Land / Indien / vnd Persien /
vor 200. vnd ettlich Jahrn gethan / vnd in Lateinischer vnd Frantzösischer Sprach selbs beschrieben
hatt. Allen Teutschen zu gutem / in Teutscher
Sprach vbersetzet / durch Herrn Ottho von Demeringen / Thumbherrn zu Metz. Zu Cölln // Bey Wil-
helm Lützenkirchen. Im Jahr M.D.C. In-8, pp. 266
s. l. t. de ff. 3 à la fin.

Bib. royale de Berlin.

— Reysen vnnd Wanderschafften durch das gelobte Landt, Indien vnnd Persien, den... Johannis
de Monteuilla... Nachmals durch Otto von Demeringen... verteutscht. (*Reyssbuch dess heyligen Lands*...
Franckfort am Mayn, 1584, in-folio, ff. 405-432.)

— Reysen unnd Wanderschafften durch das gelobte Landt, Indien und Persien... durch Otto von
Demeringen... verteutscht. (*Bewehrtes Reissbuch dess
Heiligen Lands*, etc., Nürnberg. Pt. I, 1659, in-folio,
pp. 759/812.)

— Reysen... durch das gelobte Landt, Indien und
Persien, etc. (Feyerabend [S.] *Reyssbuch dess heyligen Lands*, etc. Franckfort am Mayn, Th. I., 1609,
in-folio, pp. 759-812.)

— Des vortrefflich Welt-Erfahrnen... Ritters Johannis de Montevilla, curieuse Reiss-Beschreibung,
wie derselbe in das gelobte Land, Palästinam, Jerusalem, Egypten, Türckey, Judäam, Indien, Chinam,
Persien... angekommen, und fast den ganzen Erd-
und Weltkreiss durchzogen seye... Nunmehr... ins
Teutsche übersetzt... jetzt von neuem auferlegt,
vermehrt und verbessert, etc. [1700 ?], in-8.

— Des edlen engelländischen Ritters und welt-
berühmten Landfahrers Johann v. Montevilla wun-

derbare und seltsame Reis-Beschreibung... Von
Neuem an's Licht gestellt durch Ottmar F. H.
Schönhuh. Reutlingen [1865 ?], in-8, pp. vi-202.

e) Editions françaises.

— Ce liure est apelle mandeuille.

A la vente Crawford (Londres, juin 1887) (1347) figurait
un Mandeville français, ainsi décrit : petit in-folio, *sine ulla
nota circa* 1480 ; grav., 89 ff., 33 lignes par page ; sign. *a-l* 9
par 8, excepté le dernier auquel il manque probablement
le f. blanc de la fin ; vieux cuir de Russie doré. Cette éd.,
qui semble complètement inconnue à Brunet et aux autres
bibliographes, est malheureusement incomplète, de 10 ff.
à savoir A_4, b_2 et 7, h_4, 5 et 6, K_1 et 6, et l_1 et 2. Sur le *recto*
du f. 1 est une grande gravure d'un jeune homme portant
une lance, ayant sur un rouleau au-dessus Johannes de Mon-
tavilla et sur la marge intérieure et supérieure de a^{ii} se trouve
une arabesque. L'ouvrage commence ainsi à a^{ii} avec une
lettre capitale C ornée : *Ce liure est apelle mandeuille & fut
fait / e compose par messiere iehan de man / deuille cheualier
natif dangleterre de / la ville de sainct alein et parle de la ter / re
de promissiō cest assauoir de iherusa / lem et de pluseurs autres
isles de mer & les diuerses e estranges choses qui sōt / esdictez
isles. /*
— Le Cat. de Quaritch, No. 375, 25 Aug. 1887 (38418),
indique un Mandeville français qui paraît être de Lyon, 1480 ;
il a au commencement, *recto* du f. 1, une grande grav. sur
bois représentant un jeune homme portant une lance, ayant
au-dessus une banderolle avec « Johannes de Montevilla » ; sur
la marge supérieure et intérieure de a^{ii} se trouve un bois
représentant une arabesque. L'ouvrage commence à a^{ii}
ainsi : « Ce liure est apelle mandeuille & fut fait | e compose
par messiere iehan de man | deuille cheualier natif dangle-

terre de | la ville de sainct alein Et parle de la ter | re de
promissiō cest assauoir de iherusa | lem et de pluseurs
autres isles de mer & | les diuerses e estranges choses qui
sōt | esdictez isles | ».

C'est un pet. in-fol. goth. comprenant les cahiers *a-l* par 8
excepté l qui a 9 ff.` = 89 ff. ; le 1er f. avec la grav. sur bois
seulement ; 33 lignes à la page. Manquaient 10 ff. à cet ex. :
a_4, b_2 et 7, h_4, 5 et 6, k_1 et 6, l_1 et 2 ; était marqué dans le
cat. £ 15. Cuir de Russie ancien ; évidemment le même que
celui de Crawford.

— Ce liure est eppelle mā || deuille et fut fait i
compose || par monsieur ichan de man || deuille che-
ualier natif dāgle || terre d e la uille de saīct aleī || Et
parle de la terre de pro- || mission cest assauoir de
ieru || salem et de pluseurs autres || isles de mer et
les diuerses i || estranges choses qui sont es || dites
isles.

Finit au recto du feuillet 88 : Cy finist ce tres plaisant || liure
nome Mandeville par || lanc moult autentiquement || du pays
et terre d'oultre mer || Et fut fait Lā Mil cccc. || LXXX le
IIII iour dauril.

S. l. ni nom d'imp., petit in-folio de 88 feuillets ; sig. a
(7 feuillets) — l (9 feuillets) ; les autres cahiers ont 8 feuillets.

L'exemplaire que nous avons examiné est celui de Grenville, 6775.

Brunet qui décrit cette édition d'après un exemplaire qu'il
a vu chez J. Techener écrit : « Cette édition du 4 Avril 1480
paraît avoir été impr. à Lyon, et comme en cette même année
Pâques tombait le 2 Avril, elle doit être antérieure à l'édition datée du 8 Février. C'est un livre de la plus grande rareté,
et, quoique sans figures, il a une grande valeur.

— F. 1. *recto* : ¶ Ce liure est appelle || mandeuille
et fut fait et || compose par monsieur || iehan de man-
deuille che || ualier natif dangleterre || de la uille de

sainct alein ‖ Et parle de la terre de ‖ promission
cest assauoir ‖ de iherusalem et de plu ‖ seurs autres
isles de mer ‖ et les diuerses et estran ‖ ges choses
qui sont esd' ‖ isles. — *Finit verso* f. 93 : ¶ Cy finist
ce tresplay ‖ sant liure nōme Mande ‖ uille parlāt
moult antē ‖ tiquement du pays ⟨ ēre ‖ doultre mer
Jmprime a ‖ lyō sur le rosne Lan Mil ‖ cccclxxx le
viii iour de ‖ freuier a la requeste de ‖ Maistre Bartholomieu ‖ Buyer bourgoys du dit ‖ lyon.

Pet. in-fol. ; à 2 col. ; Bibliothèque nationale, réserve 0 $\frac{2}{3}$ f. ;
93 ff. ; sig. a^i-p^{iij} ; ex. incomplet ; doit avoir probablement
116 ff. car *b* et *c* ne sont représentés que par 3 ff. ; *o* par 6, et
l manque = *a-o* par 8 = 112 ff. + *p* × 4 = 116 ff. à 30 lignes.
Si *l* manque et que *o* n'a que 6 ff. nous aurons 106 ff. comme
pour l'ex. de Rothschild.

« L'exemplaire que nous décrivons [le même que nous] n'a
que 93 ff. ; mais les cahiers *b.* et *c.* paraissent y manquer.
Celui qui a appartenu au duc de La Vallière renferme 113 ff.
et, selon la description que nous a communiquée M. Van
Praet, il diffère un peu de celui-ci dans l'orthographe des
mots de l'intitulé ci-dessus. Par exemple, à la 3e ligne, il y a
mons' au lieu de *monsieur,* à la 4e *iehā* au lieu de *iehan,* à la 6^e
de angleterre au lieu *dangleterre,* etc. » (Brunet). L'ex. du duc
de la Vallière qui a appartenu ensuite à Benjamin Heywood
Bright (Cat. 1845, n° 3614) et à R. S. Turner (Cat. 1878,
n° 611) a été acheté à la vente Lacarelle (No. 459, Fr. 4100)
pour la bibliothèque du Baron James de Rothschild. Voici
comment M. Emile Picot le décrit dans le Vol. III, 1893,
pp. 441/2, du *Catalogue des livres composant la bibliothèque
de feu M. le Baron James de Rothschild* :

— [Le Livre appelé Mandeville.] — [Fol. 2, signé
ai^a :] Ce liure est appelle ‖ mandeuille Et fut fait
et ‖ compose par mous' [*sic*] iehā ‖ de mandeuille
cheualier ‖ natif de angleterre de la ‖ ville de sainct

alein Et ‖ parle de la terre de pro ‖ missiou [*sic*] cest
assauoir De ‖ iherusalem [*sic*] ⁊ de pluseurs ‖ aultres
isles de mer ⁊ les ‖ diuerses et estranges cho ‖ ses qui
sont esdictes isles ‖ [C]omme il fust ‖ ainsi que la
terre de oult' ‖ mer cest assa ‖ uoir la terre saincte la
t̃ ‖ re de promissiō... — [Fol. *piij*ᵈ :] *Cy finist ce
tresplay* ‖ *sant liure nōme Mande* ‖ *uille parlāt moult
antē* [sic] ‖ *tiquement du pays ⁊ ĭre* ‖ *doultre mer Imprime a* ‖ *lyō sur le rosne Lan Mil* ‖ CCCC *lxxx* [1481,
n. s.] *le viii iour de* ‖ *freuier* [sic] *a la requeste de* ‖
Maistre Bartholomieu ‖ *Buyer bourgoys du dit* ‖ *lyon.*
In-fol. goth. de 106 ff., impr. à 2 col. de 30 lignes, mar.
r. jans., tr. dor. (Thibaron et Joly.)

« Cette édition se compose bien de 106 ff. Le 1ᵉʳ f., qui doit
être blanc, manque à l'exemplaire ; les signatures commencent au 2ᵉ f. par *ai*. Le 1ᵉʳ cahier a ainsi 7 ou 8 ff., suivant
que l'on compte ou que l'on ne compte pas le f. blanc. Les
11 cahiers qui suivent *b-k*, *m*, *n*, ont 8 ff. ; le cahier *o* en a 6
et le cahier *p*, 4. Il n'y a pas de sign. *l*, ou plutôt l'imprimeur
a fondu en une seule les signatures *kl* (le 4ᵉ f. du cahier porte
en effet *KLiiij*). On remarquera que *Baudouin*, imprimé
en 1478 sur les mêmes presses (voir le même catalogue,
nᵒ 2626), n'a pas de sign. *k*.

« On le voit, la description donnée par M. Brunet (III,
1358) doit être rectifiée. Le présent exemplaire est en effet
celui du duc de La Vallière, auquel Van Praet, dans la note
citée au *Manuel du libraire*, avait compté 113 ff., parce qu'il
réduisait le cahier *a* à 7 ff. et n'avait pas constaté l'absence
d'un cahier *l*. Quant à Hain (nᵒ 10641), il n'a pas vu le volume
et le mentionne sans le décrire.

« L'exemplaire, d'ailleurs incomplet, de la Bibliothèque
nationale, présente avec celui-ci de nombreuses différences,
qui donnent lieu de penser que le volume a été, sinon réim-
primé, du moins profondément remanié. M. Brunet a déjà
relevé les variantes du titre ; on en relève d'autres presque

à chaque page. Voici celles que nous avons trouvées dans une seule colonne, fol. *gvij* [b] :

Exempl. de la Biblioth. nat. :	*Exempl. de la Vallière* :
Babiloine	Babiloyne
pluseurs autres lieux	plusieurs aultres lieux
Neāt moins ie	Neaumoins ie
vous veul parler	vo' vuel parler
dautres pays	d'autres pais
de diuerses choses	de bien diuerses chouses

« Sous la même date de 1480 il existe une édition du *Livre de Mandeville* achevée d'imprimer (probablement à Lyon) le 4e jour d'avril. Comme, en 1480, Pâques tombait le 2 avril, M. Brunet (III, 1357) en a conclu que l'édition dont nous parlons appartenait bien à l'année 1480 et qu'elle était, par conséquent, antérieure à la nôtre, qui n'est en réalité que du 8 février 1481 (n. s.). Rien n'est moins sûr que ce raisonnement. Si l'on songe qu'en 1481 la fête de Pâques tombait le 22 avril, on verra que les dates du 2 au 21 avril 1480 (v. s.) peuvent correspondre aussi bien à l'année 1481 qu'à l'année 1480. Or, il n'y a nulle apparence que l'impression du *Livre de Mandeville* ait été terminée le mardi de Pâques, jour férié ; aussi n'est-il pas douteux à nos yeux que le volume soit du mois d'avril 1481. »

— * Jehan de MANDEVILLE TRES PLAISANT LIVRE NOMME MANDEVILLE parlant moult autentiquemente du Pays et Terre doultre Mer et du sainct Voiage de Jherusalem, pet. in-folio.

« 103 *coloured woodcuts (including full-length portrait) wanting a few letters in a iii, marooon morocco extra, leather joints, gilt edges, unique s. l. & d. (circa 1485).* — An excessively rare edition, unknown to Brunet, with signatures *a* to *lvii*, having 37 lines to a full page. » B. Quaritch's Rough list, No. 62, Jan. 15, 1883 ; provient de la Beckford Library.

— F. 1 *recto* : Mandeuille. — F. 2 recto, *commence* :
Ce liure est appelle mandeuille et fut faict ‖ et compose par monsieur ichan de mandeuille ‖ cheualier
natif dangleterre de lauile de sainct ‖ alein Et parle
de la terre de promission cest as ‖ sauoir de iherusalem et de pluseurs aultres is ‖ les de mer ȝ les diuerses
et estranges choses q̄ ‖ sont es dites isles. ‖

F. 123 *verso* : Cy finist ce tres playsant liure nomme
Man- ‖ deuille parlant moult autentiquemēt du pais ‖
et terre doultre mer. Imprime Lan de grace ‖ Mil cccc
qutre vingz et sept, le xxvi. iour ‖ de mars. ‖   Jehan
cres.

Pet. in-4 goth. de 123 ff. à longues lignes ; 25, 26 et 27 lignes
à la page ; les ff. 3 verso et 4 recto ont 20 lignes ; sig. a-q^ii ;
a-p par 8 = 120 ff. ; q. 3 ff. [s. l., Lantenac].
Le titre de départ et l'explicit sont donnés en facsimile dans
les *Premiers monuments de l'imprimerie en France au XVe siè-*
cle publiés par O. Thierry-Poux... Paris, Hachette, 1890, in-
folio, Pl. XXXIV, 10 et 11. M. Thierry-Poux ajoute, *l. c.*,
p. 19, No. 138 : « Le nom de Lantenac ne figure pas sur cette
impression, mais le nom de l'imprimeur et l'identité des
caractères avec ceux employés plus tard par Jean Crès dans
un autre incunable, le *Doctrinal des nouvelles mariées*, daté de
Lantenac, 1491, ne laisse aucun doute sur le lieu de l'impression du Mandeville, qui est ainsi le premier livre connu
imprimé à Lantenac. » (V. sur ce livre : A. de La Bor-
derie, *Archives du Bibliophile Breton*. T. II, pp. 1-9.)
Exemplaire de la Bibliothèque nationale. Réserve O $\frac{2}{4}$ f.,
ancien O. 1271, mar. rouge ; sur les plats : *Bibliothèque*
royale, à froid.

— * Le même livre appelle Mandeville *(sans lieu*
ni date), gr. in-4, goth., fig. sur bois.

« Edition à longues lignes, au nombre de 35 sur les pages

(qui sont entières), et qui paraît avoir été imprimée à Lyon,
vers 1490. Elle se compose de 76 ff. non chiffrés, sous les
sign. *a-miii*. Les deux premiers cah. sont de 8 ff. chacun, et les
autres de 6. Au verso du premier f. se voit une grande pl.
grav. sur bois, représentant l'auteur, avec l'inscription :
Joannes de Montevilla ; puis, au commencement du 2e f., se
lit le titre suivant, imprimé en 5 lignes : *Ce liure est appelle
Mancduille* (sic) *et fut fait et compose par messire / iehan de
mandeuille cheualier natif dangleterre de la ville de saint a / lain
Et parle de la terre de promission cest assauoir de iherusalem
et / de plusieurs aultres isles de mer et des diuerses et estranges
choses / qui sont esdictes illes.* La souscription finale est placée
au recto du dernier f., après la 31e ligne, et ainsi conçue :
*Cy finist ce tres plaisant liure nomme mandeuille parlāt mōlt /
autentiquement du pais et terre doultre mer et du saint voyage
de / iherusalem.* Dans l'exemplaire ici décrit, et qui a été vend.
2 liv. 1 sh. Hanrott ; 61 fr. 50 c. St.-Mauris, en 1841 ; il
manque 3 ff. du cah. *b.*

Une note sur La Croix du Maine cite une édition des mêmes
Voyages, impr. à Lyon (chez Pierre Bouteiller), 1487, in-4. »
(Brunet.)

Autre édition de la fin du xve siècle, sous ce titre :

— * Monteuille cōpose par ‖ messire Jehā de mōte
‖ uille cheualier natif dangleter ‖ re de la ville de
saint alain. le q̄l ‖ parle de la terre de promission... ‖
de mer.

« Ce titre est impr. en rouge, et il y a dessous un cavalier
armé. On lit au recto du dernier f. : *Cy finist le tres plaisant
liure nōme Monteuille parlant ‖ moult autentiquement de
pays & terre doultre mer. Jm ‖ prime a Lyon par Barnabe
Chaussart.* Au dessous de la souscription est répétée la même
planche qui se voit sur le titre, et plus bas se lit un huitain
commençant :

Son me donne peu de louange.

Le volume est un gr. in-4 goth. de 66 ff. à longues lignes,

au nombre de 44 par page, signat. *a-q*, avec fig. sur bois.

Un exempl. en *mar. r.* avec quelques racommodages au titre, 300 fr. Coste. En *Mar.* de Koehler, exempl. médiocre, 370 fr. Yéméniz, revendu 401 fr. Potier, et 255 fr. seulement Benzon. » (Brunet et supp.)

F. 1. *recto* : Sensuit le Liure ‖ du noble et puis- ‖ sāt cheualier nō ‖ me maistre Jehā māde- ‖ uille natif du pays dāgleterre. Leq̄l parle d' ‖ la terre doultre mer ₵ du saīct voyage de ihe- ‖ rusalē ₵. de plusieurs aultres pais Lesq̄lles ‖ uous pourres cōgnoistre en ce p̄sent liure cy ‖ pres desclaires. XX, [vignette sur le titre]. Finit f. 99 *verso* : ¶ Cy fine le liure cōpose ‖ p̱ maistre Jehan de mandeuille cheualier natif du pays dā ‖ gleterre. Jmprime a paris Par la veufue feu Jeha treppe ‖ rel et Jehan iehānot imprimeur ₵ libraire iure en luniuer ‖ site de Paris / demourant en la rue neufue Nostre dame a ‖ lenseigne de lescu de France. [Vignette au f. 100 recto.]

Pet. in-4 goth. ; 100 ff. à longues lignes ; 33 lignes par page ; fig. dans le texte ; sig. *a-v* × 4, sauf *b, d, k, m, t* × 8. Bib. Nat., Réserve O $\frac{2}{5}$ f ; dans cet ex. les ff. 3 et 4 de la sig. *e* manquent.

— * Le même livre de J. de Mandeville. *Paris, Philippe le Noir*, sans date, in-4, goth.

« Réimpression faite après l'année 1521, mais qui est encore assez précieuse. — Vend. 3 liv. 5 sh. White Knights. » (Brunet.)

— * Maistre Jehan mandeuille Cheualier natif du pays Dangleterre Lequel parle des Aduentures des pays estranges, tant par mer que par terre ou il sest trouue, comme Mōtaignes boys ilsle terre nouuelle, ou il a trouue plusieurs bestes oyseaulx dragōs serpens hommes sauaiges poissōs (t aultres bestes. Ensemble la terre de promission (t du sainct voyage de Hierusalem. *xviij.* a paris Pour Jehan Bonfons... (au verso du dernier f.) : *Cy fine le liure compose par maistre Jehan de mandeuille... Imprime a Paris pour Jehan bonfons libraire demourant en la rue neufue nostre dame a lenseigne Sainct Nicolas,* pet. in-4, goth. de 68 ff. à 2 col., titre en rouge et noir.

« Publié vers 1550. Vend. 21 fr. *mar. r.* La Vallière, et quelquefois plus ou moins cher. » (Brunet.)

— Recueil ou Abrégé des Voiages et Observations, du S^r. Jean de Mandeville, Chevalier et Professeur en Medecine, faites dans l'Asie, l'Afrique, &c. Commencées en l'An MCCCXXXII. Dans lequelles sont compris grand nombre des choses inconnues par Monsieur Bale. (Dans le *Recueil,* de Bergeron, La Haye, 1735, II).

f) EDITIONS LATINES.

— F. 1. *recto.* Jtinerarius domi//ni Johānis de mā//deville militis. — F. 2. *recto* : Tabula capitulorum in // itinerarium ad partes Jhe=//rosolimitanas. (t ad vlterio //res trāsmarinas domini Jo//hannis de Mandeville mili//tis Jncipit feliciter. — F. 4 *recto* : Jncipit Jtinerarius a ter//ra Anglie in ptes Jherosoli=//mitanas. (t in vlteriores trās//marinas. editus primo in li//gua gallicana a milite suo au//tore Anno incarnatōnis dn̄i // M. ccc. lv. in ciuitate Leodi//ens. (t paulo post in eadē ciui//tate trāslatus in hanc formā // latinam. //
Finit f. 71 *verso* : Explicit itinerarius domini // Johannis de Mandeville // militis.

Pet. in-4 goth., de 71 ff. à 2 col. ; de 30 lignes ; sig.
*a-i*iij ; *a-h* par 8 = 64 ff. ; *i*, 7 ff.

Bibliothèque nationale, Réserve O $\frac{2}{6}$ f. — Hain, *Reperto-
rium*, No. 10643.

Vend. 20 fr. Brienne ; 9 liv. 9 sh. White Knights ; 40 fr. 50 c.
Eyriès (Brunet). — 6 liv. 10 sh. Sunderland Library (7923),
mais inc. d'un f.

— Itinerarius, pet. in-4 de 166 ff. goth. (dont 62
pour Mandeville), sign. *a-h* par 8 (excepté *g* qui n'a
que 6 ff.). — Anvers, Gerard Leeu, vers 1485 ?

L'ex. que nous avons examiné est celui de Grenville (British Museum, 566, f. 6).

1er feuillet blanc.

Commence *recto* du 2e feuillet : Tabula pn̄tis libri singula
per ordinem capl'a et in eo 7 ‖ quolibet quid agitur notificat
euidenter.

Au bas du 4e f. *verso* : Liber pn̄is cui' auctor fert̄ iohān̄es
de mād̄euille militari ‖ ordīs / agit de diuers. patrijs / regio-
nibz / puincijs / ℞ insul' ‖ Turchia / armenia maiore ℞
miōre / egipto / libia bassa ℞ al ‖ tą / suria / arabia / p̲sia / caldea / tartaria / india. et de infinit. ‖ insul' / ciuitatibz villis
castris ℞ locis q̄ gentes legū̄ morum ‖ et rituum inhabitant
diuerso 7.

Recto du 5e feuillet : Commendacio breuis īre iherosoli-
mitane Capt'm pmū.

Verso f. 62 : Explicit itinerarius a terra anglie i p̲tes iero-
solimitanas ‖ et in vlteriores transmarinas editus p̄mo in
lingua gallica ‖ na a domino iohanne de mandeuille milite suo
auctore. ‖ Anno incarnacionis dn̄i McccLV. in ciuitate leodiensi ℞ ‖ paulo post in eadē ciuitate trāslatus in dictā formā
latinā...

Cet itinéraire est suivi de celui de Ludolphus de Suchen :

Recto folio 63 : Registrū in librum ludolphi de itinerere
at t'ram sanctam.

A la dernière page : Domini ludolphi eccl'ie p̲rochialis in

Suchen pastoris || libellus de itinere ad terram sanctā Finit feliciter.

Bib. nat., Réserve, O $\frac{2}{8}$ f. — British Museum, 566. f. 6.

Brunet écrit : « Autre édition de la fin du xve siecle ; la souscription que nous allons rapporter semble prouver qu'elle a été impr. à Venise ; cependant Panzer, IX, 200, la croit sortie des presses de Theodoric Martin, à Aloste, et M. Grenville en trouvait les caractères conformes à ceux que Gerard Leeu a employés à Anvers, de 1484-85.

Mr. Campbell *(Ann. de la typ. néerlandaise)* le donne à Gérard Leeu, et fixe la date de l'impression à la première année du séjour de ce typographe à Anvers, après son départ de Gouda.

Dans une autre édition in-4 goth., sans lieu ni date, mais de la fin du xve siècle, l'auteur est nommé *Montevilla* ».

Il est certain par l'emploi des signatures a, aa, A, et la conformité des caractères pour les trois ouvrages que le *Mandeville*, le *Ludolphe* et le *Marco Polo* sortent de chez le même imprimeur, probablement ensemble, ainsi que le prouve l'ex. de la Sunderland library qui était complet et renfermait les trois ouvrages. Il a été vendu liv. 150 à Quaritch.

— * Ioh. de Mandeville. Itinerarium. Zwollis, 1483, in-4. *(Forte belgice)*. [Hain, 10645].

Sans nom d'imprimeur ; cette édition est citée par Maittaire, IV, p. 442, Panzer, III, p. 567, 10., Jansen, p. 268, Freytag, Vogt, Bauer, et même Hain, qui ajoute : *Forte Belgice*, « et, malgré tout ce cortège d'autorités, nous la considérons comme fort douteuse, pour ne pas dire apocryphe ». (Brunet, *Supp.)*

— F. 1 *recto* : Johannis de monte vil//la Jtinerari' in partes // Jherosolimitanas. Et in // vlteriores transmarinas //.

F. 1 *verso* : ¶ Tabula capitulo7 in itinerariū ad p̱tes

iherosolimitanas // et ad vlteriores trāsmarinas domini Johānis de Montevil//la militis Jncipit feliciter.

F. 3 *recto* : Jncipit Jtinerarius Johannis de Montevilla a terra // Anglie in p̲tes Jherosolimitanas. et in vlteriores trans-//marinas Edit' primo in lingua gallica a milte suo au-//tore anno incarnatiōis dn̄i M.ccc.lv. in ciuitate Leo//diēsi. et paulo post eadē ciuitate trāslatus in hāc formā latinā. — F. 48 recto ¶ Explicit itinerarius domini Johan//nis de Montevilla militis.

Pet. in-4 goth., de 48 ff. à longues lignes ; de 37 lignes ; sig. *a—i^{iiij}* par 6 sauf *d, f* et *h* par 4 ; s. l. n. d.

Bibliothèque nationale, Réserve O $\frac{2}{7}$ f.

Nous supposons que cette éd. que nous avons vue est la même que la suivante :

— * Itinerarius. // Johannis de monte vil//la Itinerarius in partes // Jherosolomitanas. Et in//vlteriores trāsmarinas. // Au f. 3 : Incipit Itinerarius Johānis de Montevilla a terra // Anglie in p̲tes Jherosolomitanas et in vlteriores transmarinas, etc., *s. l. n. d.* (c^a 1485), in-4, goth.

« Cette édition, non décrite, ne correspond à aucune de celles indiquées par Hain, Dibdin, et autres bibliographes.

Un exemplaire fig. au petit catal. anglais de M. Asher en 1865, et est porté, réuni à d'autres pièces moins importantes, à 150 fr. » (Brunet, *Supp.*).

— * Itinerarius domini Johānis de Mādeville militis. (*In fine*) : Explicit itinerarius domini Iohannis de Mandeville militis. *S. l. n. d.*, in-4, goth., à 2 col.

En *mar. anc.*, 135 fr. Yéméniz. (Brunet, *Supp.*)

— Incipit itinerarius Terrae sanctae et aliarū terrarū edita a dn̄o Johē de Mādeuille, milite anglicano et ab alio in latino translatus.

A la fin : Explicit itinerarius terrae sanctae et... in gallico et demum translatus ab alio in latinum.

Bib. de Bruxelles, 1163, ms. latin, xve s., in-fol., vélin, 80 ff. à la suite de trois autres ouvrages. — Il y a f. 34 recto une note étrangère au ms., mais ancienne qui établit un rapprochement entre le texte de Mandeville et le récit d'Odoric ; cette note assez longue est intéressante.

g) Editions hollandaises.

— Reysen. — *Sans indic. de lieu, de typogr. ni de date*, in-fol. de 108 ff. imprimés, goth. à 2 col., à 29 et 30 lignes, sans ch., récl. ni sign.

Au f. 1, *recto* : Dit is die tafel van // desen boecke // (D)at eerste capittel van // desen boeck is Hoe dat Jan vā//mandauille schyet wt enghe//lāt... au f. 108 v⁰ 26ᶜ ligne : regneert in allen tiden// Amen// ¶ *Laus deo in altissimo* //.

Il faut ajouter 1 f. blanc au com. et 1 f. blanc à la fin ; ce qui fait 110 ff. pour l'ouvrage entier.

« Seul ouvrage cité, dit M. Campbell, p. 338, d'une imprimerie néerlandaise, dont on ne connaît ni l'adresse ni le propriétaire ; l'exécution typogr. dénote une enfance de l'art relative ou locale ; la date de cette rare édition (deux exempl. seulement sont connus) doit remonter au moins à 1470. »

Nous avons examiné l'ex. du British Museum. C. 32, m. 5.

— Thantwerpen, Govaerdt Back, 1494, in-4.

Au recto du 2ᵉ f. : ¶ Hier beghint een genoechlijc boec gemaect // eñ bescreuen bi eenē edelen ridder eñ notabe//len doctoer in medicinē eñ wel geleert in astro//nomien gehieten heer ian van Mādeuille ge//boren wt enghelant. *A la fin* : ¶ Dit boeck is gheprent Thātwerpen int vo//ghelhuys bij my Gouaerdt Back, int iaer ōs//heeren m.ccc. ende xciiij. den xix dach in // Junio.

Au recto du 1er f. une pl. coloriée.
Bib. Grenville, 6707.

— De wonderlijcke Reyse van Jan Mandevijl,
beschrijvende eerst de Reyse ende gheschiedenisse
van den H. Lande… Daer na de ghestaltenisse ende
zeden van den Lande van Egipten, Syrien,… Per-
sen,… Indien, ende Ethiopien, etc. t'Amsterdam,
Gedruckt van Ian Bouman, 1650, in-4.

— De Wonderlijcke Reyse van Jan Mandevyl Naer
het H. Landt / ghedaen in 't Jaer 1322… T'Ant-
werpen. By Jacobus de Bodt / … Anno 1677, in-4 à
2 col., pp. 79.

L'app. se trouve p. 80 qui n'est pas chiff., elle est datée
du 22 Août 1623. — Vig. sur le tit. — Brit. Mus. 12410, f. 10.

— De Wonderlijcke Reyse, beschrijv. de gestalte-
nisse en zeden v. Egypten, Perssen, Indien en Ethiopien. Utr., 1707, in-4.

— De wonderlyke Reyse van Jan Mandevyl, naer
het H. Land, gedaen in 't Jaer 1622 [sic]… Men heeft
desen nieuwen Gendschen Druk van alle Fouten
gesuyverd… Tot Gend, by Jan Gimblet, in-4 à 2 col.,
pp. 79 [1780].

A la p. 80 qui n'est pas ch., liste des publications du libraire.
— Vig. sur le titre. — Brit. Mus. 1295. c.
Trad. différente des suivantes :

— De wonderlijke Reyze van Jan Mandevyl, etc.,
t'Amsterdam. By Gysbert de Groot Keur, 1742, in-4
à 2 col., pp. 94 + 1 f. p. la table. — Vig. sur le titre.

— * De wonderlyke Reize van Jan Mandevyl…
Amsterdam [1750 ?], in-4.

— De wonderlyke Reyze… t'Amsterdam [1760].

Gedruckt by de Erven de Weduwe Jacobus van Egmont, in-4 à 2 col., pp. 94 + 1 f. pour la table. — Vig. sur le titre.

— De wonderlyke Reyze... Te Amsterdam. By d'Erve Van der Putte en Bastian Boekheut, 1779, in-4 à 2 col., pp. 78 et 1 f. p. la table. Vig. sur le titre.

h) Editions italiennes.

—F. 1 *verso* : Tractato de le piu marauegliose cosse e piu notabile che // se trouano in le parte del mōdo redute (t collecte soto bre//uita in el presente cōpē-dio ¡dal strenuissimo caualeī sperō // doro Johanne de Mandauilla anglico nato ne la Cita // de sancto albano el quale secōdo dio prācialmente uisi // tato quali tute le parte habitabel de el mōdo cossi fidelm̄ // te a notato tute quelle piu degne cosse che la trouato e ve//duto in esse parte (t chi bene discorre q̄sto libro auera p̱ // fecta cognitione de tuti li reami ̤puincie natione e popu//li gente costumi leze hystorie (t degne antiquitate cō bre//uitade le quale p̤te da altri non sono tractate (t parte piu // cōsusamēte dalchū gran ualente homini son state tocate (t // amagiore fede el p̄sato auctore in ̤psona e stato nel 1322. in//yerusa-lem Jn Asia menore chiamata Turchia i Arme//nia grande e in la picola. Jn Scythia zoe in Tartaria in // persia Jn Syria o uero suria Jn Arabia in egipto alto // (t in lo inferiore in libia in la parte grande de ethio-pia in // Caldea in amazonia in india mazore in la meza (t in la // menore in div'se sette de latini greci iudei e barbari chri//stiani (t infideli (t ī molte altre prouincie como appare nel // tractato de sotto.

Finit f. 114 *verso* : Explicit Johannes d' Mādeuilla impressus Medio//lani ductu (t auspicijs Magistri Petri de corneno
pri // die Callendas augusti M.CCCCLXXX. Joha//ne Galeazio
Maria Sfortia Vicecomitte Duce no//stro inuictissimo ac
principe Jucondissimo.

Pet. in-4 à longues lignes ; 114 ff. ; F. 1 ; *recto* blanc ; *verso*
ut supra ; sig. *a—o* par 8 = 112 ff. ; 1 f. intercalé entre
a et *b*.

Bibliothèque nationale, Réserve O $\frac{2}{10}$ f.

— Tractato dele piu maraue // gliose cose... re-
ducte e colte sotto breuita in lo p̄esente com//p̄edio
dal strenuissimo caualier... Johā// ne de Mandauilla
anglico. A la fin : ¶. *Imp̄ssuz bon̄. p̱ Ugonē Ru//geriū
āno dn̄i.* M.CCCCLXXXVIII. In-4 goth. à 2 col. de 39 lignes, sign. *a-k ; a-i* × 8 ; *k* × 10 = 82 ff.

« Vend. 81 fr. en février 1822. — Yéméniz, *mar.*, fr. 230 ».
(Brunet.)

Il en a paru un ex. à la vente Sobolewski (N° 1724), mais
les feuillets 8, 9, 16 et 17 manquaient et les ff. 63 et 64 avaient
été endommagés dans la partie supérieure.

British Museum, 789. a. 19.

— Joanne de mandauilla. — *Au verso du titre :*
Tractato de le piu maraue//gliose cose e piu notabile
che si trouino ī le parte del mō//do... *à la fin : Im-
preso venetia p̱'mi Nicolo de li // ferari de pralormo
Piemontese stā//pador ne lano 1491 adi. 17. // de no-
uemberio* (sic), pet.in-4, goth. de 70 ff. non chiffrés, à
2 col. de 41 lignes, sig. *A-i.*

British Museum : b. 4. h. 11.
Ven. 14 fr. La Vallière. — Gancia, Fr. 115.

— Tractato bellissimo delle piu marauigliose cose
(t piu notabile che si truouino nelle parte del mondo

scripte et racolte dallo strenuissimo Caualiere aspe-
rondoro Giouanni Mandauilla Frāzese che visito
quasi tutti le parti del mondo habitabili ridocto in
lingua Thoscana, in-4 à 2 col. sig. *a-k.* par 8 =
80 feuillets non chiffrés, gothiques.

Au verso du dernier feuillet : Finito il libro bellissimo di
Giouanni Madiuilla ridocto in lingua Toschana Impresso nel
la Excelsa Cip̄ta di Firenze per ser Lorēzo de Morgiani (τ
Giouanni da Maganza. A di. vii. di Giugno. M.cccc.lxxxxii.

La première page qui porte le titre est ornée d'une gravure
sur bois.

Ex. de Grenville examiné, 6705.

Crofts : liv. 1. 3.

— Tractato bellissimo delle piu marauigliose cose...
in-4 à 2 col. sig. *a-k.* par 8 = 80 ff. n. c., goth.,
s. d.

Au verso du dernier f. : ¶ Finito il libro bellissimo di //
Giouanni Mandiuilla ridocto i // lingua Toschana Impresso
nella // excelsa cip̄ta di Firenze appeti//tione di Ser Piero da
Pescia &c.

Bib. Grenville, 6701. — Vig. sur le titre. — Le Cat. Grenville marque *circa* 1512 ; elle nous paraît plutôt contemporaine de la précédente.

— Johanne de Mandauilla. *A la fin* : ¶ *Impresse
nella nobel cita d'Bolo//gna, p̱ mi Joanne iacobo (τ
Joanne // antonio di beneditti da Bologna ne // lanno
de la christiana gratia* MCCCC//lxxxxij *adi* XVIII *de
Luglio...* in-4 goth. à 2 col., 56 ff., sig. *a-g* par 8.

Bib. Grenville, 6706.

— Johanne de Mandauilla. Tractato de le piu marauegliose cose e piu notabile che si trouino en le

parte del mondo redute e colte sotto breuita in lo presente compendio dal strenuissimo caualier a sperō doro Iohāne de Mandauilla anglico nato ne la cita de Sancto Albano... *A la fin :* ¶ *Qui fenisse el libro de Zouane de Mandauilla : el quale trata de le cose marauegliose del mondo. Stampado per Maestro Manfredo de Mōferato da Streuo de Bonello* MCCCC.lxxxxvi. *Adi. ii del mese de Decembrio,* in-4, à 2 col. s. pag., sig. *A. P.*

British Museum : 789. a. 20.

« L'éd. (de Venise) per *(Maestro Manfredo de Monteferrato)* 1496, in-4, a été vend. 3 liv. 5 sh. White Knights, et 1 liv. 6 sh. Heber. » (Brunet.)

— Jouanne Mandauilla che tracta de le più marauegliose cose più notabile che si trouyno in le parte del mondo. (In fine): *Impresso in Bologna, per mi Piero et Iacobo fratelli da Campii. Neli anni* M.CCCC.lxxxxvii. *Laus deo,* in-4, caract. dem. goth. signat. *a-j.*

Liv. 1. 12 sh. *mar. v.* Heber. (Brunet.)

— * Johanne de Mandauilla. Tractato de le piu marauegliose cose...

Uldericho Scinzenzeler... XXVII. Agosto 1496. 66 ff. n. ch. à 2 col. et 40 lignes.

Cat. L. Rosenthal, CV, No. 1032, *m. r.,* fil., etc. *(Hardy),* M. 350.

— Johanne de mandauilla. Tractato de le piu marauegliose cose e piu notabile... Pet. in-4, goth. à 2 col.

Sig. *A-M,* par 4 exc. *M* qui a 6 ff. = 50 ff., le titre ut supra est encadré ; au recto du dernier f. : *Qui finisse el libro d'zouāe de Mādauilla el q̄le trata de le*

cose maraueglieso del mōdo. Stāpado i Milano p̱ Maes-
tro Uldericho Scinzenzeler nel ano del Mcccclxxxxvii.
a di. XXI. del mese de octobre.

Bib. Ambrosiana.

— Johanne de mandauille. — Même titre. A la
fin : *Qui finisse el libro d'zouāc de Mādeuilla el q̄le*
trata de le cose marauegliose del mondo. Stāpado ī
Milāo p̱ Maestro Ul [deri]-cho scinzēzeler nel ano del
m.cccclxxxx [   ] *adi VI. del mese de deccembre.*
in-4 à 2 col. de 50 ff. n. chiff.

British Museum ; 10077. b. ; le bas de la dernière p. en-
dommagé ; impossible de lire la date exacte.

— Giouāne de mādauilla, pet. in-4 à 2 col.

Sig. *A—P.*, tous par 4 exc. *P* (3 ff.) = 59 ff. Dans l'ex. que
j'ai examiné, celui de l'Ambrosiana à Milan, il n'y a que 56 ff.,
le f. *P* manquant, ainsi que les ff. *A* et *Ajj.* On lit à la fin :
Qui Finisse el libro di Zoāne de Mādauilla : el q̄le trata ā le
cose marauegliose d̄ lmōdo. Stāpado in Venexia p Māfredo da
sustre uo : ⅋ Zorzi d̄ruscōi cōpagni. M.ccccc. adi. xxiiic̱. De-
cembrio.

— Iohāne de Man//dauilla // Tractato de le piu
ma // raviliose cose e piv // notabile, pet. in-8.

Sig. *A—EE* par 4, exc. *EE* qui n'a que 3 ff. — 111 ff. n. c.
— Au recto du dernier f. : ¶ *Qui Finisse el libro di Zāone de*
māda//uilla : il q̄le trata dele cose maraueglio//se del mōdo :
Stāpato in Venexia // per Manfredo da sustreuo. daca // Bonis.
m.ccccc.v. // *adi xxvi Ze // naro :* + D.

British Museum, 280, f. 30.

— Questo· Sie · El Libro · de Johanne · De · Mandauilla. pet. in-4 à 2 col., goth., de 58 ff.

Sig. *a—g* par 8 exc. g qui a 10 ff. — Collation : f. 1 *recto* :
titre *ut supra* et gravure sur bois ; f. 1 *verso* : *Tractato de le*

piu marauegliose cose... Dernier f. *verso* : *Qui finisse el libro de zouãne de Mandauilla el quale trata de le cose marauegliose del mõdo. Stampato in Milano per Rocho ꝛ Fratelli da Valle ad Instãtia de Meser Nicolo da Gorgonzola. M.CCCCC. XVII. adi Ultimo de zugno.* Au-dessous la marque de N. Gorgonzola.

Bib. Ambrosiana.

« Un bel exemplaire de l'édit. de *Venise, J. Bapt. Sessa,* 1504, in-4, avec une gravure en bois sur le frontispice, a été vend. 6 liv. 8 sh. 6 d. Hibbert. Le même Sessa a donné en 1515 une autre édit. in-4 de cette trad.... » (Brunet.)

— Joanne de Man//dauila : Qual tracta de le piu // marauegliosé cose e piu no//tabile... in-8, de 128 ff., dont 119 f. c., 1 n. c. à la fin (colophon) et 8 n. c. en tête pour le titre, l'avert. et la table.

On lit à la fin : *Qui finisse el libro... Im//presso ĩ Venetia p̱ Marchio // Sessa & Piero de rauani // compagni. Anno dñi // 1521. Adi. 26. // de Ago-//sto.* — Au-dessous la marque de M. Sessa.

Bib. Grenville, 6656.

— Tractato de le piu marauegliose cosse e piu no-tabile ‖ che... in-4, 114 ff.

1 f. prél. tit. $+ a. \times 9 + b - o \times 8 = 114$ ff. — Au verso du dernier f. : *Explicit Johannes d' Mãdeuilla impressus Medio ‖ lani ductu ꝛ auspicis Magistri Petri de corneno pri ‖ die Callendas augusti. M. CCCCCXXX. Joha ‖ ne. Galeazio Maria Sfortia Vicecomitte Duce no ‖ stro inuictissimo ac principe Jucondissimo.*

Bib. Nat. O² f. 10.

— Joanne de Mandauilla : Qual tratta delle piu marauegliose cose e piu notabile c̄h si trouinote come presentialmente ha cercato tutte le parte habitabile del mõdo : & ha notato alcune degne cose che ha vedute in esse parte. MDXXXIIII, pet. in-8 de 119 ff. chiff., plus 8 ff. pour le titre, la table, etc.

A la fin : *Stampato in Venetia per Aluise di Torti nellanno del Signore* MDXXXIIII. *Nel mese di Agosto. Registro* ABCDEFGHIKLMNOP *Tutti sono Quaterni.*

— Iohanne de Mandauilla. Pet. in-8 de 119 ff. plus 8 ff. pour le titre & la table.

A la fin : *Qui finisse el libro de Iohanne de Mandauilla... Stampato in Venetia per Aluise Torti nell anno del Signore* MDXXXVII. *Nel mese di Otubrio. Registro* ABCDEFGHI KLMNOP *Tutti sono Quaterni.*
Bib. Ambrosiana.

— Ioanne de Mandavilla Qual tratta de le piu maruegliose cose e piu notabile che se trouino, e como presentialmente ha cercato tutte le parte habitabile del mondo, & ha notato alcune degne cose che ha uedute in esse parte. In Venetia MDLIII, pet. in-8, de 119 ff. c., plus 8 ff. pour le titre, la table, etc.

A la fin : *Stampato in Venetia per Nicolo de Bascharini nell ano del Signore* MDLIII. *Nel mese di Ottobrio. Registro* ABCDEFGHIKLMNOP *Tutti sono Quaterni.* — Examiné l'ex. de la Marciana.

— Ioanne de Mandavilla, nel qvale si contengono di molte cose marauigliose. Con la Tauola di tutti i Capitoli, che nella presente opera si contengono. Nouamente stampato, & ricorretto. In Venetia, MDLXVII, pet. in-8 de 106 ff. Fig. sur le titre.

A la fin : *Registro* ABCDEFGHIKLMNO. *Tutti sono Quaterni, ecceto* O, *ch'e cartesino.*

— I Viaggi di Gio . da Mandavilla volgarizzamento antico toscano ora ridotto a buona lezione coll' aiuto

di due testi a penna per cura di Francesco Zambrini.
Bologna, Presso Gaetano Romagnoli, 1870, 2 vol.
pet. in-8, pp. xxviii/184, 217.

Imola. — Tip. d'I. Galeati e Figlio, Via del Corso, 35. —
Tiré à 206 ex. numérotés. — Forme les liv. 113 et 114 de la
collection *Scelta di Curiosità letterarie inedite o rare del
secolo XIII al XVII in Appendice alla Collezione di Opere
inedite o rare.*

i) O. c.

j) Altenglische Sprachproben nebst einem Wör-
terbuche unter Mitwirkung von Karl Goldbeck
herausgegeben von Eduard Mätzner. Erster Band :
Sprachproben. Zweite Abtheilung : Prosa. Berlin.
Weidmannsche Buchhandlung. Vol. I, 1869, gr. in-8,
pp. 415.

Vol. I : John Maundeville, pp. 152/221.

Renferme une introduction et le texte de Halliwell avec
un commentaire.

k) Editions anglaises jusqu'a 1725 :

— Maunduyle. — in-4 goth. s. d.

Au recto du dernier f. : ¶ *Here endeth the boke of John Maun-
duyle. || Knyght of wayes to Jerusalem & of marueylys || of
ynde and of other countrees. || Emprented by Rychard Pynson.*
— Au verso la marque de Pynson.

Collation : *a—g* par 8, *h* et *i* par 6, *k* par 4 ; 72 ff. ; dans
l'ex. de Grenville, 6713, le seul connu *a* 1 et viii., *c* 1 et viii
manquent. L'ex. qui avait appartenu à Sir Francis Freeling
avant d'être acheté par Grenville contient en tête sur ff.
séparés, des notes de ses deux propriétaires.
· « I believe that no other copy of this edition is known to
exist — it was unknown to Ames & Herbert. — Dibdin des-

cribes it in p. 586, Vol. 2, of his *Typographical Antiquities*, but he is not correct in stating that it was obtained from Ford of Manchester. I purchased it from Dyer of Exeter.

« I rather think this edition of Pynson's must have been the first printed in this country. — W. de Worde published an edition in 1499 & again in 1503 — both with woodcuts — an imperfect copy of the latter is in the possession of Mr. Douce... » [suit une liste d'éd. anglaises]. *(Note ms. de Sir F. Freeling)*.

— Pas de titre. Carte et Vig., in-4.

Bib. Grenville. 6714. « That this book was printed by T. Este appears from Herbert's Ames, II, 1022, and from Douce's *Illustrations of Shakespeare*, I, p. 21. This copy has the last leaf in Ms. and appears to want the title ».

— The Voiage and trauayle of syr John Mandeuile Knight, which treateth of the way toward Hierusalem, and of maruayles of Inde with other Ilands and Countryes. London, 1568, in-4.

A la fin : Imprinted at London in Breadstreat at the nether ende, by Thomas East. an. 1568. The 6 day of october. — Goth. — Vig.

— * The Voyages and Trauailes of Sir Iohn Mandeuille Knight. Wherein is treated of the Way towards Hierusalem, and of the meruailes of Inde, with other Lands and Countries. London, Printed by Thomas Snodham, 1612, in-4.

Goth. — Vig. — Sig. *a—u* par 4, u_4 blanc. *(Cat. of the Huth Library*, III, p. 896.)

— The // Voyages and // Trauailes of Sir *John Mandeuile* // Knight... London : // Printed by Thomas Stansby // 1618, in-4, vig. sur le titre et dans le texte.

Bib. Grenville, 6715.

— * The Voyages and Travailes, which treateth of the way to Hierusalem. London, 1625, in-4.

Goth. — Vig. *(Cat. of the Lib. at Chatsworth*, III, p. 17).

— Voyages and Travels... London, 1657, in-4. — Vig.

Bib. Grenville, 6716.

— The Voyages and travels of Sir J. Mandevile. knight, wherein is set down the way to the Holy Land, and tho Hierusalem ; as also to the lands of the Great Caane, and of Prester John, etc. London, 1670, in-4. Vignettes.

— The Voyages & Travels of Sir John Mandevile... London, Printed for *R. Scot, T. Basset, J. Wright,* and *R. Chiswel,* 1684, in-4, pp. 139 + 1 f. au com. et 2 ff. à la fin.

— The // Voyages & Travels // of Sir *John Mande-vile,* Knight... London, // Printed for *Rich. Chiswell, B. Walford, Mat. Wotton,* and // *Geo. Conyers.* 1696, in-4.

Bib. Grenville, 6718. « This edition seems to have been so popular as to have been quite exhausted & to have become scarce. The present copy was bought by Mr. Milner in 1810 for the high price of liv. 7. 7. 0. *(Note Ms. de Gren-ville.)*

— The Voyages and Travels of Sir *John Mande-vile,* Knight : Wherein is set down the Way to the *Holy Land,* and to *Hierusalem* : As also to the Lands of the great *Caan,* and of *Prestor John* ; to *India,* and divers other Countries : Together with many and strange Marvels therein. London : Printed for *R. Chiswell, B. Walford, M. Wotton,* and *G. Conyers,* 1705. — In-4, pp. 135 + 2 ff. à la fin. — Vig.

— The Voyages and Travels of Sir J. Mandevile... wherein is set down the way to the Holy Land... as also to the lands of the Great Caan, and of Prester John ; to India, and divers other countries, etc. London [1710], in-4. ·

— The Travels and Voyages of Sir J. M. etc. London [1720 ?] in-12.

— The Voyages and Travels of Sir John Mandevile, Knight :... London : Printed by A. Wilde, for G. Conyers, in *Little-Britain*, T. Norris, at *London Bridge*, and A. Bettesworth, in *Paternoster-Row*, 1722, in-4, pp. 132 + 2 ff. à la fin.

Vig. — British Museum, 10056 c.

l) Voici les différentes éditions du *texte anglais de* 1725 :

The // Voiage // and // Travaile // of // Sir John Maundevile, Kt. // Which Treateth of the // Way to Hierusalem ; and of // Marvayles of Inde, // with other // Ilands and Countryes. // — Now publish'd entire from an Original MS. // in the Cotton Library.// — London: // Printed for J. Woodman, and D. Lyon, in//Russel-Street, Covent-Garden, and C. Davis, // in Hatton-Garden, 1725, in-8, 5 ff. n. c. p. l. t. etc. + pp. xvi-384 + 4 ff. n. c. pour la lettre de Mandeville au roi d'Angleterre et l'index.

Le Ms. de la Bib. Cott. marqué *Titus. C.* XVI.

— Même éd. London : 1727.

Mêmes lib. — Le titre seul est changé.
Vend. Sunderland Library (7925), £ 2. 5 /.

— The Voiage and Travaile of Sir John Maundevile, Kt. which treateth of the way to Hierusalem ; and of Marvayles of Inde, with other ilands and countryes. Reprinted from the Edition of A. D. 1725. With an introduction, additional notes, and Glossary, By J. O. Halliwell, Esq., F. S. A., F. R. A. S. London : Published by Edward Lumley, M.DCCC.XXXIX, in-8, pp. XVII-XII-326.

Mr. Thos. Wright a reproduit cette version en la « modernisant » dans sa collection des « *Early travels in Palestine* » 1848, pp. 127-282.

— The Voiage and Travaile of Sir John Maundevile... By J. O. Halliwell. London : F. S. Ellis, MDCCClxvi, in-8, pp. XXXI-326.

12 ex. ont été imp. sur papier fort.

— The Voiage and Travaile of Sir John Maundevile, Kt. which treateth of the Way to Hierusalem ; and of Marvayles of Inde, with other Ilands and Countryes. Reprinted from the Edition of A. D. 1725. With an Introduction, Additional Notes, and Glossary, by J. O. Halliwell, Esq., F. S. A., F. R. A. S. London, Reeves and Turner, 1883, in-8.

On lit en tête de l'édition :

« The Publisher thinks that it is due to Mr. Halliwell to state that he is in no way responsible for this reimpression of a work to which he contributed a few notes at the commencement of his literary career, more than twenty-five years since. This professes to be no more than a careful and accurate reprint of the edition of 1839. »

Nous terminons la bibliographie des éditions anglaises par la liste suivante :

— The Travels and Voyages of *Sir* John Mandevile, *Knt.* containing An Exact Description of the Way to *Hierusalem, Great Caan, India,* the Country of *Preston-John,* and many other Eastern Countries : With an Account of many strange Monsters, and whatever is curious and Remarkable therein. Faithfully collected from the *Original Manuscript*, and Illustrated with Variety of *Pictures*. London : Printed for *J. Hodges*, at the *Looking Glass* opposite to *St. Magnut's Church*, *London Bridge*, and *J. Harris*, at the *Looking Glass* and *Bible*, on *London Bridge*, Price bound, *one shilling*. in-12, pp. 138 + 3 ff. pour la table. [1730].

British Museum, 435. a. 1.

— The Travels and Voyages [titre *ut supra*]. London : Printed for *J. Osborne*, near *Dockhead*, *Southwark*, and *James Hodges*, at the *Looking-Glass*, on *London Bridge*. Price bound, *one shilling*. in-12, pp. 138 + 3 ff. pour la table.

Une grav. sur bois pour front. — Même éd. que la précédente. — British Museum, 10055, a.

— The Foreign Travels of Sir John Mandeville. Containing, An Account of remote Kingdoms, Countries, Rivers, Castles, &c. Together with a Description of Giants, Pigmies, and various other People of odd Deformities ; as also their Laws, Customs, and Manners. Likewise, enchanted Wildernesses, Dragons, Griffins, and many more wonderful Beasts of Prey. &c. &c. &c. Printed and Sold in Aldermary Church-Yard, London, in-12, pp. 24, vig. [1750 ?]

Chap Book. — British Museum, $\dfrac{1079\text{---}i\text{---}14.}{23}$

Réimp. pp. 405-416 de *Chap Books of the Eighteenth Century...* by John Ashton. London, Chatto & Windus, 1882, in-8.

— The Foreign Travels of Sir John Mandeville

[ut supra] &c. &c. Printed and Sold in London, in-12, pp. 24, vig.

Chap Book. — British Museum $\dfrac{12315.\ \text{aaa.}\ 6}{3}$.

— The Foreign Travels and Dangerous Voyages Of that renowned English Knight Sir John Mandeville. Wherein He gives an Account of Remote Kingdoms, Countries, Rivers, Castles, and Giants of a prodigious Height and Strength. Together with the People called Pigmies, very small and of a low Stature. To which is added, An Account of People of odd Deformities, some without Heads. — Also dark inchanted Wildernesses, where are fiery Dragons, Griffins, and many wonderful Beasts of Prey, in the Country of Prester John. — All very deligthful to the Reader. Printed and Sold in Bow-Church-Yard, in-12, pp. 24, vig. [1785 ?].

Chap Book. — British Museum $\dfrac{1076\text{—}1\text{—}3}{12}$.

— The Travels of Sir John Mandeville The version of the Cotton Manuscript in modern spelling With three narratives, in illustration of it, from Hakluyt's « Navigations, Voyages & Discoveries ». London, Macmillan, 1900, in-8, pp. xv-390.

Library of English Classics, Edited by Alfred W. Pollard.
Notices : *T'oung Pao*, Déc. 1900, pp. 503/4, par Henri Cordier. — *The Academy*, N°. 1476, 18 Aug. 1900, pp. 129/130.
Texte modernisé de la Cottonienne avec quelques corrections d'après le Ms. Egerton et le texte français.

— Briefe Collections of the Trauels and Obseruations of Sir Iohn Mandeville ; written by Master Bale. (Purchas, *His Pilgrimes*, III, Lib. I, Ch. VI, pp. 128 et seq.)

. — Cassell's National Library. The Voyages and Travels of Sir John Maundeville K^t. Cassell & Company, Limited ; London, Paris, New-York & Melbourne. 1886, in-16, pp. 192.

Edited by Henry Morley.

— The Voiage and Travayle of Sir John Maundeville Knight which treateth of the way towards Hierusalem and of marvayles of Inde with other ilands and countreys. Edited, Annotated, and Illustrated in Facsimile by John Ashton... London, Pickering & Chatto, 1887, gr. in-8, pp. xxiv-289.

100 ex. imprimés sur grand papier.

— The Buke of John Maundeuill being the Travels of Sir John Mandeville, knight 1322-1356, a hitherto unpublished english version from the unique copy (Egerton Ms. 1982) in the British Museum edited together with the French text, notes, and an introduction by George F. Warner, M. A., F. S. A. Assistant-keeper of Manuscripts in the British Museum. Illustrated with twenty-eight miniatures reproduced in fac-simile from the additional Ms. 24,189. Printed for the Roxburghe Club. Westminster, Nichols and Sons..., MDCCCLXXXIX, gr. in-4, pp. XLVI + 232 + 28 miniatures.

Notices : par Henri Cordier, *vide infra*. — *The Academy*, Sept. 6, 1890, par Alfred W. Pollard. — *Quarterly Review*, April, 1891, pp. 431/450.

— * Sir John Maundevile's Marvellous Adventures, being his Voyage and Travel, which treateth of the Way to Jerusalem, and of the Marvels of Ind, with other Islands and Countries, edited by Arthur Layard, with Preface by John Cameron Gaunt. Numerous Illustrations. London, 1895, in-8, pp. 414.

Voici pour compléter les éditions espagnoles et danoise :

— Libro d' las marauí ‖ llas del mūdo y d' l ví ‖ aje de la tíerra sancta ‖ de jerl'm. y de todas las prouincias y ci ‖ bdades de las Jndias. y d' todos los ō ‖ bres mostruos q̄ay por el mūdo. Cō muchas otras admirables cosas. ‖

In-fol. gothique à 2 col., fig. sur bois : titre *ut supra* ; à la fin : ¶ *A honor* ℞ *gloria d' la sanctissima tri* ‖ *nidad Padre* ℞ *Fijo* ℞ *Espiritusāto un solo dios verdadero* ‖ *y de la Sacratissima virgen Maria Madre de dios. Fue* ‖ *impremida la presente obra en la metropolitana Ciu* ‖ *dad de Valencia. Por arte* ℞ *industria de Jorge* ‖ *Costilla Acabose ēnl Año delas discordias* ‖ *de Mill y Quinientos y. xxj.* ‖ *A Quinze de Julio.*

Cette édition de Valence, 1521, apprtenait à Salvà (No. 3782); elle a depuis paru à la vente Ricardo Heredia, 3ᵉ partie (No. 2865) et vendue 4.000 fr. — Nous extrayons de ce dernier catalogue (Paris, 1893) les renseignements suivants : « Ce volume se compose de 62 ff. ch. très-régulièrement et sign. a-k. par 6 et 1 par 2 ff. C'est donc à tort que Salvà indique 63 ff. et le Supplément au Manuel 63 ff. et 1 f. blanc. — Le titre [*ut supra*]... imprimé en rouge et noir, est orné de 4 figures et 8 vignettes gravées sur bois en noir et rouge, d'une nature telle que nous ne pouvons les reproduire ici. (Voir le *Catalogue illustré.*) — Le volume est orné de 120 figures sur bois, fort singulières, représentant des monstres, des phénomènes humains, des animaux fantastiques, que l'auteur déclare avoir vus dans ses voyages. — Marque de l'imprimeur au bas du dernier f. »

« Aucun bibliographe n'a mentionné cette édition qui figure au cat. Salvà, no. 3782, lequel reproduit quelques-unes des singulières figures sur bois qui décorent ce volume. Barcia ne signale que deux éditions de *Valencia*, 1515, in-4, et 1540, in-fol. ; Salvà ne les a jamais vues ni l'une ni l'autre, et il révoque en doute l'existence de la première : Antonio mentionne la seconde comme ayant été imprimée par Juan

Navarro. « (Brunet, *Supp.*) — Cette édition de Valence, 1540, se trouve au British Museum, H. C.

— Juan de Mandauila. Libro de las Marauillas del mundo y del viage d' la tierra santa de Hierusalē ɋ de todas las puincias. ɋ hombres monstruosos que hay en las Indias. In-fol. goth. à 2 col., titre rouge, avec encadrement et grande vignette noirs ; fig. sur bois ; 59 ff. chiff., au bas du verso du f. 59 : «... *Imprimiosse el presente libro de las marauillas del mundo : en la muy insigne ciudad de Valencia por Juan Nauarro. Acabosse a veynte y ocho dias del mes de Enero. Año del nascimiento de n̄ro señor Jesu christo de M.D.XXXX.* »

British Museum : 567. i. 5.

— Selua deleytosa. Libro de las maravillas del mūdo llamado Selua deleytosa / que trata del viaje de la tierra santa de Hierusalem y de todas las prouincias y ciudades de las Indias y d' los bōbres mostruos que ay en el mundo : con otras muchas admirables cosas q̄ escriuio el noble cauallero Juan de mandauilla como el lo vio y passeo / agora de nueuo impresso corregido y emendado. Año de m.d.xlvij. In-fol. goth. à 2 col., titre rouge et noir avec encadrement et grande vignette ; fig. sur bois ; 57 ff. chif., 1 f. à la fin : « ... *Imprimiose en Alcala de Henares / a veynte y ocho dias del mes de Março, año del nascimiento de nuestro señor Jesu christo de mil y quinientos y quarenta y siete años* ». 1 f. prél. pour la table.

British Museum, 149. c. 6.

Edition danoise.

— Mandevilles Rejse. I gammeldansk oversaet-telse, tillige med en vejleder for Pilgrimme, efter Håndskrifter udgiven af M. Lorenzen. Kobenhavn, S. L. Mollers Bogtrykkeri, 1882, pet. in-8, pp. lxxv-225 + 1 f. er.

L'ouvrage a paru en 3 fasc. datés 1881 et 1882 ; le dernier fasc. paru en 1882 contient l'introduction et la fin du texte.

Forme le No. V1-2-3. de la Collection *Samfund til udgivelse af gammel nordisk litteratur.*

m) Mayence. — Bibliothèque du chapitre de la Cathédrale : « Incipit Itinerarius fidelis Fratris Oderici, *socii Militis Mendavil,* per Indiam ; licet hic prius, et alter posterius peregrinationem suam descripsit ». — Wolfenbüttel, Bibliothèque ducale, N° 40, Weissemburg : Incipit itinerarius fidelis fratris Oderici *socii militis* Mandauil per Indiam... » cf. *Odoric de Pordenone,* par Henri Cordier, Paris, 1891, p. lxxii, et p. lxxv.

« Huius Ioannis Mandeuilli indiuiduus itineris comes fuit Odericus à Foro Julii inter ordinis Fran-ciscani cœnobitas vitæ sanctimonia conspicuus. Itaque quum hortatu & impulsu Cardinalium quo-rundam, commentarios sui itineris conscripserit, conformia maxime ijs quae Mādeuillus recenset, de orientis tractu commemorat [1] ».

1. De orbis // sitv ac descriptione, ad re // uerendiss. D. archi-episcopum Panormitanum, // Francisci, Monachi ordinis Frācis-cani, // epistola sane quāluculenta. In qua // Ptolomaei, caete-rorum'q ; supe // riorū geographorum hal // lucinatio refellitur, //

n) Purchas, *His Pilgrimes*, 3rd Pt., London, 1625 :
« and, O that it were possible to doe as much for our
Countriman Mandeuil, who next (if next) was the
greatest Asian Traueller that euer the World had, &
hauing falne amongst·theeues, neither Priest, nor
Leuite can know him, neither haue we hope of a
Samaritan to releeue·him ».

o) Astley (IV, p. 620) : « The next Traveller we
meet with into *Tartary*, and the Eastern Countries,
after *Marco Polo*, is Friar *Odoric*, of *Udin* in Friuli,
a *Cordelier* ; who set-about the Year 1318, and at his
Return the Relation of it was drawn-up, from his
own Mouth, by Friar *William* of *Solanga*, in 1330.
Ramusio has inserted it in *Italian*, in the second
Volume of his Collection ; as *Hakluyt*, in his Navigations, has done the *Latin*, with an *English* Translation.
This is a most superficial Relation, and full of *Lies* ;
such as People with the Heads of Beasts, and Valleys
haunted with Spirits : In one of which he pretends
to have entered, protected by the Sign of the Cross ;
yet fled for Fear, at the Sight of a Face that grinned
at him. In short, though he relates some Things on
the *Tartars* and *Manci* (as he writes *Manji*) which
agree with *Polo's* Account ; yet it seems plain, from
the Names of Places and other Circumstances, that
he never was in those Countries, but imposed on the

alia'q ; praeterea // de recens // inuen // tis // terris, mari, insulis.
Deditione papae Ioannis De situ // Paradisi, & dimensione milia-
rium ad pro // portionē graduum cœli, præclara // & memoratu
digna recen // sentur. // *A la fin* : « Excvdebat Martinvs Cae- // sar,
expensis honesti viri Rolandi Bollaert, com- // morantis Antuer-
piae iuxta portam Ca- // mere, sub intersignio maio- // ris falconis
albi. pet. in-8, de 16 ff. (1524 ?) Bib. nationale G A 541.

Public the few Informations he had from others,
mixed with the many Fictions of his own. He set
out again for the East in 1331 ; but warned, it seems,
by an Apparition a few Miles from *Padua*, he return-
ed thither, and died ». Et pour l'achever à l'index :
« Oderic, Friar, Travels of, IV, 620, a. *A great
liar* ! ! »

p) « Mandeville voyagea en Tartarie et en Egypte.
De son aveu, il emprunta beaucoup de récits aux
vieilles chroniques et à des romans de chevalerie.
Malte-Brun a déjà fait remarquer qu'il copia des
pages entières du Voyage d'Oderic de Partenau et
d'Hayton ». (Santarem, *Essai sur l'histoire de la
Cosmographie et de la Cartographie pendant le
moyen âge, et sur les progrès de la géographie après
les grandes découvertes du XVe siècle*. (Paris, Maulde
et Renou, 1849-1852, I, p. 147).

q) « L'itinéraire du voyage de Mandeville est le
même que celui d'Oderic de Portenau. Il copie des
pages entières de la relation du moine italien ; et
quand il ne la copie pas, ses observations ont presque
toujours pour objet les mêmes particularités. Il met
également à contribution la géographie d'Haïton, et
transcrit des morceaux entiers des romans de chevalerie et des vieilles chroniques du temps ».

DISCOURS D'OUVERTURE

DU

COURS COMPLÉMENTAIRE DE GÉOGRAPHIE

D'HISTOIRE ET DE LÉGISLATION

DES ÉTATS DE L'EXTRÊME ORIENT

*Prononcé à l'Ecole spéciale des Langues Orientales vivantes
le mercredi 30 novembre 1881.*

MESSIEURS,

La chaire que j'ai l'honneur d'occuper aujourd'hui,
grâce à la confiance qu'ont bien voulu me témoigner
M. le Ministre de l'Instruction publique et M. l'Administrateur de l'Ecole, a été créée en 1873 pour
M. Guillaume PAUTHIER ; malheureusement, ce
savant distingué n'eut pas le temps de faire part à
ses auditeurs des trésors d'érudition qu'il avait accumulés pendant une longue vie de soixante et onze ans,
car son cours, commencé le 16 janvier 1873, fut
terminé brusquement par une mort inattendue le
11 mars de la même année, au moment même où
M. Pauthier, libre d'une concurrence redoutable,
pouvait espérer enfin de recueillir en paix la récom-
pense d'une existence consacrée d'une manière
absolument désintéressée à la science.

M. Pauthier n'était pas un de ces savants rébarba-
tifs qui, après une jeunesse écoulée au milieu d'études
ardues, gardent dans la force de l'âge l'empreinte
sévère de l'austérité de leurs premières années ;
avant que d'être un orientaliste, M. Pauthier fut un
soldat et un poète. Né en 1801, à Besançon, il avait
grandi avec le siècle, et ce siècle, qui devait dans sa
vieillesse être le siècle du « naturalisme » avait été
d'abord dans sa maturité le siècle du « romantisme ».
Jeune et ardent, M. Pauthier avait puisé son inspira-
tion aux sources vives de la liberté, et ses premiers
ouvrages étaient empruntés à la Grèce, alors à la
mode, et au grand génie anglais qui s'était fait son
chantre et son défenseur : Byron ! C'est ainsi que la
« Lyre d'un soldat français » fut suivie de deux volumes, « les Helléniennes, » d'une traduction des « Odes
patriotiques de Kalvos de Zante » et d'une traduction en vers de « Childe-Harold ».

Ce ne furent pas les seuls crimes littéraires, puisqu'on est convenu d'appeler crimes littéraires toutes
œuvres de la jeunesse d'un homme qui a plus tard
changé la nature de ses études, car je possède dans
ma bibliothèque un petit volume in-8°, imprimé avec
soin en 1826, l'année même de la publication du
second volume des *Odes et Ballades*, qui a pour titre :
Mélodies poétiques et Chants d'amour, par G. Pauthier
de Censay.

L'ardeur guerrière de M. Pauthier, sans qu'elle
ait perdu sa flamme, car on la retrouvera plus tard
tout entière dans ses polémiques avec un illustre
rival, s'était un instant calmée ; le jeune soldat de
Besançon ayant donné sa démission, sa muse s'en
ressentit quelque peu, quoique nous retrouvions
encore, en 1831, des poésies de notre orientaliste :

il avait déjà débuté en 1829, dans la longue carrière qui devait le faire connaître, par deux articles dans le *Globe*, sur une tragédie chinoise traduite en anglais par Davis [1].

Les études chinoises avaient alors pour représentant Abel Rémusat: Esprit d'une rare sagacité, possédant des connaissances fort étendues, doué d'un grand sens critique, écrivain d'une merveilleuse clarté, Abel Rémusat avait renoué une tradition commencée à Fourmont et a su mériter par des travaux absolument nouveaux, basés, tantôt sur des études personnelles, tantôt sur des mémoires encore inédits de missionnaires, le nom de fondateur des Etudes chinoises en France et une renommée que n'a pu éclipser son brillant élève et successeur, Stanislas Julien.

Malheureusement, M. Pauthier ne devait profiter que fort peu de temps des leçons de ce maître aussi distingué par l'intelligence que par le cœur : le choléra de 1832, qui fit tant de victimes à Paris, faucha cette phalange d'orientalistes qui illustrait alors notre pays, et en même temps que Chézy le sanscritiste, Saint-Martin, l'historien de l'Arménie, il enlevait Abel Rémusat. Je n'entrerai pas dans le détail des travaux de M. Pauthier, ni de la lutte qu'il soutint contre M. Stanislas Julien, héritier officiel d'Abel Rémusat. De natures absolument différentes, M. Stanislas Julien et M. Pauthier se sont partagé le domaine des études chinoises. Doué d'une mémoire prodigieuse, M. Julien, soutenu par de fortes études premières, possédait à un suprême degré cette opiniâtreté dans le travail, qui ne recule ni devant la

---

1. *Han koong tsew*, or the Sorrows of Han.

longueur, ni devant les difficultés d'une tâche ; il
lui manquait toutefois cette largeur de vues et cet
esprit critique qui non seulement vous fait tolérer,
mais encore vous fait rechercher des rivaux dans
l'intérêt général de la science.

M. Pauthier, tempérament ardent, moins versé
dans la langue chinoise que M. Julien, servi par une
mémoire non moins remarquable, apportait à ses
recherches un esprit plus large, mais en même temps
des connaissances moins profondes ; il a embrassé un
peu toutes les études, et tandis que M. Julien, avant
de commencer les études sanscrito-chinoises qui ont
fait la partie la plus solide de sa réputation, se con-
tentait d'être pendant longtemps un traducteur
et un grammairien, M. Pauthier abordait tour à tour
la philologie comparée dans « Sinico-Ægyptiaca »,
la géographie et l'histoire dans ses recherches sur
« Marco Polo » ; il était lexicographe et ébauchait un
« Dictionnaire étymologique chinois-annamite-latin-
français » ; épigraphiste, il étudiait à deux reprises
différentes l'inscription de Si-ngan fou ; polygraphe,
il donnait au *Journal Asiatique*, à la *Revue de l'Orient*,
aux *Annales de Philosophie chrétienne* des mémoires
et des articles sur les sujets les plus divers.

Nous n'essaierons pas de suivre M. Pauthier sur
tous les terrains qu'il a parcourus ; nous nous con-
tenterons de considérer son œuvre comme historien,
et elle est vaste.

M. Pauthier n'a pas écrit l'histoire générale de la
Chine ; il s'est plu à présenter dans des mémoires,
des aperçus sur différents sujets. Ce n'est que dans
son ouvrage « la Chine moderne », dans la collection
de « l'Univers pittoresque », chez Didot, qu'il a publié
une vue générale de l'histoire de la Chine ; il nous

donnait tantôt un mémoire sur « l'Antiquité et l'histoire de la civilisation chinoise », tantôt des « Documents statistiques officiels », mais il semble, dans le domaine de l'histoire et de la géographie, avoir ramené ses recherches à deux grandes œuvres : l'une, consacrée à l'illustre voyageur Marco Polo, l'autre, restée à l'état d'ébauche, serait devenue l'histoire des relations politiques et commerciales de la Chine avec les puissances d'Occident.

Marco Polo, dont la réputation est allée grandissant de siècle en siècle, qui a plus fait pour la connaissance de la géographie asiatique à l'époque du moyen âge que tous les autres voyageurs réunis ensemble, offrait un sujet digne de l'érudition d'un savant tel que M. Pauthier. L'édition des voyages du grand Vénitien qui nous a été donnée par lui en 1867 était la meilleure publiée jusqu'alors ; si les travaux du colonel Yule l'ont fait un peu oublier, elle n'en reste pas moins une œuvre des plus remarquables qui mérite d'être consultée encore.

M. Pauthier nous a fourni des notes sur le cérémonial et des documents relatifs aux ambassades étrangères à la cour de Peking, et enfin il a réuni dans un volume, sous le titre : « Histoire des relations politiques de la Chine avec les puissances occidentales », l'ensemble de ses notes sur les relations entre Etrangers et Chinois ; si tout cela est resté à l'état d'esquisse, il y avait là cependant l'indication, le cadre même des travaux ultérieurs qu'un homme aussi actif que M. Pauthier n'eût pas manqué de développer : la mort vint interrompre tous ces projets.

J'avoue que lorsque M. l'Administrateur de

l'Ecole me proposa une aussi lourde succession, je ne l'acceptai pas sans crainte. Il faut se rendre compte de tout ce que renferment ces mots : « Cours d'histoire, de géographie et de législation de l'Extrême Orient. » Dans ses grandes lignes, le programme est déjà fort vaste ; étudier d'une manière générale au point de vue de l'histoire, de la géographie et de la législation, la portion de l'Asie située au delà du Gange, c'est-à-dire la Chine, le Japon, la Corée, la Mandchourie, la Mongolie, le Tibet et la presqu'île Indo-Chinoise, depuis l'antiquité la plus reculée jusqu'à nos jours, était déjà un labeur énorme ; mais si l'on se rend compte des mille problèmes qui se rattachent aux questions d'ensemble, sans être cependant moins importants, on est effrayé de la tâche qui se dresse devant soi.

Il faut donc savoir se limiter, et choisir un fragment de cet ensemble ; j'ai cru rester dans la tradition de M. Pauthier, tout en suivant mon inclination personnelle, en choisissant pour le cours de cette année, cette partie de l'histoire des relations politiques et commerciales de la Chine avec les puissances d'Occident qui commence au XVIe siècle. M. Pauthier disait dans son discours d'ouverture :

« Je n'ai pas l'avantage d'avoir séjourné dans une
« partie des Etats dont j'ai à vous entretenir, mais
« pendant cinq ou six ans, j'ai voyagé dans mon
« cabinet avec le célèbre Marco Polo, dans toutes les
« parties de l'Asie sur lesquelles j'aurai à vous entre-
« tenir et dont il a été aussi le premier révélateur. »

J'ai eu la chance de passer près de huit ans dans l'Extrême Orient et j'y ai accumulé notes et renseignements, mais j'ai eu également la bonne fortune de vivre, comme M. Pauthier, dans la compagnie non seulement de Marco Polo, mais encore dans celle des grands voyageurs ses prédécesseurs, ses contemporains et successeurs, Plan Carpin, Frère Ascelin, Jourdain de Séverac, etc., etc. Je dois même prochainement publier, avec un savant dont la haute érudition protégera mes travaux propres, une collection de voyageurs dans l'Extrême Orient à l'époque du moyen âge ; il m'eût donc été facile et agréable de choisir, pour le cours de cette année, l'étude de la géographie de l'extrême Orient depuis le XIIe siècle jusqu'au XVIe siècle. Mais je n'ai pas oublié que l'enseignement de cette école, enseignement qui a fait en grande partie sa force, était destiné à des élèves qui doivent entrer dans des services publics à l'étranges, soit comme interprètes, soit comme consuls ; il fallait donc, pour les débuts tout au moins, que ce cours fût pratique, qu'il ne rebutât pas les commençants par des problèmes d'érudition, intéressants pour des savants de profession, mais en somme peu utiles pour des jeunes gens qui désirent embrasser une carrière active. J'ai donc choisi un sujet plus en rapport avec le but que se propose l'école, et sans perdre, je l'espère du moins, de son caractère scientifique, le cours de cette année offrira un intérêt plus général.

Les relations de la Chine avec l'Occident remontent à une antiquité assez reculée ; déjà dans la « Bible », un passage d'Isaïe est relatif à la Chine : *Voici, ils viendront de loin ; voici, ceux-ci viendront d'Aquilon, et de la mer, et ceux-là du pays des Siniens* [1]. Virgile et Horace ont chanté les Sères habiles à manier l'arc :

____

1. XLIX, 12.

> *Doctus sagittas tendere Sericas*
> *Arcu paterno* [1] ?...

Des historiens comme Florus et Ammien Marcellin, des naturalistes comme Pline, nous parlent de ce peuple éloigné, et les Chinois eux-mêmes ont gardé la trace de leurs relations avec l'empire romain, « Ta-Ts'in-kouo », comme ils l'appellent.

Puis vient, après les Arabes et les Persans, cette longue série de voyageurs : moines, marchands, ambassadeurs qui s'échelonnent, pendant une période de cinq siècles, sur la route de la Tartarie et du Cathay, nous laissant des relations, parfois de simples itinéraires, quelquefois même de maigres notes qui nous fournissent néanmoins des documents précieux pour l'étude de l'Asie ; à leur tête marche Marco Polo, et autour de lui se groupent Benjamin de Tudèle, Plan Carpin, Ascelin, André de Lonjumel, le roi Hetoum, le connétable d'Arménie, le frère Hétoum, Jourdain de Séverac, Odoric de Pordenone ; puis s'espaçant à leur suite d'années en années, de siècle en siècle, Jean de Mandeville, Niccolò Conti, Gaspar da Cruz, Pinto, jusqu'à ce que nous arrivions au moderne Benoît de Goes.

La date officielle du commencement des temps modernes est 1453, date de la prise de Constantinople par les Turcs ; mais l'ère véritable est celle de la découverte de l'Amérique et de la route des Indes par le Cap. Tandis que d'un côté, Christophe Colomb se dirige vers l'Amérique et débarque dans l'une des Antilles, d'un autre les entreprises des navigateurs portugais, sous la vive impulsion du prince Henri,

---

1. Lib. III, Od. xxix. *Ad Mœcenatem.*

se poursuivent vers de lointains pays, Madère, les Açores, le cap Bojador, le cap Blanc et le cap Vert, jusqu'à la Guinée. Malgré la mort de ce prince, vers 1463, le mouvement continue. Dès 1485, Barthélemy Diaz découvrait cette pointe méridionale de l'Afrique qu'il surnomma le « cap des Tempêtes », et douze ans plus tard, en 1497, Vasco de Gama doublait ce cap redoutable qui devenait le cap de Bonne-Espérance, en même temps que Jean Cabot débarquait le premier sur le continent américain. La découverte de la voie du cap de Bonne-Espérance devait opérer une grande révolution dans les relations du monde ; pendant trois cent soixante-douze ans, les navires prirent ce chemin pour aller aux Indes et à la Chine : il y a onze ans seulement que, grâce à l'énergie, à la persévérance, disons le mot, au génie de notre compatriote M. de Lesseps, ils ont été obligés, après le percement de l'isthme de Suez, de descendre la mer Rouge. Jadis le commerce des Indes et du Levant était entre les mains des Vénitiens qui, grâce à leurs correspondances et à l'appui de l'Egypte, recevaient à leurs comptoirs d'Alexandrie les marchandises qu'ils transportaient ensuite dans toute l'Europe. Ils allaient trouver des rivaux. A la suite de Vasco de Gama, sur cette route nouvelle des Indes qu'il a indiquée, se rue cette bande d'hommes glorieux que conduit le grand Albuquerque qui, d'étape en étape, marque, depuis Aden jusqu'à Canton, la puissance du Portugal d'alors. Et à cette épopée sans égale, il ne manquera même pas le barde : l'Homère portugais, Camoëns, qui aura en passant évoqué le Génie formidable qui garde le cap des Tempêtes, ira oublié, méconnu, désespéré, composer son poème immortel, « les Lusiades », à Macao, au sud même de la Chine.

C'est à cette époque de renouveau et de grandeur, Messieurs, que je commence le cours de cette année, dont je vais vous retracer les lignes principales :

Après Aden, après Goa, après Malacca, les Portugais se dirigent vers la Chine et ils y débarquent dès 1514, ainsi que l'indique une lettre du Florentin Andrea Corsali au duc Giulano de' Medici, du 6 janvier 1515, publiée par Ramusio [1]. Les relations du Portugal avec la Chine, après avoir pris un développement énorme, diminuent en même temps que grandit l'ascendant des autres pays étrangers ; les descendants d'Almeida et d'Albuquerque forment aujourd'hui une race dégénérée, intermédiaire entre les Européens et les Chinois ; ils n'ont pas encore de traité avec la Chine ; leur antique cité de Macao, qui n'avait pu résister à la concurrence de son heureuse rivale Hong-kong, a été ruinée il y a quelques années [2] par un épouvantable typhon, et cette ville même de Macao, qu'ils réclament comme leur colonie, comme leur bien, est revendiquée par les Chinois comme n'étant qu'un lieu d'occupation temporaire.

Aussi brillante, mais plus éphémère encore, fut la puissance des Hollandais, qui n'ont en Chine qu'un consul général chargé d'affaires ; l'histoire de leur occupation, au xviie siècle, de l'île Formose, reprise sur eux par le pirate Koxinga, et le récit de leurs différentes ambassades jusqu'à la dernière, en 1795, celle de Titsing, racontée par Van Braam Houckgeest, forme un des chapitres les plus intéressants des relations de la Chine avec les pays d'occident.

---

1. *Navigationi et Viaggi*, I, 1563, ff. 180 *a* et *b*.
2. 23 septembre 1874.

Nous allons un instant abandonner ces expéditions venues du Midi pour remonter vers le Nord, où les Moscovites commencent leur marche lente, mais sûre, vers le Pacifique.

C'est sous le règne d'Ivan IV que débutent, à l'est de l'Oural, ces incursions des Russes que la mer même n'arrêtera pas, puisque la puissance du tsar s'étendit jadis au delà du détroit de Berhing. Le Cosaque Irmak fut le conquérant de la Sibérie. Tobolsk est fondée en 1587 ; les Russes ont entendu parler du bassin de l'Amour en 1636 ; sept ans plus tard une bande de Cosaques descend le cours de ce fleuve jusqu'à la mer, et en 1651, Khabarov, au retour de cette expédition, sur la rive gauche de l'Amour, à l'extrémité la plus septentrionale de la Mandchourie, bâtit un petit fort qu'il nomma Albasine.

Les Russes ne tardèrent pas à se trouver en contact avec les Chinois ; de là des guerres qui se terminèrent, le 27 août 1687, par un traité de paix signé à Nertschinsk. Depuis cette époque, la Russie a envoyé ambassades sur ambassades, et profitant soit de nouveaux traités, soit d'embarras monétaires de la Chine, elle a su s'emparer sans bruit de territoires nouveaux et elle est maintenant arrivée au terme de sa marche à l'est ; mais, limitrophe de la Corée qu'elle convoite, elle déborde au delà de l'Amour et de l'Ousouri et gagne peu à peu du terrain en Mongolie et en Mandchourie ; du côté de l'Asie centrale également ment elle étend sa puissance, mais le traité conclu cette année même par M. le marquis Tseng lui a fait rendre Kouldja et son territoire, qu'elle occupait depuis 1871.

Les premières relations de la Chine avec l'Angle-

terre datent de la reine Elisabeth. C'est en effet
de l'année 1596 qu'est daté le premier document
officiel relatif à la Chine. J'ai chez moi les trois premiers volumes des « Calendars of State Papers » relatifs aux Indes orientales, à la Chine et au Japon. Ils
s'étendent de l'année 1513 à l'année 1624 et sont
pleins de documents intéressants sur les efforts des
Anglais pour trouver un passage vers le nord-est.

Le commerce des Anglais avec la Chine s'est rapidement développé ; nous n'insisterons pas sur le côté
pénible de ce commerce, sur le trafic de l'opium, qui
a même été la cause de la guerre terminée en 1842
par le traité de Nanking. Il m'est plus agréable,
retournant un peu en arrière, de rappeler le faste des
ambassades de lord Macartney (1793) et de lord
Amherst (1816), qui d'ailleurs n'amenèrent aucun
résultat pratique. La guerre de 1858-1860, faite
conjointement avec la France, a assuré aux étrangers de nouveaux avantages. L'Angleterre en a
largement profité et est aujourd'hui sans conteste à la
tête du commerce européen en Chine. Elle a néanmoins trouvé dans sa jeune rivale américaine une
redoutable concurrence.

Le premier navire américain est parti de New-
York pour la Chine le 22 février 1784, huit ans, comme
on le voit, après la déclaration de l'indépendance
des Etats-Unis ; ce navire se nommait « The Empress
of China » et il portait M. Shaw, qui devait être le
premier consul américain en Chine. La fortune des
maisons américaines a longtemps balancé celle des
maisons anglaises en Chine, et il fut un temps où
Russell & Co, Heard & Co, Olyphant & Co marchaient
de pair avec Jardine, Matheson & Co et Dent & Co.

A cette étude des relations des Etats-Unis avec la

Chine se rattachera celle de l'émigration des Coolies en Californie, que nous aurons à traiter longuement ; nous aurons également à revenir sur cette question importante, vitale même, à propos du Pérou et du Brésil, qui ont également des traités avec Peking. Nous devrons parler de l'influence insuffisamment étudiée qu'aura sur l'émigration des Chinois le percement de l'isthme de Panama. Nous sommes de ceux qui croient à l'implantation de la race jaune au détriment de la race noire, qui ne la vaut ni en intelligence, ni en patience, ni en sobriété, dans les Antilles et dans l'Amérique du Sud.

Les relations de l'Allemagne et de l'Autriche avec la Chine sont de date relativement récente ; le commerce allemand a peu à peu augmenté ; les négociants de cette nationalité, avec des maisons montées sur un pied modeste et leur cabotage à prix réduit, font la plus dangereuse concurrence aux riches comptoirs anglais et aux bâtiments qui les desservent.

J'aurai également à parler, dans le cours de cette année, de ces pays scandinaves, Danemark, Suède et Norvège, dont le pavillon a longtemps flotté dans les mers de Chine à côté de ceux de l'Angleterre et de la France.

L'Espagne ne joue qu'un rôle effacé en Chine ; il serait moindre encore, si la question des Coolies n'avait été soulevée à propos de l'île de Cuba. Des dominicains espagnols ont en partage la province du Fou-Kien. Enfin, pour terminer l'énumération des puissances qui ont des représentants à la cour de Peking, il serait injuste de passer sous silence la Belgique et l'Italie, qui s'efforcent d'ouvrir en Chine de nouveaux débouchés à leurs produits.

Nous avons gardé la France pour la fin.

Les relations de la France avec l'Extrême Orient remontent à une époque fort éloignée ; notre intention n'est cependant pas de nous arrêter ni aux ambassades de saint Louis, ni aux lettres écrites par Argoun et Oldjaitou à Philippe le Bel, mais de nous occuper des temps modernes. Nos relations avec l'Asie ne commencent véritablement qu'à l'époque de LouisXIV. En 1685, le Grand Roi envoya à Siam et à la Chine six missionnaires de la Compagnie de Jésus, les pères de Fontaney, Tachard, Gerbillon, Lecomte, Visdelou et Bouvet, qui assurèrent les bases de ces missions qui ont été et sont encore aujourd'hui la vraie raison de l'influence de la France dans l'Extrême Orient.

On avait fondé de bonne heure des compagnies de commerce à la Chine. Une première, en 1660, fut réunie à la Compagnie des Indes en 1664. En 1697, un sieur Jourdan obtint de la Compagnie des Indes la permission, moyennant une certaine somme, de fonder une compagnie de Chine qui tomba pendant la guerre pour la succession d'Espagne. Une troisième compagnie, fondée en 1713, ne fit aucun usage de ses privilèges. Enfin la Compagnie des Indes se décida à diriger elle-même son commerce à la Chine, à l'aide d'un conseil de direction composé de trois membres et établi à Canton.

Après la suspension du privilège de la Compagnie des Indes, la nécessité de représenter la France d'une façon plus officielle et plus régulière s'étant fait sentir, un consulat fut créé à Canton par décret royal du 3 février 1776. Nous retraçons en ce moment, dans une publication qui se compose de documents tirés des archives du département des affaires étrangères, l'historique de ce consulat, aujourd'hui fort oublié, et dont le dernier gérant a été M. de Guignes fils. Les événements de la Révolution et de l'Empire ne laissant aucun loisir pour continuer des relations avec la Chine, elles cessèrent complètement.

Le gouvernement de la Restauration n'eut pas l'occasion de renouer avec l'empire du Milieu la tradition de Louis XIV. Ce n'est que sous le règne du roi Louis-Philippe, à la suite de l'ambassade Lagrené, que des relations régulières se sont enfin établies, interrompues une fois par les événements qui ont causé la guerre, glorieuse pour nous, de 1860.

Voilà, Messieurs, l'ensemble du cours que je me propose de faire cette année. On y trouvera, je crois, une histoire neuve encore et pleine d'enseignements. Et n'eût-il pour résultat que de vous faire apprécier le rôle plein de grandeur de notre pays dans des contrées éloignées, de comprendre les résultats d'une politique large qui dépasse les intérêts du clocher, je penserais avoir suffisamment rempli le but que doit se proposer tout professeur d'histoire : relever le sentiment du patriotisme par les leçons que nous fournira l'histoire d'un passé glorieux.

VOYAGE DE MONTFERRAN

EN CHINE [1]

M. Marcel Devic et ses savants confrères de la Société languedocienne de géographie supposent avec raison que leur manuscrit [2] est inédit, mais ils ignorent qu'il ne renferme qu'un abrégé, et un abrégé dépourvu de tout intérêt, d'un ouvrage publié en 1630, sous le titre de :

Voyage faict par terre depuis Paris jusques à la Chine par le S^r. de Feynes gentilhomme de la maison du Roy. Et ayde de Mareschal de Camp de ses armées. Auec son retour par mer. A Paris. Chez Pierre Rocolet en la gallerie des prisonniers aux armes de la Ville. 1630, petit in-8, 212 pages.

Ce petit volume contient non seulement la relation entière du voyage, mais encore une épitre au roi, un avis au lecteur, une table des royaumes parcourus par le S^r. de Feynes et des vers adressés à l'auteur :

> De Feynes sauué des dangers
> De la Terre et de la Marine,

---

1. Extrait de la *Revue Critique d'Histoire et de Littérature*, 8 décembre 1884, pp. 469-471.

2. *Le Voyage de Montferran de Paris à la Chine*, publié d'après un manuscrit de la bibliothèque de la Faculté de médecine de Montpellier, par L. Marcel Devic. Paris, Maisonneuve frères et Ch. Leclerc, 1884, br. in-8, pp. 36.

> Rend accessible aux Estrangers
> Ce grand Empire de la Chine ;
> A couuert des flots et des vens
> Ses voyages nous font sçauans
> Des hommes, et de la Nature :
> Bref il estalle en ce papier
> Tout ce qu'Achille en son bouclier
> Fait voir à la race future.

Nous prenons au hasard un passage dans les deux textes :

Edition de 1630, p. 201.

« Tous les Indiens tiennent des serpens fraisez dans leurs Nauires, et s'ils voyent que leurs serpens soient tristes, ils ne veulent se hasarder à aucun voyage. Au contraire lorsqu'ils les voyent ioyeux, & en belle humeur ils donnent six fois autant qu'ils ne feroient pour faire le voyage qu'ils entreprennent, sur l'espérance qu'ils ont de faire beaucoup mieux leur profit ».

Ms. de Montpellier, p. 36.

« Aussy, tous ces Gentils tiennent des serpens fraisez dans leurs navires, et s'ils voyaient que leur serpent ne soit joyeux, ils ne veulent embarquer aucune chose dans ledit vaisseau. Et quand ledit serpent leur fait caresse, ils donnent six fois autant qu'ils feroient pour faire ledit voyage qu'ils entreprennent, et croyent beaucoup mieux faire leur proffit. «

Ce que M. M. D. et ses confrères de la Société languedocienne de géographie ignorent également, c'est qu'un abrégé du voyage de H. de Feynes avait paru en anglais dès 1615 ; voici des passages des deux textes :

Ed. de 1615, p. 28.

« From Malaca I went to Macao, neere a month's trau-

Ms. de Montpellier, p. 29.

« Et dudit règne de Mollucques fut à Macquau, qui

aile ; which is a Cittie scituate on the sea coaste, at the foote of a great mountaine, where in times past the Portugalls had a greate fort, and to this day, there be yet many that dwell there. This is the entrance into China, but the place is of no great importance ; they are Gentiles, and there the inhabitants begin to bee faire complexioned. »

est ville du commencement de la Chine. C'est un petit lieu qui est au bord de la mer, au pied d'une montagne où autrefois les Portugais ont eu une forteresse, mesmes qu'il y en a beaucoup qui y habitent. Ce n'est pas un lieu de grande importance. Ce sont Gentils et tiennent la mesme loy susdite.

« Et alors l'on commence de trouver des gens plus blancs que l'on n'avait pas accoutumé. Dudit Mallaca à Macquau il y a un mois ou environ de chemin. »

Cette édition anglaise a pour titre : *An exact and cvriovs svrvey Of all the East Indies, euen to Canton, the chiefe Cittie of China : All duly performed by land, by Monsieur de Monfart, the like whereof was neuer hetherto, brought to an end. Wherein also are described the huge Dominions of the great Mogor, to whom that honorable Knight, Sir Thomas Roe, was lately sent Ambassador from the King. Newly translated out of the Trauailers Manuscript. London, Printed by Thomas Dawson, for William Arondell, in Pauls' Church-yard, at the Angell. 1615.*

Un exemplaire de ce petit volume se trouve au British Museum dans la collection Grenville et porte le nº 6498. C'est un petit in-8º de 40 pages chiffrées + une dédicace de 2 p. commençant : « To the Right Honorable the Earle of Pembroke, one of the Lords of his Maiesties honorable privie Counsell, and Knight

of the most Noble order of the Garter », + une préface du traducteur, 5 pages.

La rareté de ce volume n'est pas une raison suffisante pour que M. M. D. et ses confrères de la Société
languedocienne de géographie aient ignoré l'existence de « Monsieur de Monfart », car il est question
de ce voyageur dans une collection qu'ils connaissent
assurément ; celle de Samuel PURCHAS ; il y a en
effet un extrait du voyage de Monfart, dans le vol. III,
lib. III, c. 8, pp. 410-411, des *Pilgrimes*, London,
1625.

S'il ne peut y avoir de doute quant aux textes, il
ne saurait y avoir plus d'hésitation quant à l'identité
de H. DE FEYNES, gentilhomme de la maison du Roy,
et de Monsieur DE MONFART (Montferran), car nous
lisons dans le vol. de 1615, p. 1, premier paragraphe
du livre I : « In the name of God, in the yeere of our
Lord 1608, I Henry Defeynes, commonly called by
the name of the Mannor of Monfart, wayting then
vppon the most Illustrious, and most reuerend Car-
dinall of Ioyeuse, vpon some priuate discontent... »

Le manuscrit de Montpellier signalé déjà dans le
*Catalogue des manuscrits des bibliothèques des départe-
ments*, I, p. 323, n'est pas d'ailleurs le seul qui existe
de la relation de De Feynes. La Bibliothèque nationale de Paris en possède un absolument pareil ;
Fr. 22982 (Fonds de l'Oratoire, 121).

Enfin, s'il nous était permis de donner un conseil
à M. Marcel Devic et à ses confrères de la Société
languedocienne de géographie, nous les engagerions,
quand ils s'occupent d'un sujet nouveau pour eux, à
en consulter la bibliographie ; dans l'espèce il s'agit
de Chine ; sans vouloir nous faire une facile réclame,
si ces savants avaient ouvert le cinquième fascicule

de notre *Bibliotheca Sinica* (col. 979-980) paru à la
fin de 1882, ils auraient trouvé la plupart des renseignements que nous donnons ici et ils se seraient évité
de faire en mars 1884 les frais d'une publication sans
aucune utilité.

TRAVAUX HISTORIQUES

SUR LA CHINE [1]

Les documents relatifs à l'histoire de la Chine, fort nombreux et fort intéressants, offrent au savant un champ presque illimité de recherches qui n'a encore été que partiellement exploré. Nous nous proposons, dans ce Bulletin, d'indiquer — comme nous l'avons fait ailleurs pour les religions de la Chine [2] — les travaux qui ont été publiés jusqu'à ce jour sur les différents points de l'Histoire de ce vaste empire, et de marquer, chaque fois que l'occasion se présentera de le faire, les trop nombreuses lacunes encore à combler. On verra qu'une histoire critique, scientifique de ce pays, telle que nous l'entendons aujourd'hui en Europe, n'existe pas, que si les sinologues ont déployé beaucoup de savoir et de sagacité dans la traduction et l'interprétation des *King* (livres canoniques), ils sont restés dans les études historiques bien au-dessous de ce qu'on était en droit d'espérer d'eux. Cependant ce Bulletin suffira à donner à l'Européen qui s'occupe des choses d'Extrême-Orient une idée des publications déjà faites, et à montrer au Chinois qui a pu s'étonner que son pays, dont la

1. Extrait de la *Revue Historique*, XVIII, 1882, pp. 143-170.
2. *Revue de l'histoire des religions*, t. I, 1880, pp. 346-356.

population est le quart de celle du globe, ne tienne aucune place dans le *Discours sur l'Histoire universelle* [1] de Bossuet, que la Chine n'en a pas moins été l'objet de l'attention des Barbares d'Occident.

ANNALES. — Le plus important — autant par ses proportions que par la quantité des matériaux qui s'y trouvent accumulés — des ouvrages dont nous ayons à parler, est la traduction qu'a donnée le Père DE MAILLA du *T'oung kien kang mou* [2]. Cet ouvrage, tiré et abrégé sous la direction du célèbre philosophe Tchou hi du *T'oung kien* de Se-ma-Kouang, puis continué et corrigé à diverses reprises par des savants, comprend l'histoire des dynasties impériales jusqu'à celle des Youen. A l'aide du *Ming che ki se peun mo*, du *T'oung kien ming ki tsiouen tsaï* et du *Ming ki pien mien*, le P. de Mailla donna l'histoire des Ming et, avec le second de ces ouvrages qui s'arrête à 1659, commença l'histoire de la dynastie actuelle des Ts'ing, qu'il continua à l'aide du *Ts'ing tching ping ting sou han fang lio*, dans lequel on trouve la relation des guerres de l'empereur K'ang hi contre les Eleuthes et l'abrégé des événements de la vie de ce prince jus-

---

1. Il est curieux en effet que Bossuet qui, dans la troisième partie de son *Discours, les Empires*, consacre un chapitre aux Scythes, aux Éthiopiens et aux Égyptiens, ait passé les Chinois sous silence.

2. *Histoire générale de la Chine*, ou *Annales* de cet empire ; traduites du Tong-Kien-Kang-Mou, par le feu Père Joseph-Anne-Marie de Moyriac de Mailla, jésuite françois, missionnaire à Pékin : publiées par M. l'abbé Grosier, et dirigées par M. le Roux des Hautesrayes, conseiller-lecteur du roi, professeur d'arabe au collège royal de France, interprète de Sa Majesté pour les langues orientales. Ouvrage enrichi de figures et de nouvelles cartes géographiques de la Chine ancienne et moderne, levées par ordre du feu empereur Kang-hi, et gravées pour la première fois. A Paris, 1777-1785, 13 vol. in-4.

qu'à sa quarantième année. Le manuscrit du P. de
Mailla passa en France en 1737 ; après la destruction
de la Compagnie de Jésus, il fut déposé dans la bibliothèque du grand collège de Lyon, tomba ensuite entre
les mains du ministère public, et fut cédé à l'abbé
Grosier en toute propriété par acte passé devant
notaire le 3 août 1775. Après ces nombreuses péré-
grinations, le manuscrit a enfin trouvé un repos
durable à la Bibliothèque nationale de Paris, où les
dix tomes qui le composent, reliés en cinq volumes
in-folio, font partie du fonds français sous les
n°s 12210-12214.

Grosier, aidé de Leroux Deshauterayes, s'empressa de publier cette importante histoire qui parut
de 1777 à 1780 en onze volumes in-4. Le premier
volume comprend, outre la liste des souscripteurs,
le discours préliminaire de Grosier et les observations
de Deshauterayes, treize lettres du P. de Mailla relatives à l'histoire de la Chine et le commencement du
manuscrit. Grosier ajouta un douzième volume (1783)
contenant la table alphabétique de l'ouvrage, la
table des *Nien hao* (noms de règnes), une nomenclature géographique et trois mémoires historiques sur
la Cochinchine, le Tong-king et les premières entreprises des Russes contre les Chinois. Les Mémoires sur
la Cochinchine et le Tong-king, écrits par le P. Gaubil, n'étaient d'ailleurs qu'une réimpression de travaux déjà parus dans le trente-unième recueil des
Lettres édifiantes. Enfin, pour terminer sa besogne
d'éditeur, Grosier donna dans un treizième et dernier volume (1785) une *Description générale de la
Chine* qui fut réimprimée en 2 volumes en 1787, et
qui, revue et considérablement augmentée, devint, à
la troisième édition publiée de 1818 à 1820 en 7 vol.

in-8, un des meilleurs ouvrages relatifs à la Chine
dont le prix aux ventes publiques (de huit à dix
francs) n'est pas en rapport avec le mérite. Elle
avait eu d'ailleurs les honneurs de traductions en
langues étrangères [1].

L'ouvrage du P. de Mailla n'est pas sans défaut et,
comme le dit le P. Gaubil dans une lettre à M. de
l'Isle [2] : « La traduction française du *T'oung-kien-
kang mou*, du P. de Mailla, mériteroit d'être remaniée
par un homme bien au fait sur la Chine et d'un grand
travail, et zélé pour la Chine. Or, cela me paroît bien
difficile ; il y a dans cette version du P. de Mailla
bien des articles à retoucher, et plusieurs qui deman-
dent de la critique. Cet ouvrage a été fait un peu trop
vite, et il auroit dû être mieux examiné en Chine ;
on se pressa un peu trop de l'envoyer à Lyon. Il
contient d'excellents matériaux pour l'histoire ;
mais, pour s'en bien servir, il faut être au fait sur les
affaires de la Chine, et en état de voir ce qu'il y a à
y retrancher ou à y ajouter. » — Le P. Janin, augustin, en fit un abrégé en 1769 [3], mais son œuvre n'a
pas vu le jour, et elle est conservée à la bibliothèque
de la ville de Lyon ; le manuscrit, en deux volumes
in-4, comprend 788 pages, plus une introduction
de 28 pages.

On ajoute généralement comme supplément à
l'ouvrage du P. de Mailla une Histoire de la dynastie

---

1. En anglais : London, 1788, 2 vol. in-8 ; *ibid.*, 1795, 2 vol. in-8 ;
en allemand : Frankfurt a. M., 1789, gr. in-8 ; et en italien.

2. *Panthéon littéraire*, IV, p. 64.

3. *Annales de la Chine*, réduites en abrégé par le Père Janin,
augustin, sur la version françoise de J.-M. Moyriac de Mailla,
missionnaire apostolique connu en Chine sous le nom de Fong-
Ping-Tching, 1769.

des Ming, composée par l'empereur K'ien loung, et traduite du chinois par l'abbé Delamarre des Missions étrangères. Une portion seulement de l'œuvre de ce missionnaire a vu le jour : c'est celle qui s'étend de l'année 1368, commencement du règne de Houng Wou, jusqu'à 1505 ; elle fut d'abord imprimée dans la *Revue de l'Orient*, sous le titre de : *Annales chinoises de la dynastie Min*, puis réunie en un volume in-4 [1].

Le *T'oung kieng kang mou* fait partie de cette série d'histoires connues en Chine sous le nom de *Pien nien* ou Annales, et dont le plus ancien spécimen est le *Tch'ouen ts'ieou*, le cinquième des livres canoniques *(King)* et le seul véritablement écrit par Confucius ; le *Tch'ouen ts'ieou*, compilé par le Sage environ 480 ans avant notre ère, comprend les Annales de sa patrie, la principauté de Lou (portion de la province actuelle du Chan-toung), de 722 à 481 av. J.-C.

On doit ajouter à cet ouvrage assez maigre les trois anciens commentateurs : Tso chi, disciple du Sage, Kong yang, de la dynastie des Han, et Keou lang qui vivait au Ier siècle avant notre ère. Les travaux de ces trois commentateurs sont comptés parmi les livres canoniques du second ordre. Le D[r]. Legge a donné la traduction du *Tch'ouen ts'ieou* dans ses *Chinese Classics* [2], et le D[r]. Bretschneider écrivait dans le *Chinese Recorder* (IV, 1871, p. 51) que le P. Daniel, de

1. *Histoire de la dynastie des Ming*, composée par l'empereur Khian-loung, traduite du chinois par M. l'abbé Delamarre des Missions étrangères, pouvant servir de supplément à l'Histoire générale de la Chine du Père de Mailla. Première partie comprenant les dix premiers livres. Paris, Ve Benjamin-Duprat, 1865, in-4.

2. *The Chinese Classics...* Vol. V, parts I-II, Hong-kong, 1872.

la Mission ecclésiastique russe de Peking, avait fait, il y a une quarantaine d'années, un travail semblable qui n'a pas été publié. Une traduction française de Deshauterayes n'a pas été plus heureuse, mais il en existe à notre connaissance deux copies manuscrites : l'une à la Bibliothèque nationale (Ms. fr. 14686) ; l'autre, qui avait appartenu à Rémusat, est entre les mains de M. Trübner, libraire à Londres.

Le *Tchou chou ki nien*, ou Annales des livres écrits sur Bambou, entre également dans la série des Annales ; c'est une chronique qui fut trouvée, dit-on, 284 ans après J.-C. dans un tombeau des princes de Wei, et comprend un abrégé de l'histoire chinoise depuis Houang Ti jusqu'à l'an 299 avant J.-C. DE GUIGNES se servit de cet ouvrage et en intercala des extraits entre les différents chapitres du *Chou king* de Gaubil. Plus tard, Ed. BIOT, en français dans le *Journal asiatique*[1], le docteur LEGGE en anglais dans les *Prolégomènes* de son *Shoo-king*[2], donnèrent des versions de cet ouvrage.

OUVRAGES GÉNÉRAUX. — Plus ancienne que l'histoire de Mailla est celle du P. Martin MARTINI, dont la première partie, qui s'étend jusqu'à la naissance du Christ, a été seule publiée[3]. La seconde partie, qui a

---

1. *Tchou-chou-ki-nien*, ou Tablettes chronologiques du livre écrit sur Bambou, ouvrage traduit du chinois par M. Edouard Biot (*Journal asiatique*, 3e sér., vol. XII, déc. 1841, et vol. XIII, mai 1842.)

2. *The Chinese Classics...* Vol. III, part I, proleg., chap. IV.

3. Martini Martinii Tridentini e Societate Jesu Sinicae Historiae Decas prima Res à gentis origine ad Christum natum in extremâ Asia, sive Magno Sinarum Imperio gestas complexa. Monachii, Typis Lucae Straubii, 1658, in-4. — Idem, Amstelaedami, apud Ioannem Blaev, 1659, in-8. — Traduit en français par l'abbé Le Peletier. Paris, Claude Barbin, 1692, in-12.

été évidemment écrite, ne paraît pas avoir été imprimée et semble même être perdue [1].

Intéressante à un autre point de vue est l'histoire de la Chine, traduite du persan d'ABDALLAH BEIDAVI, qui s'étend depuis le premier homme, Pan Kou, jusqu'à la naissance de Gengis Khan, l'an 549 de l'hégire (1154 ap. J.-C.). Le texte de cette chronique a été publié avec une version latine par A. MÜLLER [2], et WESTON en a donné une traduction anglaise [3].

Nous ne rappelons que pour mémoire les médiocres travaux signés de SÉNANCOUR [4], de GÜTZLAFF [5], de THORNTON [6].

On voit qu'une histoire générale de la Chine manque encore, la seule que nous possédions étant celle

1. Voir le Recueil de Thévenot, II, 1696 : Synopsis chronologica Monarchiae Sinicae ab anno post diluvium 275 usque ad annum Christi 1666. — Cf. *Bibliotheca Sinica*, col. 234.

2. Abdallae Beidavaei Historia Sinensis, *Persicè* è geminô Manuscriptô edita, Latinè quoque reddita ab Andrea Mvllero Greiffenhagio accedunt ejusdem Notae marginales... Berolini, Typis Christophori Rungii, anno 1677, expressa, nunc verò una cum additamentis edita ab Autouris filio quodvvultdeo Abraham Mullero. Jenae, Prostat apud Joannem Bielkium, 1689, in-4.

3. A Chinese Chronicle : by Abdalla of Beyza. Translated from the Persian, with Notes and Explanations. By S. Weston... London, William Clarke, 1820, in-8.

4. Résumé de l'histoire de la Chine par M. de S***. Paris, Lecointe et Durey, 1824, in-48 ; — 2e éd., *ibid.*, 1824 ; — Bruxelles, 1825, in-48.

5. A Sketch of Chinese History, ancient and modern : comprising a Retrospect of the Foreign intercourse and trade with China... London, Smith Elder Co, 1834, 2 vol. in-8. — Gützlaff's Geschichte des Chinesischen Reiches, von den aeltesten Zeiten bis auf den Frieden von Nanking, herausgegeben von Karl Friedrich Neumann. Stuttgart u. Tübingen, 1847, in-8.

6. A History of China from the earliest Records to the Treaty with Great Britain in 1842 by Thomas Thornton Esq. London, Allen, 1844, in-8, vol. Ier (seul paru).

de Mailla qui est plutôt une mine de renseignements qu'une véritable histoire. Il n'y a même pas pour la Chine un de ces livres qui, malgré des apparences modestes, sont des merveilles de science, et dans lesquels sont présentés sous une forme abrégée non seulement les évènements importants, mais aussi la plupart des faits secondaires de l'histoire d'un pays. Le Céleste Empire, moins heureux que l'Orient ancien, la Russie ou l'Autriche-Hongrie, attend encore un Maspero, un Rambaud ou un Leger. Nous avons bien l'histoire complète de la Chine publiée en 2 vol. in-12, en 1860, chez Parent-Desbarres, mais c'est un ouvrage à refaire [1].

Dans cette énumération des histoires générales de la Chine, nous ne saurions passer sous silence les *Descriptions* de ce vaste empire, qui comprennent en outre des chapitres relatifs aux sciences et aux arts, aux mœurs et aux coutumes, etc., des travaux fort importants au point de vue spécial dont nous nous occupons aujourd'hui. Nous avons déjà parlé de l'ouvrage de Grosier. Avant et au-dessus de lui, il faut placer l'énorme compilation du P. Du Halde.

Les lettres et les mémoires de vingt-sept missionnaires de la Compagnie de Jésus ont servi à rédiger cet ouvrage, dont le prospectus parut en 1733 [2]. L'ouvrage lui-même fut publié à Paris en 1735, en

---

1. *Histoire complète de l'empire de la Chine, depuis son origine jusqu'à nos jours. — Son étendue. — Sa chronologie...* Par MM. A. S. et D., professeurs d'histoire de l'Université, et continuée jusqu'à nos jours par M. P. D. Nouvelle édition. Paris, Parent-Desbarres, 1860, 2 vol. in-12.

2. De l'imprimerie de P.-G. Lemercier fils, 1733, 4 pages (2 ff.) in-4.

quatre volumes in-folio [1]. Au point de vue historique, le plus intéressant de ces volumes est le quatrième, qui renferme les Voyages des PP. GERBILLON et VERBIEST en Tartarie, et les Observations du P. RÉGIS sur la Corée et le Tibet. Les Voyages en Tartarie du P. Gerbillon offrent une grande importance, car le récit de ce missionnaire (également auteur d'une grammaire mandchoue estimée), qui fut avec le P. PEREIRA interprète dans les négociations entre les Chinois et les Russes à la suite de la campagne de ces derniers sur l'Amour, est beaucoup plus complet que les documents russes traitant du même sujet.

L'ouvrage du P. Du Halde a eu une deuxième édition française à la Haye [2], et a été traduit en entier en anglais [3] et en allemand [4] et en partie en russe par Ignace de Theils [5]. Parmi ceux qui ont précédé le P. Du Halde dans ce genre de littérature, il faut signaler les PP. SEMEDO, KIRCHER, DE MAGALHAENS et LE COMTE, tous Jésuites. Les ouvrages importants

1. Description géographique, historique, chronologique, politique de l'empire de la Chine et de la Tartarie chinoise, enrichie des cartes générales et particulières de ces pays, de la carte générale et des cartes particulières du Thibot et de la Corée, et ornée d'un grand nombre de figures et de vignettes gravées en taille-douce, par le P. J.-B. du Halde... A Paris, P.-G. Lemercier, 1735, 4 vol. in-fol.

2. Chez Henri Scheurleer, 1736, 4 vol. in-4.

3. London : Printed by and for John Watts, 1736, 4 vol. in-8 ; — Lond. : Printed by T. Gardner, for Edward Cave, 1738-1741, 2 vol. in-fol. ; — Lond. : Printed for J. Watts, 1741, 4 vol. in-8.

4. Ausführliche Beschreibung des Chinesischen Reichs und der Grossen Tartarey. Rostock, 1747-1749, 4 vol. in-4.

5. Saint-Pétersbourg, 1774-1777, 2 vol. in-4.

de Semedo [1], de Magalhaens [2] et de Le Comte, qui avaient été missionnaires à la Chine, offrent beaucoup d'intérêt pour l'étude des mœurs et donnent un grand nombre de renseignements sur les progrès du christianisme dans ce pays, mais ne donnent que peu de faits historiques. Les *Mémoires* [3] du P. Le Comte, écrits d'une manière fort agréable, ont joué un grand rôle dans la grande querelle qui, à la fin du XVIIe et au commencement du XVIIIe siècle, arma Jésuites, Dominicains et Prêtres des Missions étrangères les uns contre les autres, au grand préjudice de l'œuvre commune de propagation du christianisme en Chine. Ceux que les détails de cette dispute pourraient intéresser trouveront dans notre *Bibliotheca Sinica* [4] plus de quarante colonnes consacrées à l'énumération

1. Imperio de la China i Cultura evangelica en él, por los Religiosos de la Compañia de Iesus. Compuesto por el Padre Alvaro Semmedo, procurador general de la propria Compañia de la China, embiado desde allà a Roma el Año de 1640. Publicado por Manuel de Faria i Sousa. Madrid, 1642, in-4. — Id., Lisboa occidental, 1731, in-folio. — En italien, Romae, 1643, in-4, et 1653, in-4. — En français, Paris, 1645, in-4, et Lyon, 1667, in-4. — En anglais, London, 1655, in-folio.

2. Nouvelle relation de la Chine, contenant la description des particularitez les plus considérables de ce grand empire. Composée en l'année 1668 par le R. P. Gabriel de Magaillans... et traduite du portugais en françois par le sieur B[ernou]. A Paris, chez Claude Barbin, 1688. — Idem, Paris, Etienne Ducastin. 1689, in-4. — Idem, Paris, Louis Lucas, 1690, in-4. — En anglais, London, Thomas Newborough, 1688, in-8.

3. Nouveaux mémoires sur l'état présent de la Chine, par le P. Louis le Comte de la Compagnie de Jésus, mathématicien du Roy. A Paris, chez Jean Anisson, 1696, 2 vol. in-12 ; souvent réimp. — En anglais, London, 1697, in-8 ; souvent réimp. — En italien, Florence, 1696, in-8. — En allemand, Frankfurt u. Leipzig, 1696, 1699 et 1700. — En hollandais, La Haye, 1698, 2 vol. pet. in-4, et Utrecht, 1710, in-4.

4. Col. 373-414.

des mémoires, brochures, etc., relatifs à cette mémorable controverse connue sous le nom de *Question des Rites*. La question des Rites s'est d'ailleurs présentée de nos jours sous une forme nouvelle : en effet, si la bulle *Ex quo singulari* de BENOIT XIV l'a réglée définitivement en 1742 pour les catholiques, les protestants ne sont pas d'accord sur le mot chinois à employer pour désigner la divinité, et sous le titre de « *The Term Question* », les recueils périodiques et les presses de Chine ont donné une quantité de mémoires qui n'ont pas résolu d'une manière satisfaisante le problème de savoir si Dieu était *Shang ti*, ou bien *Shin, T'ien, T'ien-tchou*, etc. [1].

Mais revenons à nos ouvrages généraux. Le P. KIRCHER, de même que Du Halde, n'avait pas été en Chine, et sa *China illustrata* [2], basée surtout sur des mémoires du P. Michel BOYM, polonais, n'offre guère d'intérêt que pour les missions et les arts. Avant Kircher, Juan GONZALEZ DE MENDOÇA [3], augustin,

1. Cf. *Bib. Sinica*, col. 595-607.

2. Athanasii Kircheri e Soc. Jesu China monumentis qua sacris qua profanis, nec non variis naturae artis spectaculis, aliarumque rerum memorabilium argumentis illustrata, auspiciis Leopoldi Primi Roman. Imper... Amstelodami, apud Janssonium a Waesberge et Elizeum Weyerstraet, 1667, in-fol. — Id., Amst., a Jac. de Meurs, 1667, in-fol. — En holl., par Glazemaker, Amst., 1668, in-fol. — En français, par Dalquié, Amst., 1670, in-folio.

3. Historia de la cosas mas notables, ritos y costumbres del gran Reyno de la China, en Roma, Bartholome Grassi, 1585, pet. in-8. — Madrid, Pedro Madrigal, 1586, in-8. — Medina del Campo, 1595, in-8. — Çaragoça, 1587, in-8. — Anvers, Pedro Bellero, 1596, in-8. — En italien : Roma, Bartolomeo Grassi, 1586, in-4. — Roma, Giovanni Martinelli, 1586, in-4. — Venetia, Andrea Muschio, 1586 et 1587. — Genova, G. Bartoli, 1586. — En français, par Luc de la Porte, Paris, Ieremie Perier, 1588 et 1589 ; Paris, Nicolas du Fossé, 1589, in-8 ; Paris, Abel l'Ange-

avait donné, en 1585, son *Historia de las cosas mas notables, ritos y costvmbres del Gran Reyno de la China*, fréquemment réimprimée, et traduite en cinq ou six langues ; dans sa première partie, cet ouvrage est consacré, comme ceux dont nous venons de parler, aux cérémonies, aux sacrifices, aux us, aux lois, etc. ; la seconde partie comprend trois voyages faits en 1577, 1579 et 1581, par des Augustins.

Nous compléterons notre nomenclature des ouvrages généraux antérieurs à ce siècle en citant les *Mémoires concernant les Chinois* ; nous aurons à reparler plus en détail de cette série si importante de documents à propos du P. Gaubil et de son histoire de la dynastie des T'ang.

De nos jours, les Anglais et les Américains, missionnaires protestants en général, nous ont fourni les ouvrages généraux les plus importants : c'est MEDHURST avec *China, its State and Prospects*[1], Karl GÜTZLAFF (allemand) avec *China opened*[2], Doolittle avec *Social Life of the Chinese*[3], Nevius avec *China*

lier, 1600 ; — s. l., Jean Arnaud, 1601 ; — Lyon, François Arnoullet, 1609 ; — Rouen, Nicolas Angot, 1614, in-8. — En anglais, par R. Parke, London, 1588, in-4 ; London, 1853-54, 2 vol. in-8, rééd. par Sir. G. T. Staunton pour la Hakluyt Society. — En latin, Francfort, s. a., in-8. — Anvers, 1655, in-4. — En allemand : Frankfurt, 1589, in-4 ; Leipzig, 1597, in-4. — En hollandais, Amst., C. Claesz, 1595, in-8 ; — Delf, 1656, in-12.

1. China : its State and Prospects. With especial reference to the spread of the Gospel... by W. H. Medhurst... London, John Snow, 1838, in-8.

2. China opened ; or a Display of the topography, history, customs, manners, arts, manufactures, commerce, literature..., of the Chinese empire by the Rev. Charles Gützlaff, revised by the Rev. Andrew Reed, DD. London, Smith Elder et Co, 1838, 2 vol. in-8.

3. Social Life of the Chinese : with some account of their religions, governmental, educational and business customs and

and the Chinese [1], mais surtout Sir John Francis Davis avec *the Chinese* [2], et le D[r]. S. Wells Williams avec son *Middle Kingdom* [3] qui, publié d'abord en 1848, est resté malgré quelques légères erreurs et de nombreuses lacunes le livre le plus populaire et, somme toute, le plus complet. Il est tiré en grande partie du *Chinese Repository*, vaste recueil périodique formant vingt volumes, dont Bridgman et Williams furent les éditeurs [4].

Dans la collection de Didot, l'*Univers pittoresque*, MM. Pauthier et Bazin ont donné, sous le titre de *Chine moderne* [5], un ensemble de renseignements que l'on aurait peine à réunir. La partie historique de cet ouvrage a été traitée par M. Pauthier. L'*Empire du Milieu* [6], de M. de Courcy, n'offre rien d'original

opinions. With special but not exclusive reference to Fuhchau. By Rev. Justus Doolittle... New-York, Harper, 1865, 2 vol. in-8.

1. China and the Chinese : A general description of the country and its inhabitants... by the Rev. John L. Nevius... New-York : Harper Brothers, 1869, pet. in-8.

2. The Chinese : A general description of the empire of China and its Inhabitants. By John Francis Davis Esq... London, Charles Knight, 1836, 2 vol. in-12. — Id., 1840, 1845, 1849 et 1857. — New-York, 1836, 2 vol. in-18. — En Français, par A. Pichard, 1837, 2 vol. in-8. — En allemand, Magdeburg, 1843, gr. in-8 ; Stuttgart, 1852, 4 part. in-8. — En hollandais, Amsterdam, 1841, 3 vol. in-8.

3. The Middle Kingdom ; a survey of the geography, government, education, social life, arts, religion, etc., of the Chinese empire and its inhabitants... By S. Wells Williams... New-York, and London, 1848, 2 vol. in-12. — Id., 1857, 1861, 1871. — En allemand, Cassel, Volmann, 1852-53, 1 Bd. 2 Abth.

4. *The Chinese Repository.* Canton, 1832-1851, 20 vol. in-8.

5. Chine moderne ou description historique, géographique et littéraire de ce vaste empire, d'après des documents chinois. Paris, Didot, 1837-1853, 2 vol. in-8.

6. L'Empire du Milieu. Description géographique. Précis his-

et est extrait avec l'adjonction de quelques erreurs des publications anglaises en général, et du *Middle Kingdom* en particulier. Malgré trois éditions et des comptes-rendus favorables, le livre *France et Chine* [1], de M. O. Girard, ne vaut pas l'honneur d'être nommé. Deux ouvrages plus récents sont dus à M. Eden [2] et à l'archidiacre Gray [3] ; il reste cependant à faire, pour la description générale comme pour l'histoire générale de la Chine, un nouveau travail plus en rapport que ceux de Davis et de Williams avec les études modernes. Le premier volume de l'ouvrage gigantesque du baron de Richthofen [4] nous fait espérer que nous aurons une œuvre définitive à beaucoup de points de vue, mais nous ne pensons pas cependant que la partie historique, l'auteur n'étant pas sinologue, nous révèle des faits nouveaux.

Dans le système bibliographique adopté par les Chinois généralement, et en particulier dans la grande collection des ouvrages les plus estimés dans le pays, dont l'exécution fut ordonnée en 1773 par l'empereur

torique. Institutions Sociales, Religieuses, Politiques. Notions sur les Sciences, les Arts, l'Industrie et le Commerce, par le marquis de Courcy, ancien chargé d'affaires de France en Chine. Paris, Didier, 1867, in-8.

1. France et Chine. — Vie publique et privée des Chinois anciens et modernes. Passé et avenir de la France dans l'Extrême-Orient..., par M. O. Girard, ancien curé et témoin synodal de Saint-Paul aux Iles Mascareignes. Paris, Hachette, 1869, 2 vol. in-8. — Id., 2e éd., 1870. — 3e éd., 1876.

2. China : Historical and descriptive. By C. H. Eden... London, Marcus Ward, in-8.

3. China : A History of the Laws, Manners and Customs of the People. By the Ven. John Henry Gray... London : Macmillan, 1878, 2 vol. in-8.

4. China. Ergebnisse eigener Reisen und darauf gegründeter Studien von Ferdinand Freiherrn von Richthofen. Erster Bd. Einleitender Th. — Berlin, D. Reimer, 1877, in-4.

K'ien loung, la première classe est consacrée aux *Livres canoniques (King)*, la seconde aux *Ouvrages historiques (Che)*. Cette classe se subdivise elle-même en :

   1º Histoire des différentes dynasties, *Tching che* ;

   2º Annales, *Pien nien* ;

   3º Histoires générales, *Ki sse peun mo* ;

   4º Histoires particulières, *Pié che* [Histoires séparées] ;

   5º Histoires diverses, *Tsa che* ;

   6º Documents officiels, *Tchaou ling tseou yi* ;

   7º Biographies, *Tchouen ki* ;

   8º Extraits historiques, *Che tcheou* ;

   9º Histoires d'Etats particuliers, *Tsai ki* ;

  10º Chronologie, *Che ling* ;

  11º Géographie, etc., *Ti li* ;

  12º Administration et gouvernement, *Tche kouan* ;

  13º Constitution, lois, édits, etc., *Tching chou* ;

  14º Bibliographie, *Mou lou* ;

  15º Critique d'histoires, *Che ping*.

Nous avons déjà parlé des ouvrages compris dans la deuxième subdivision (*Annales*) dont les Européens se sont occupés. Nous parlerons maintenant de l'histoire des différentes dynasties de la Chine. Les ouvrages qui traitent de l'histoire particulière des familles souveraines ne sont pas de simples récits d'événements passés sous chaque règne, mais bien de véritables encyclopédies. M. Alexandre Wylie qui, dans toutes les questions de littérature et de bibliographie chinoises, est le maître incontesté, remarque dans ses *Notes on Chinese Literature* [1] que

____

1. Notes on Chinese Literature : with introductory remarks on the progressive advancement of the Art ; and a List of transla-

ces histoires sont généralement faites sur le même modèle et comprennent trois sections :

1º *Ti ki*, chronique des différents empereurs de la dynastie ;

2º *Tchi*, mémoires sur les mathématiques, les rites, la musique, la jurisprudence, l'économie politique, les sacrifices, l'astronomie, l'influence des éléments, la géographie et la littérature ;

Et 3º *Li tchouen*, biographies des personnes célèbres et notes sur les peuples étrangers.

La plus considérable de ces histoires est celle de la dynastie des Soung, qui comprend 496 livres. La plus ancienne est le *Che ki* [Mémoires historiques] du célèbre Se-ma Ts'ien. Cet ouvrage, qui s'étend depuis le règne de Houang Ti jusqu'à l'an 122 de notre ère (dynastie des Han), renferme 130 livres répartis en cinq sections :

1º *Ti ki*, chronique impériale (12 livres) ;

2º *Nien piaou*, tables généalogiques (10 livres) ;

3º *Pa chou*, les huit traités (8 livres) sur les rites, la musique, l'harmonie, la chronologie, l'astrologie, les cérémonies religieuses, les cours d'eau et les poids et mesures ;

4º *Chi kiao*, histoire généalogique des grandes familles (30 livres) ;

Et 5º *Li tchouen*, biographies et mémoires sur les pays étrangers (70 livres).

On voit quelle partie importante de l'histoire de la Chine embrasse l'ouvrage de Se-ma Ts'ien. Elle couvre une période de près de trois mille années qui remonte au delà des temps historiques, au delà

tions from the Chinese, into various European languages. By A. Wylie... Shanghae, 1867, in-4.

même de la première des dynasties, la dynastie Hia,
pour continuer sous les Chang, les Tcheou, et se terminer sous les Han. Se-ma Ts'ien (1er et 11e s. av.
J.-C.) a mis en œuvre dans cette histoire colossale des
matériaux que son père Se-ma Tan, qui occupait la
charge de grand historiographe sous Wou Ti, de la
dynastie des Han, avait commencé d'accumuler.
Se-ma Tan, à son lit de mort, légua ses notes à son
fils qui a su mériter le surnom de *Père de l'Histoire*,
et dont l'œuvre a servi de modèle à celle de ses successeurs.

Plusieurs sinologues européens se sont livrés à
l'étude des temps antérieurs à l'ère chrétienne. Moins
pour la qualité que pour le nombre de ses publications,
nous citerons d'abord sans nous y arrêter M. August
Pfizmaier qui, depuis, 1854, a donné une quantité
innombrable de travaux dans les mémoires de la
classe de philosophie et d'histoire de l'Académie des
sciences de Vienne [1]. M. le marquis DE FORTIA
D'URBAN a produit une série d'ouvrages peu estimés
sous les titres de : *Histoire de la Chine avant le déluge
d'Ogigès... Histoire antédiluvienne de la Chine*, etc. [2].
Edouard BIOT a donné dans le *Journal asiatique*,
en 1845 et 1846, des *Etudes sur les anciens temps de
l'histoire chinoise* d'après les livres classiques.

M. Thos. W. KINGSMILL, Président de la Société
royale asiatique de Chang hai, s'est particulièrement
appliqué à l'histoire des Tcheou, et il a publié dans

---

1. Cf. *Bib. Sinica*, col. 247-249.
2. Histoire de la Chine avant le déluge d'Ogigès. 1re et 2e part.
Paris, Xhrouet, 1807, 2 vol. in-12. — Histoire anté-diluvienne
de la Chine jusqu'au déluge d'Yao, l'an 2298 avant notre ère.
Paris, 1840, 2 vol. in-12. — Cf. *Bib. Sin.*, col. 244-245.

le journal de la Société qu'il dirige trois mémoires[1] remarquables plutôt par leur ingéniosité que par leur esprit scientifique. Nous devons également à ce savant, plus distingué comme géologue que comme historien, une biographie de l'empereur Chouen[2].

Mais c'est dans le deuxième et le cinquième des grands Kings, le *Chou king* et le *Tch'ouen ts'ieou*, que l'on puisera les matériaux les plus importants. Nous avons déjà parlé du *Tch'ouen ts'ieou*. Le *Chou king* s'étend depuis Yao et Chouen jusqu'à Ping Wang de la dynastie des Tcheou (720 avant J.-C.). Il a été mis en français par le P. Gaubil, dont la traduction a été publiée avec des observations et des notes par de Guignes, à Paris, en 1770[3]. Le D[r]. Medhurst fit la première traduction anglaise en 1846[4] ; malgré la valeur de cette traduction, celle du D[r]. Legge avec ses

1. The Mythical origin of the Chow or Djow dynasty, as set forth in the Shoo-king, by Thos. W. Kingsmill. (*Journ. North China Branch Roy. As. Soc.*, VII, 1871-2, p. 137.)

The Legend of Wên Wang, Founder of the dynasty of the Chows in China, by Thos. W. Kingsmill. (*Ibid.*, VIII, 1873, p. 23.)

Short Notes on the Identification of the Yuè-ti and Kiang Tribes of Ancient Chinese History, by T. W. Kingsmill. (*Ibid.*, X, p. 71.)

2. The Story of the Emperor Shun, by T. W. Kingsmill. (*Ibid.*, XII, p. 123.)

3. Le Chou-king, un des livres sacrés des Chinois, qui renferme les fondements de leur ancienne histoire, les principes de leur gouvernement et de leur morale ; ouvrage recueilli par Confucius. Traduit et enrichi de notes par feu le P. Gaubil, missionnaire à la Chine. Revu et corrigé sur le texte chinois, accompagné de nouvelles notes... Par M. de Guignes... A Paris, Tilliard, 1770, in-4.

4. Ancient China. The Shoo king, or the Historical Classic : being the most ancient authentic Record of the Annals of the Chinese empire : illustrated by later Commentators. Translated by W. H. Medhurst, Sen. Shanghae, 1846, in-8.

notes critiques et historiques, ses commentaires, etc.,
est celle qui est aujourd'hui la plus estimée [1].

La grande question de l'origine des Chinois a été
débattue, discutée, sans être résolue définitivement,
au triple point de vue de l'histoire, de la philosophie
et de la philologie. Citons pour mémoire le travail si
remarquable du P. DE PRÉMARE sur les temps antérieurs au *Chou king*, que de Guignes imprima dans
son édition de ce livre classique (1770) [2]. Les études
de philologie comparée ont fait naître des ouvrages
très attaqués, très attaquables, mais fort intéressants : l'un du D[r]. EDKINS, *China's Place in Philology* [3], a pour but de « montrer que les langues d'Europe et d'Asie peuvent être ramenées à une seule origine en Arménie ou en Mésopotamie » ; l'autre est du
D[r]. SCHLEGEL et son titre indique son objet : « *Sinico-
Aryaca*, ou recherches sur les racines primitives dans
les langues chinoises et aryennes [4]. » Dans une autre
branche de recherches, le D[r]. Schlegel a essayé de
prouver que l'astronomie primitive est originaire de
la Chine, et que les noms des constellations sur la
sphère chinoise indiquent une antiquité d'environ
17,000 ans avant l'ère chrétienne. Très vivement
critiqué et prêtant certainement à la critique, le

---

1. *The Chinese Classics*, vol. III, pts. I et II.

2. Discours préliminaire, ou Recherches sur les temps antérieurs à ceux dont parle le Chou-king et sur la Mythologie chinoise, par le P. de Prémare.

3. *China's Place in Philology* : an Attempt to show that the
languages of Europe and Asia have a common origin. By Joseph
Edkins, B. A., of the London Missionary Society, Peking... London, Trübner, 1871, in-8.

4. *Sinico-Aryaca* ou Recherches sur les racines primitives dans
les langues chinoises et aryennes. Etude philologique, par Gustave
Schlegel... Batavia, Bruining, and Wijt, 1872, gr. in-8.

second ouvrage[1] du D[r]. Schlegel renferme cependant beaucoup de faits nouveaux, et indique une telle somme de travail qu'il aurait dû être traité avec des égards que n'ont pas toujours eus ses adversaires ; le D[r]. Schlegel, au bout de cinq ans de silence, leur a répondu d'une façon acerbe, mais non imméritée[2].

Rapprocher les Chinois des Egyptiens a été, depuis le milieu du dernier siècle, l'un des dadas qui ont le plus séduit ceux qui se sont occupés du Céleste Empire. Sans remonter au P. Kircher, MAIRAN paraît être des premiers à avoir eu l'idée que les Chinois pourraient bien être une colonie égyptienne, hypothèse combattue immédiatement par le P. PARRENIN dans sa lettre du 18 septembre 1735[3]. De Guignes surtout étudia la question, et il a donné dans le recueil de l'Académie des Inscriptions[4] un mémoire dont le texte explique parfaitement l'objet : *Mémoire dans lequel, après avoir examiné l'origine des lettres phéniciennes, hébraïques, etc., on essaye d'établir que le caractère épistolique, hiéroglyphique et symbolique des Egyptiens se retrouve dans les caractères des Chinois, et que la nation chinoise est une colonie égyptienne.* De Guignes trouva un adversaire en Le Roux Deshauterayes qui fit une réponse sous le titre :

1. *Sing Chin Khao Youen.* Uranographie chinoise ou preuves directes que l'astronomie primitive est originaire de la Chine et qu'elle a été empruntée par les anciens peuples occidentaux à la sphère chinoise : ouvrage accompagné d'un atlas céleste chinois et grec, par Gustave Schlegel... La Haye, 1875, 2 part. gr. in-8 et atlas.

2. Réponse aux critiques de l'Uranographie chinoise, par G. Schlegel. *(Bijdragen tot de Taal-Land-en-Volkenkunde von Nederlandsch-Indië*, 1880, pp. 350-372.)

3. Lettres d'un missionnaire à Pékin, contenant diverses questions sur la Chine... A Paris, Nyon, 1787, in-8.

4. *Mém.*, XXIX, 1764, pp. 1-26.

« Doutes sur la dissertation de M. de Guignes [1] »,
à laquelle ce dernier riposta [2]. Vers la même époque
(1761), un membre de la Société royale de Londres,
NEEDHAM, étant à Turin, crut trouver une ressemblance entre certains caràctères marqués sur la figure
et la poitrine d'un ancien buste d'Isis et les caractères chinois ; il ne lui en fallut pas davantage pour
publier un mémoire [3] qui, adressé aux missionnaires
de Chine, reçut une réponse sous forme d'une
« *Lettre de Pékin sur le génie de la langue chinoise, et
la nature de leur écriture symbolique, comparée avec
celle des anciens Egyptiens* [4] », qui est du P. CIBOT, et
non pas du P. AMIOT, comme on l'a dit parfois à la
légère. De nos jours, M. Pauthier a repris le problème
dans son mémoire sur l'origine et la formation similaire des écritures figuratives égyptienne et chinoise [5] ;
enfin la découverte de bouteilles en porcelaine dans
des tombeaux égyptiens a donné lieu à plusieurs dis-
sertations, notamment de M. Medhurst Jun. [6], et

1. A Paris, chez Laurent Prault et Duchesne, 1759, in-8.

2. Réponse de M. de Guignes aux doutes proposés par M. Deshauterayes sur la dissertation qui a pour titre : Mémoire dans
lequel on prouve que les Chinois sont une colonie égyptienne.
A Paris, chez Michel Lambert... 1759, in-8.

3. De inscriptione quadam aegyptiaca Taurini inventa et cha-
racteribus aegyptiis olim et sinis communibus exarata idolo cuidam
antiquo in regia universitate servato ad utrasque Academias Lon-
dinensem et Parisiensem rerum antiquarum investigationi et
studio praepositas data epistola. Romae, 1761, pet. in-8.

4. A Bruxelles, chez J.-L. de Boubers, 1773, in-4.

5. *Sinico-Ægyptiaca*. Essai sur l'origine et la formation similaire des écritures figuratives chinoise et égyptienne, composé
principalement d'après les écrivains indigènes, traduits pour la
première fois dans une langue européenne, par G. Pauthier. Paris,
Didot, 1842, in-8.

6. Inscriptions on Porcelain Bottles found in ancient Egyptian
Tombs. Remarks upon facsimiles, sent by Messieurs Julien and

de M. Harry Parkes [1] dans les Transactions de la Société asiatique de Hong kong, desquelles il résulterait que ces objets relativement peu anciens, tout en indiquant des relations entre la Chine et l'Egypte, ne fournissent aucun argument aux partisans d'une origine commune des deux nations.

Sans nier la haute antiquité de la nation chinoise, nous devons avouer que les documents sur lesquels on se base généralement pour l'affirmer ne sont rien moins que probants. L'étude de la Chine n'est pas encore entrée dans cette période de critique scientifique à laquelle on est arrivé pour d'autres pays de l'antiquité ; on n'approche même pas de ce moment de recueillement où les matériaux déjà acquis sont analysés, discutés, acceptés, classés, pour servir de point de départ à de nouvelles découvertes. Nous trouvons bien chez les Chinois les éléments de nos recherches, mais c'est tout ; ils ne possèdent pas cet esprit de critique et cette sagacité persévérante qui sont la caractéristique des études contemporaines en Europe. Un dictionnaire historique de la langue chinoise sera fait non par un Chinois, mais par un Européen, non pas de nos jours, mais dans cinquante ans. Nous tâtonnons aujourd'hui encore beaucoup trop ; chacun travaille séparément et semble ne pas avoir conscience qu'il a eu des devanciers, qu'à ses côtés même il ne manque pas de rivaux; chacun paraît

Rondot of Paris, of twelve inscriptions on Porcelain Bottles, alleged to have been found in ancient Egyptian Tombs : By W. H. Medhurst, Jun. *(Transactions China Branch Roy. As. Society,* part III, art. v.)

1. Chinese Porcelain Bottles found in the Egyptian Tombs. — Their Antiquity and uses : By Harry Parkes. *(Ibid.,* part IV, art. vi.)

n'avoir nul souci du travail déjà fait et vouloir recommencer tout *ab ovo*. Une autre source de faiblesse de ceux qui étudient la Chine, c'est l'universalité de leurs recherches ; on est pressé de connaître à la fois l'histoire, la linguistique, la jurisprudence, les sciences, que sais-je encore ? Nous serions incapables de répondre d'une manière sérieuse à des questions multiples sur notre propre pays, et nous n'hésitons pas lorsqu'il s'agit d'une nation relativement peu connue de traiter de toutes choses *ex cathedrâ*. De là des travaux conçus à la hâte, exécutés à la diable, copiés les uns sur les autres ; de là des erreurs perpétuées de génération en génération ; et dans le fatras des publications encombrantes qui chargent les rayons d'une bibliothèque, à peine une cinquantaine de livres dénotent-ils des recherches vraiment originales. Les études chinoises n'atteindront au niveau des autres études orientales que lorsqu'on se spécialisera, qu'on se contentera de n'aborder qu'un seul problème, et qu'on osera répondre lorsqu'on ignore une chose : « Je ne sais pas. »

Nous disions donc plus haut que nous ne trouvions pas de documents suffisamment authentiques de l'histoire ancienne de la Chine pour l'admettre aujourd'hui sans une prudence dont beaucoup se sont trop écartés à notre avis. La Chine, par exemple, possède assez d'inscriptions pour former un respectable Corpus, mais l'épigraphie ne se compose pas dans cet empire comme dans d'autres pays de monuments d'une antiquité indiscutable. D'ailleurs, des matériaux souvent employés, le papier et le bois sont éminemment périssables, et des inscriptions gravées sur la pierre ou le marbre fort peu remontent à une époque reculée grâce aux désastres des révolutions.

L'une des plus anciennes, sinon la plus ancienne, celle
que l'empereur Yu fit graver en souvenir de ses
travaux sur un rocher du Heng chan (Hou Pé),
n'est rien moins qu'authentique. On sait qu'elle a
été étudiée jadis par HAGER [1], puis par KLAPROTH [2],
et de nos jours par MM. MEDHURST [3] et GARDNER [4].
Un monument authentique et autrement important,
mais beaucoup plus récent que le précédent, qui se
compose de dix tambours de pierre portant des
inscriptions, conservés dans le temple de Confucius
à Pe king, remonte seulement à la dynastie des
Tcheou. Ils ont été l'objet d'un mémoire remarquable
du Dr. BUSHELL [5].

L'histoire ancienne de la Chine s'est perpétuée
plutôt par la tradition recueillie par Confucius qui
vivait au ve et au vi^e siècle avant l'ère chrétienne
et par les disciples de ce sage. Cette tradition a même
failli être interrompue au iiie siècle avant J.-C. par
l'empereur Chi Houang-ti qui ordonna la destruction
de tous les livres. Sans admettre que cet ordre ait
été exécuté à la lettre et que tous les livres aient été
détruits, sans admettre surtout que tous ceux qui
sont restés nous soient parvenus soit par l'intermédiaire du vieillard Fang qui les connaissait par cœur
et put les dicter, soit par d'autres moyens non moins

1. Monument de Yu, ou la plus ancienne inscription de la Chine,
par Joseph Hager. Paris, Treuttel et Wurtz, 1802, in-folio.

2. Inschrift des Yü, ubersetzt und erklaert von Julius von
Klaproth. Halle, 1811, in-4.

3. The Tablet of Yü by W. H. Medhurst. *(Jour. N. C. Br. R.
As. Soc.*, déc. 1868, No. V.)

4. The Tablet of Yü, by Christopher T. Gardner. *(The Chin.
Review*, II, 1874, pp. 293-306.)

5. The Stone Drums of the Chow Dynasty. By. S. W. Bushell.
(Jour. N. C. Br. R. As. Soc., VIII, 1873, p. 133.)

ingénieux, mais aussi peu probables, il est bien certain que nous ne nous trouvons pas en présence d'une histoire tracée d'une manière indélébile dans la pierre comme en Egypte et en Assyrie ou fournissant des documents authentiques remontant à une époque aussi ancienne que les livres religieux de l'Inde.

Mais cette digression nous a conduits loin des histoires des dynasties, nous y revenons avec le *Ts'ien Han-chou*, Livre des Han antérieurs, dû à Pan kou, dont M. Wylie a extrait récemment (livre 96, 1re partie) des « Notes on the Western Regions » insérées dans le *Journal of the Anthropological Institute* d'août 1880.

La dynastie des T'ang a eu pour historien le Père GAUBIL ; le travail de ce missionnaire, publié dans le vol. XV des *Mémoires concernant les Chinois*, en 1791, ne fut complètement terminé que dans le vol. XVI de cette collection, en 1814, grâce à SILVESTRE DE SACY [1]. Ces *Mémoires* [2] renferment surtout des travaux scientifiques et des traductions d'ouvrages classiques ou de philosophie ; mais ils comprennent néanmoins un certain nombre de documents historiques importants, notamment une série de biographies traduites du chinois par le P. AMIOT, et un abrégé chronologique de l'histoire universelle de l'empire chinois. Commencée en 1776, la collection des *Mémoires* fut terminée en 1814, formant une série de 16 volumes à laquelle on ajoute généralement le Traité de chronologie chinoise du Père Gaubil. Elle contient une quantité considérable de documents et

---

1. Abrégé de l'histoire de la grande dynastie Tang.

2. Mémoires concernant l'Histoire, les Sciences, les Arts, les Mœurs, les Usages, etc., des Chinois : par les missionnaires de Pékin. A Paris, 1776-1814, 16 vol. in-4.

constitue, avec la *Description* de Du Halde, le recueil des *Lettres édifiantes* et l'*Histoire* du Père de Mailla, la base de toute bibliothèque sinico-européenne.

Le Révérend K. Gützlaff a donné, dans le *Chinese Repository*, des notes sur deux ouvrages relatifs à la dynastie des Soung[1] et sur le *Ming che*[2], histoire des Ming, dont l'abbé Delamarre a également écrit l'histoire ainsi que nous l'avons dit plus haut.

Comme historien de la dynastie mongole (Youen) nous retrouvons encore le Père Gaubil avec son histoire de Gengis Khan et de ses successeurs[3]. Le petit volume de M. R. K. Douglas[4] n'ajoute pas grand'chose à la réputation de son auteur et à la connaissance de son héros. Sur les Mongols, il nous faudra également consulter les importantes histoires de Constantin d'Ohsson[5] et de M. Howorth, cette dernière encore inachevée.

L'établissement, aux dépens des Ming, de la dynas-

---

1. *Ping Nan How Chuen,* or an account of the Latter Pacification of the South, an historical work in six vol. *(Chin. Rep.,* pp. 281 et seq.)

Nan Sung Chi-chuen, or History of the Southern Sung dynasty. *(Ibid.,* XI, pp. 529-540.)

2. *Ming Shi,* or History of the Ming dynasty reviewed by a correspondent. *(Ibid.,* XI, pp. 592-614.)

3. Histoire de Gentchiscan et de toute la dynastie des Mongous ses successeurs, conquérants de la Chine, tirée de l'histoire chinoise, et traduite par le R. P. Gaubil... Paris, 1739, in-4.

Nous ne parlons pas de l'ouvrage de Pétis de la Croix qui n'est pas tiré de documents chinois.

4. The Life of Jenghiz Khan translated from the Chinese. With an introduction by Robert Kennaway Douglas. London, Trübner, 1877, pet. in-8.

5. Histoire des Mongols, depuis Tchinguiz-Khan jusqu'à Timour bey ou Tamerlan, par M. le baron C. d'Ohsson... Amsterdam, Frederik Muller, 1852, 4 vol. in-8.

tie mandchouc (Ta Ts'ing) qui règne aujourd'hui encore sur la Chine, a eu de nombreux historiens européens. L'*Histoire de la guerre des Tartares* du Père MARTINI, publiée en latin à Anvers en 1654 [1], a eu un nombre considérable d'éditions et de traductions. L'évêque Juan PALAFOX Y MENDOÇA donna une histoire semblable [2] ; le Père Greslon écrivit l'histoire des Tartares pendant 18 ans, de 1651 à 1669 [3]. Ajoutons à ces noms ceux du Père DE ROUGEMONT [4], belge et missionnaire à la Chine, et

---

1. De Bello Tartarico historia ; In quâ, quo pacto Tartari hac nostrâ aetate Sinicum Imperium inuaserint, ac ferè totum occuparint, narratur ; eorumque mores breuiter describuntur. Auctore R. P. Martino Martinio, Tridentino, ex Prouinciâ Sinensi Societatis Iesv in Urbem misso Procuratore. Antverpiae, ex officina Plantiniana Balthasaris Moreti. 1654, pet. in-8. — Id., B. Moreti, 1654, in-16. — Coloniae, 1654, in-12. — Romae, 1655, in-16. — Amstelodami, 1655, in-12. — Amst., 1661, in-12. — En français : à Paris, chez Jean Henault, 1654, in-8. — A Douay, chez la veuve Jean Serrurier, 1654, in-8. — 1671. — Paris, Jean Henault, 1657, in-8. — En holl., Delff, 1654. — Utrecht, s. d. — Amsterdam, 1660, in-12. — En allemand, Amst., 1655, in-12. — En anglais : London, John Crook, 1654, pet. in-8 ; — 1655, in-fol. — En italien : Milano, 1654, in-8. — En espagnol : Madrid, 1665, in-16. — En portugais : Lisboa, 1657, in-16. — En suédois, Wijsingsborg, 1674, in-4.

2. Historia de la Conquista de la China por el Tartaro, escrita por el Ill. Sen. Don Juan de Palafox y Mendoça... En Paris, Antonio Bertier, 1670, in-8. — Id., Madrid, 1670, in-fol. — En français : Paris, Antoine Bertier, 1670, in-8. — Amst., J.-F. Bernard, 1723, in-12. — Limoges, Barbou [1869], in-8. — En anglais : London, 1671, in-8 ; — Ibid., W. Godbid, 1676, in-8 ; — Ibid., T. Mercer, 1679, in-8.

3. Histoire de la Chine sous la domination des Tartares. Où l'on verra les choses les plus remarquables qui sont arrivées dans ce grand Empire, depuis l'année 1651 qu'ils ont achevé de le conquérir, jusqu'en 1669. Par le Père Adrien Greslon... A Paris, Jean Henault, 1671, in-8.

4. Historia Tartaro-Sinica Nova Authore P. Francisco de Rougemont Soc. Iesu Belga Evangelii apud Sinas praecone curiosè complectens ab anno 1660... Lovanii, 1673, pet. in-8.

du P. d'Orléans [1]. Le Père Jouve d'Embrun, sous l'anagramme de Vojeu de Brunem, tira de l'histoire du Père de Mailla, alors inédite, l'épisode relatif à la conquête des Tartares, et son ouvrage eut beaucoup de succès [2].

Nous entrons dans la période la plus connue de l'histoire de la Chine, celle où, à côté du témoignage des Chinois, nous avons celui des étrangers. Les neuf empereurs qui ont occupé le trône depuis l'avènement des T'sing, et en particulier le deuxième et le quatrième, K'ang hi et K'ien loung, ont trouvé de nombreux historiens.

Le Père Bouvet nous a donné le portrait historique de K'ang hi [3], et le Père Verbiest [4] nous a conté ses voyages à la suite de cet empereur en Tartarie. Le récit de l'ambassade chinoise auprès des Tar-

---

1. Histoire des deux Conquérans tartares qui ont subjugué la Chine, par le R. P. Pierre Joseph d'Orléans. A Paris, chez Claude Barbin... 1688, in-8. — Id., Paris, Louis Lucas, 1689 et 1690. — En anglais : London, Printed for the Hakluyt Society, 1854, in-8.

2. Histoire de la conquête de la Chine par les Tartares-Mancheoux, à laquelle on a joint un accord chronologique des annales de la monarchie chinoise avec les époques de l'ancienne histoire sacrée et profane, depuis le déluge jusqu'à Jésus-Christ. Par M. Vojeu de Brunem B. et P. D. M. A Lyon, Duplain, 1754, 2 vol. in-12. — En russe, Moscou, 1788, in-12.

3. Portrait historique de l'empereur de la Chine, présenté au roy, par le P. J. Bouvet..., Paris, Estienne Michallet, 1697, in-12. — A Paris, Robert et Nicolas Pepie, 1698, in-12. — La Haye, 1699, in-12. — En latin, 1699. — En anglais : London, Coggan, 1699. — En holl., Utrecht, 1710.

4. Lettre du P. Ferdinand Verbiest, de la Compagnie de Jésus, écrite de la cour de Pékin sur un voyage que l'empereur de la Chine a fait l'an 1683, dans la Tartarie occidentale. A Paris, chez la veuve P. Bouillerot... 1684, in-4.
Voyages de l'empereur de la Chine dans la Tartarie, auxquels on a joint une nouvelle découverte au Mexique. A Paris, chez Estienne Michallet... 1685, in-12.

tares-Tourgouths a été traduit en russe par Léontiev[1] et en anglais par STAUNTON [2].

Les conquêtes de K'ien loung dans l'Asie Centrale dessinées par des missionnaires jésuites et augustins, furent gravées à Paris aux frais de l'empereur, d'abord sous la direction de COCHIN [3], par des artistes comme ALIAMET, SAINT-AUBIN, CHOFFARD, etc., puis par HELMAN.

La Vie de Tao Kouang a été écrite en anglais [4] par GÜTZLAFF ; c'est sous cet empereur qu'éclata la grande guerre d'opium dont les récits, signés JOCE-LYN[5], BINGHAM [6], MACPHERSON [7], MURRAY [8], MAC-

1. Saint-Pétersbourg, 1782.

2. Narrative of the Chinese Embassy to the Khan of the Tourgouth Tartars, in the years 1712, 13, 14 and 24 ; by the Chinese ambassador, and published, by the Emperor's authority, at Pekin. Translated from the Chinese, and accompanied by an appendix of Miscellaneous translations. By Sir George Thomas Staunton... London, Murray, 1821, in-8.

3. Suite des seize estampes représentant les conquêtes de l'empereur de Chine, avec leur explication. — Cet ouvrage, gravé sous la direction de Cochin par Masquelier, Aliamet, Le Bas, Saint-Aubin, Prevost, Choffard et de Launay, ne fut terminé qu'en 1774. — Helman, graveur du duc de Chartres et élève de Le Bas, a fait une réduction de ces 16 gravures.

4. The Life of Taou-kwang, late Emperor of China : with Memoirs of the Court of Peking ; including a sketch, of the principal events in the History of the Chinese Empire during the last fifty years. By the late Rev. Charles Gützlaff. London, Smith Elder, 1852, in-8. — En allemand : Leipzig, 1852, in-8.

5. Six Months with the Chinese expedition. London, 1841, in-8.

6. Narrative of the expedition to China, from the commencement of the War to its termination in 1842, by Commander J. Elliot Bingham. 2d. ed. London, Henry Colburn, 1843, 2 vol. in-12.

7. The War in China. Narrative of the Chinese expedition from its formation in April 1840 to the treaty of peace in August 1842, by D. Mc. Pherson, M. D. 3d. ed. London, Saunders and Otley, 1843, in-8.

8. Doings in China. Being the personal Narrative of an officer

KENZIE [1], OUCHTERLONY [2], CUNYNGHAME [3], LOCK [4], etc., se comptent à la douzaine.

Sous son successeur, Hien Foung, les insurgés T'ai P'ing, partis des provinces méridionales de la Chine, se dirigèrent vers le nord, portèrent la guerre et la désolation au cœur de l'empire, s'emparèrent de Nan king, s'avancèrent jusqu'à T'ien tsin et menacèrent Pe king, ébranlant un instant les assises mal assurées du trône mandchou. On trouvera l'histoire de cette terrible insurrection mieux peut-être dans les récits des étrangers que dans ceux des Chinois eux-mêmes. Le *North China Herald*, journal hebdomadaire publié à Chang hai, renferme une suite de narrations fort intéressantes et surtout des documents très importants traduits du chinois par le D[r]. MEDHURST [5]. CALLERY et YVAN, assez inexactement, en français [6], le Rév. Théodore HAMBERG [7],

engaged in the China expedition from the recapture of Chusan in 1841 to the Peace of Nankin in 1842, by Lieut. Alexander Murray. London, R. Bentley, 1843, in-8.

1. Narrative of the second campaign in China by Keith Stewart Mackenzie. London, R. Bentley, 1842, in-12.

2. The Chinese War. London, 1844, in-8.

3. An aide-de-camp's recollections of service in China. London, 1844, 2 vol. in-12.

4. The Closing Events of the campaign in China : the Operations in the Yang-tze-kiang, and the Treaty of Nanking, by Capt. Granville G. Lock, R. N. London, John Murray, 1843, in-12.

5. Cf. *Bib. Sinica*, col. 273-280.

6. L'insurrection en Chine depuis son origine jusqu'à la prise de Nankin, par MM. Callery et Yvan. Paris, *Lib. nouv.*, 1853, in-18. — En portugais, Paris, 1853, in-12. — En anglais, by John Oxenford. London, Smith Elder Co, 1853, in-8. — En all., 1854, in-8.

7. The Visions of Hung-siu-tsuen, and origin of the Kwang-si insurrection. By the Rev. Theodore Hamberg... Hongkong, 1854, in-8. — Id., London, 1855, in-8. — En français, par Alph. Viollet, Paris, s. d.

missionnaire suédois, en anglais, dans un ouvrage extrêmement curieux, donnent le récit des débuts de l'insurrection. Des officiers anglais et français dirigèrent la fin des opérations contre les rebelles qui furent écrasés. Nan king, qui était entre les mains des T'ai P'ing depuis 1853, tomba au pouvoir des troupes impériales le 9 juillet 1864. WILSON [1] a été l'historien des campagnes de Gordon, depuis gouverneur général du Soudan pour le khédive ; notre compatriote, M. Prosper GIQUEL, lieutenant de vaisseau, a trop peu parlé de ses services personnels dans un article de la *Revue des Deux-Mondes* [2].

Mais, au premier rang parmi les historiens des révolutions chinoises, il faut placer Thomas Taylor MEADOWS. Meadows a été l'esprit le plus original et le plus philosophique qui ait écrit sur la Chine dans les dernières années. Dans ses *Desultory Notes on China* [3], composées de dix-neuf articles sur le gouvernement et les mœurs de la Chine, il avait donné déjà une idée de ce qu'il pouvait faire. Elève de Neumann, en même temps qu'il avait étudié sous ce médiocre sinologue les éléments de la langue chinoise, il avait puisé à l'Université de Munich des notions de philosophie. Nous avons un aperçu des idées de Meadows dans le chapitre 18 de ses *Chinese and their*

1. The « ever-victorious Army » a History of the Chinese campaign under Lt.-Col. C. G. Gordon, C. B. By Andrew Wilson... Edinburgh, and London, 1868, in-8.

2. La France en Chine. (*Revue des Deux-Mondes*, 15 juillet 1864).

3. Desultory notes on the government and people of China, and on the Chinese language ; illustrated with a Sketch of the province of Kwang-tung, shewing its division into departments and districts. By Thomas Taylor Meadows... London, W. H. Allen and Co, 1847, in-8.

Rebellions [1], consacré à Tchou hi. Cet ouvrage, qui est suivi d'un long essai sur la civilisation, comprend non seulement des hors-d'œuvre comme ceux que nous venons de signaler, mais encore l'histoire des commencements de la rébellion des T'ai-P'ing et des considérations fort intéressantes sur l'origine des insurrections chinoises en général. M. G. SCHLEGEL [2], dont nous avons déjà eu l'occasion de parler, a donné, en 1866, une étude fort étendue sur la ligue du Ciel et de la Terre bien plus complète que les travaux de ses devanciers : MILNE [3], MORRISON [4], RŒTTGER [5], HOFFMANN [6]. Tout récemment, le Père LEBOUCQ [7] a réuni en un volume ses lettres très curieuses sur les *Associations de la Chine.*

Sous le règne malheureux de Hien Foung, la Chine, déchirée par la guerre civile, souffrit aussi de l'inva-

---

1. The Chinese and their rebellions, viewed in connection with their national philosophy, ethics, legislation, and administration. To which, is added an essay on civilization and its present state in the East and West. By Thomas Taylor Meadows. London, Smith Elder, 1856, in-8.

2. Thian Ti-Hwui. The Hung-League or Heaven-Earth-League. A secret society with the Chinese in China and India. By Gustave Schlegel... Batavia, Lange, 1866, in-4.

3. Some account of a secret Society in China entitled « The Triad Society », by the late Dr. Milne. *(Trans. R. A. S. of Great Britain*, vol. I, 240.)

4. A transcript in roman characters, with a translation, of a manifesto in the Chinese language, issued by the Triad Society. By the Rev. R. Morrison... *(Jour. R. As. Soc.,* vol. I, pp. 93-5.)

5. Thien-ti-hoih. Geschichte der Brüderschaft des Himmels und der Erden der communistischen Propaganda China's von E. H. Rœttger. Berlin, 1852.

6. Het Hemel-aarde-verbond, Tien-Ti-Hoe, 1853. — *(Tijdschft. v. h. K. Inst. v. de T., L. en Volk. v. Ned. Indie,* n° 3, 1853).

7. Associations de la Chine. Lettres du P. Leboucq, missionnaire au Tchély-Sud-Est, publiées par un de ses amis. Paris, F. Wattelier, s. d.

sion étrangère. C'est sous le gouvernement de ce prince infortuné que l'Angleterre et la France déclarèrent la guerre à la Chine. Tout le monde se rappelle cette mémorable campagne de 1860, — malheureusement souillée par le pillage du Palais d'Eté, — qui se termina par l'entrée des armées alliées à Peking et la signature d'une convention confirmant le traité de T'ien tsin. Pour cette campagne, comme pour celle des Anglais en 1842, nous nous trouvons en présence d'une quantité énorme de documents : articles de journaux et de revues, et des livres dont quelques-uns restés populaires. Wingrove COOKE, correspondant du *Times* [1], M'GHEE [2], SWINHOE [3], WOLSELEY [4] pour les Anglais, MUTRÉCY [5], VARIN [6], PALLU [7] pour les Français, ont écrit des ouvrages dont il serait facile de grossir considérablement le nombre. Il faut y ajouter les publications des plénipotentiaires lord ELGIN [8] et le baron GROS [9], et les notes du généralissime anglais sir Hope GRANT [10].

1. China : being « The Times » special correspondence from China in the years 1857-1858, with corrections and additions by the author, George Wingrove Cooke. New. ed. London, Routledge, 1859, in-8.

2. How we got to Pekin... London, Bentley, 1862, in-8.

3. Narrative of the North China campaign of 1860... London, Smith Elder, 1861, in-8.

4. Narrative of the War with China in 1860... London, Longman, 1862, in-8.

5. Journal de la campagne de Chine. Paris, 1861, 2 vol. in-8.

6. Expédition de Chine, par Paul Varin. Paris, Lévy, 1862, in-8.

7. Relation de l'expédition de Chine en 1860. Paris, 1863, in-4.

8. Narrative of the Earl of Elgin's mission to China and Japan in the years 1857-58-59 by Laurence Oliphant. Edinburgh and London, 1859, 2 vol. in-8.

9. Livre jaune du baron Gros, ambassadeur extraordinaire et haut commissaire de l'Empereur, en Chine, en 1858 et en 1860... Paris, Dumaine, 1864, in-4.

10. Incidents in the China War of 1860 compiled from the

Histoires générales. — Nous venons de terminer rapidement l'indication des ouvrages particuliers à chaque dynastie, mêlant aux travaux purement chinois ceux des étrangers qui peuvent servir à les éclaircir et à les compléter. Parmi les ouvrages qui composent la troisième section de la classe *Histoire*, en Chine, se trouvent les histoires générales, *Ki se peun mo*, comprenant, comme le *Chou king* par exemple, un ensemble de règnes ou de dynasties. A part le *Chou king*, dont nous avons déjà parlé, nous ne voyons guère dans cette classe d'écrits que le *Cheng wou ki* qui renferme l'histoire des opérations militaires de la dynastie actuelle, publié en 1842 par Wei youen, dont les Européens se soient occupés. Le Dr. Bridgman en a donné une notice assez étendue[1]. Le *North China Herald* (n. 293, 8 mars 1856 et seq.), en a extrait l'histoire du traité entre la Chine et la Russie. M. Camille Imbault-Huart en a tiré trois mémoires publiés dans le *Journal asiatique* : *Histoire de la conquête de la Birmanie par les Chinois* (cahier de février-mars 1878) ; *Histoire de la conquête du Nepâl par les Chinois sous le règne de Kien long* (cahier d'octobre-décembre 1878) ; *Mémoires sur les guerres des Chinois contre les Coréens, de 1618 à 1637* (cahier d'octobre-décembre 1879). C'est également ment d'après cet ouvrage que le même auteur nous a donné une *Histoire de l'insurrection des Tounganes sous le règne de Tao-kouang*, insérée dans son *Recueil de documents sur l'Asie centrale*, publiée dans la collection de l'Ecole des langues orientales vivantes.

private journals of general sir Hope Grant... by Henry Knollys... Edinburgh and London, 1875, in-8.

1. *Chinese Repository*, XIX, pp. 241-4.

Dans cette même collection a paru aussi l'*Histoire des relations de la Chine avec l'Annam-Vietnam*, écrite en partie d'après le *Cheng wou ki*, par M. Devéria.

Ces trois sections, *Histoires des dynasties*, *Annales*, *Histoires générales*, les plus importantes de la classe *Histoire*, sont aussi celles qui ont été l'objet des principales recherches des Européens, ainsi qu'on pourra s'en assurer par la suite de cette revue rapide.

Biographies. — Le Père Amiot a publié dans les *Mémoires concernant les Chinois*, sous le titre de *Portraits des Chinois célèbres*, une série de 75 biographies, écrite d'après un ouvrage édité en 1685.

Un des meilleurs ouvrages que nous possédions sur la Chine est le *Chinese Readers' Manual* [1], de William Frederick Mayers, divisé en trois parties que nous avons décrites dans la *Revue critique* : I. *Index of Proper Names*. C'est une série de biographies, de notes relatives à la mythologie et à la littérature, arrangées par ordre alphabétique ; II. *Numerical Categories*. Dans cette partie, qui aide beaucoup à l'étude de la philosophie chinoise, l'auteur présente par série les harmonies de nombre de l'histoire, de la géographie, de la morale, etc. ; III. *Chronological Tables of Chinese Dynasties*. — M. Mayers, mort il y a deux ans environ, a été trop tôt enlevé à la science et il est du petit nombre de ceux dont les ouvrages demeurent indispensables.

On trouvera encore des notices biographiques dans la *Biographie universelle*, par Abel Rémusat et par

---

1. The Chinese Reader's Manual. A Handbook of biographical, historical, mythological, and general Literary Reference. By William Frederick Mayers... Shanghai, 1874, in-8.

Weiss, dans le *Chinese Recorder*, dans la *China Review*. Les notices de Rémusat ont été réimprimées dans le vol. II des *Nouveaux mélanges asiatiques*.

Chronologie. — Le Père Gaubil a écrit un traité de la chronologie chinoise publié en 1814 par Silvestre de Sacy [1], d'après le manuscrit appartenant au Bureau des longitudes. Cet ouvrage comprend trois parties : 1º les règnes et les années des règnes depuis le commencement de l'histoire jusqu'à 206 avant J.-C. ; 2º le sentiment des auteurs chinois sur la chronologie et une courte notice des livres de ces auteurs chinois ; 3º vues du Père Gaubil sur la chronologie chinoise ; examen des époques de cette chronologie. — C'est grâce à cet ouvrage, dont il eut communication, que Fréret put donner ses savants mémoires insérés dans le Recueil de l'Académie des inscriptions.

Un travail fort utile au point de vue chronologique est l'établissement d'une concordance entre les dates chinoises et européennes. John-Robert Morrison commença en 1831 la publication d'un *Anglo-Chinese Calendar* qui a été continué depuis lors. M. Mayers avait donné, sous le titre de *Anglo-Chinese Calendar Manual*, une concordance pour les années 1868-1879 [2]. Plus tard, M. Pedro Loureiro nous a fourni, dans son *100 years Anglo-Chinese Calendar*, un travail similaire qui embrasse la période 1776-1876 (Shang hai, 1872).

Les tables chronologiques de dynasties sont assez

1. Traité de la chronologie chinoise, divisé en trois parties : composé par le Père Gaubil, missionnaire à la Chine, et publié pour servir de suite aux Mémoires concernant les Chinois, par M. Silvestre de Sacy. A Paris, Treuttel et Wurtz... 1814, in-4.

2. Hongkong, 1869. — Shanghai, s. d. (1875).

nombreuses, depuis And. Müller et son *Elenchus Regum Sinicorum*, le P. Couplet et ses Tables dans le *Confucius Sinarum Philosophus*, jusqu'à Morrison *(View of China)*, Pauthier *(Chine moderne)*, Eugène de Méritens dans le *Journal asiatique*[1], Klaproth dans son Catalogue des manuscrits de Berlin, Perny dans l'Appendice à son *Dictionnaire* et Mayers dans la troisième partie de son *Chinese Reader's Manual*.

Nous devons également mentionner, à titre de curiosité, la table chronologique du Père Foucquet, en trois feuilles formant une grande planche qui a été publiée à Rome en 1729.

Documents officiels. — M. Pauthier a traduit du *Ta-T'sing houei tien* divers *Documents statistiques officiels* sur l'empire de la Chine[2]. Le même auteur nous a donné, dans la *Revue de l'Orient*[3], des document officiels chinois sur les ambassades étrangères envoyées près de l'empereur de la Chine. On peut considérer l'*Histoire des relations politiques de la Chine avec les puissances occidentales depuis les temps les plus anciens jusqu'à nos jours*[4], de ce même orientaliste comme un développement et une révision de ce dernier mémoire.

Du Halde a inséré, dans le vol. II de sa *Description*, un recueil des édits, des déclarations, des ordon-

---

1. 5ᵉ sér., III, 1854, pp. 510-536.

2. Documents statistiques officiels sur l'Empire de la Chine, traduits du chinois par G. Pauthier. Paris, Firmin-Didot, 1841, in-8.

3. Documents officiels chinois sur les ambassades étrangères envoyées près de l'empereur de la Chine, traduits du chinois par G. Pauthier. Extrait de la *Revue de l'Orient*. Paris, Rignoux, 1843, in-8.

4. Paris, Didot, 1859, in-8.

nances et des instructions des empereurs des différentes dynasties.

Nous croirions sortir du cadre de ce Bulletin déjà
trop long si, imitant l'exemple des Chinois, nous nous
occupions des sections de bibliographie, de jurisprudence et de géographie qui font partie de la
classe *Histoire.* La géographie, à elle seule, réclame-
rait un travail aussi étendu que celui-ci, et la bibliographie, science dans laquelle les Chinois sont passés
maîtres, nous entraînerait dans des détails intéress-
sants, à coup sûr, mais hors de saison. Nous termine-
rons donc par l'indication de travaux qui n'ont pas
trouvé place dans les pages précédentes et qui cependant méritent d'arrêter notre attention.

En première ligne, il faut marquer l'*Histoire
générale des Huns, des Turcs, des Mogols,* de DE
GUIGNES, ouvrage tiré des livres chinois et des manuscrits orientaux de la Bibliothèque du roi. L'auteur
de l'éloge de De Guignes écrit à propos de cet ouvrage gigantesque *(Mém. de l'Acad. des insc.,* vol.
XLVIII, 1808, p. 770) :

« Cette histoire, presque entièrement tirée des
écrivains orientaux, sans en excepter les Chinois,
remplit la grande lacune qui existait auparavant dans
l'histoire générale et répand un grand jour sur les
révolutions qu'ont éprouvées les différents peuples
de l'Europe et de l'Asie ; ce qui fait que l'étude en est
indispensablement nécessaire à ceux qui cherchent
une instruction solide ; et les tables chronologiques
dont elle est accompagnée en rendent l'usage aussi
facile qu'il est utile. L'immense et pénible travail
que lui coûta cet ouvrage le jeta dans un épuisement
auquel il manqua de succomber et dont il est vraisemblable qu'il ne serait sorti qu'avec l'impuissance

de se livrer par suite à l'étude et de soutenir une forte application sans les soins prudents et assidus que lui prodigua Mlle Hochereau de Gassonville, qu'il avait épousée en 1754, à laquelle il dut le rétablissement de sa santé, de ses facultés et le bonheur de sa vie. »

L'extrait qui précède n'est pas trop élogieux ; on a pu donner à certains points traités par De Guignes plus de développements, mais personne encore n'a entrepris une œuvre d'ensemble aussi considérable. En 1824, M. Joseph SENKOWSKI a donné un supplément à l'histoire générale de De Guignes contenant un abrégé de l'histoire de la domination des Uzbèks dans la Grande Boukharie, depuis leur établissement dans ce pays jusqu'à l'an 1709, et une continuation de l'histoire du Kharezm depuis la mort d'Aboul-Ghazi-Khan jusqu'à la même époque.

De Guignes a donné, dans les Mémoires de l'Académie des inscriptions (XXXVI, 1774, p. 190 et seq.), un long travail intitulé : « Idée de la littérature chinoise en général, et, particulièrement, des historiens et de l'étude de l'histoire à la Chine », dont une bonne partie (pp. 199 et seq.) est consacrée aux historiens et à l'étude de l'histoire à la Chine ; il passe en revue les principaux ouvrages qui composent les sections de la classe *Histoire* en Chine, et, quoique son mémoire ne soit pas à comparer avec celui de M. WYLIE dans les *Notes on Chinese Literature*, il témoigne de recherches curieuses pour l'époque à laquelle elles ont été faites.

Nous ne pouvons passer sous silence, quoiqu'ils se rattachent à la géographie plutôt qu'à l'histoire, les nombreux travaux dont le Vénitien MARCO POLO a été l'objet dans les dernières années, soit directement, soit indirectement. Les recherches de MARS-

DEN [1], de BALDELLI-BONI [2], de ZURLA [3], de LAZARI [4], malgré leur importance, n'avaient pas élucidé tous les problèmes que soulèvent les récits du grand voyageur. Le texte donné pour la Société de géographie [5] offrait le plus vif intérêt, mais il s'adressait plutôt au philologue qu'au géographe et à l'historien. M. PAUTHIER entreprit de donner une nouvelle édition de Marco Polo [6] ; son œuvre, malgré de vives critiques, n'en reste pas moins fort remarquable, et si le travail du colonel YULE a pris le premier rang, celui de Pauthier n'est pas cependant oublié. C'est en 1871 que le colonel Yule a publié les 2 vol. de son édition monumentale [7] qui a été réimprimée avec des augmentations et des corrections en 1875.

1. The Travels of Marco Polo, a Venetian, in the Thirteenth Century... translated from the Italian, with Notes, by William Marsden... London : M DCCCXVIII, gr. in-4, pp. lxxx-782.

2. Il Milione di Marco Polo testo di lingua del secolo decimo terzo ora per la prima volta pubblicato ed illustrato dal conte Gio. Batt. Baldelli Boni. Firenze, 1827, 2 vol. in-4.

3. Di Marco Polo e degli altri Viaggiatori Veneziani più illustri Dissertazioni del P. Ab. D. Placido Zurla... Venezia, 1818, 2 vol. in-4.

4. I Viaggi di Marco Polo Veneziano tradotti per la prima volta dell' originale francese di Rusticiano di Pisa e corredati d'illustrazioni e di documenti da Vincenzo Lazari pubblicati per cura di Lodovico Pasini... Venezia, 1847, in-8.

5. Voyage de Marc-Pol. (Collection de la *Société de géographie*, I, 1824.)

6. Le Livre de Marco Polo, citoyen de Venise, conseiller privé et commissaire impérial de Khoubilaï-Khaân : rédigé en français sous sa dictée, en 1298, par Rusticien de Pise... Publié... par M. G. Pauthier... Paris, 1865, 2 vol. in-8.

7. The Book of Ser Marco Polo, the Venetian, concerning the Kingdoms and Marvels of the East. — Newly translated and edited with Notes. By Colonel Henry Yule... London, Murray, 1871, 2 vol. in-8. — Une troisième édition par M. Henri Cordier a été publiée à Londres en 1902.

Le colonel Yule s'est préparé de longue main à cette vaste tâche par des publications destinées à la collection curieuse de l'Hakluyt Society. Il avait donné d'abord JOURDAIN de SÉVERAC, d'après la version française DE COQUEBERT-MONTBRET, puis il avait réuni en deux volumes, aujourd'hui presque introuvables en librairie, une série de notices et de relations de voyages à la Chine et en Tartarie : *Cathay and the Way thither* [1] est en effet une véritable introduction à l'étude de Marco Polo. Une des parties les plus intéressantes de ce Marco Polo est celle qui comprend les recherches relatives à la Chine : l'aide d'un sinologue aussi distingué que M. Wylie a permis à l'éditeur anglais de donner des documents aussi rares qu'importants. On aurait été tenté de croire que cette édition du colonel Yule, du moins en ce qui concerne la Chine, aurait pour longtemps vidé la question ; chose curieuse, elle a été au contraire le point de départ de nouvelles recherches publiées dans le *Journal of the North China Branch of the Royal Asiatic Society*. Le Rév. G.-E. MOULE [2], l'archimandrite PALLADIUS [3] et le D[r].

1. Cathay and the Way thither ; being a collection of Medieval Notices of China, translated and edited by colonel Henry Yule, C. B., late of the Royal Engineers (Bengal). With a preliminary essay on the intercourse between China and the Western Nations previous to the discovery of the Cape Route. London, Printed for the Hakluyt Society, 1866, 2 vol. in-8. — Une nouvelle édition en 4 vol. par M. Henri Cordier est sous presse en ce moment (juin 1913).

2. Notes on col. Yule's edition of Marco Polo's « Quinsay », by the Rev. G. E. Moule. *(Jour. N. C. Br. R. As. Soc.*, IX, 1875.)

3. Elucidations of Marco Polo's Travels in North-China, drawn from Chinese sources, by the Rev. Archimandrite Palladius. *(Ibid.*, X, 1876.)

Bretschneider [1] ont en effet inséré dans ce recueil des mémoires qui font époque pour la géographie et l'histoire de l'Asie orientale au moyen âge.

Les travaux du D^r. Bretschneider portent le cachet de l'exactitude la plus rigoureuse jointe à un esprit scientifique fort rare chez les sinologues. Ses *Notices of the Mediaeval Geography and History of Central and Western Asia* sont une mine de renseignements tels qu'aucun savant, y compris Klaproth, n'a encore pu fournir. Je donne, dans les notes bibliographiques qui accompagnent ce bulletin, une liste [2] des autres publications du savant médecin de la légation russe de Pe king ; il est impossible, à quiconque s'occupe de Chine, de ne pas les étudier sérieusement.

Nous voici arrivés à la fin de la tâche que nous nous étions assignée ; le champ à parcourir était vaste et la moisson était si abondante que nous avons sans doute laissé beaucoup à glaner derrière nous ; nous réclamons l'indulgence pour nos omissions involontaires qu'il nous sera facile de réparer dans un avenir peu éloigné.

1. Notices of the Mediaeval geography and history of Central and Western Asia, drawn from Chinese and Mongol writings and compared with the observations of western authors in the middle ages, by E. Bretschneider, M. D. *(Ibid.)*

2. On the knowledge possessed by the ancient Chinese of the Arabs and Arabian Colonies, and other Western Countries, mentioned in Chinese Books. London, Trübner, 1871, br. in-8.

Notes on Chinese Mediaeval Travellers to the West. Shanghai, 1875, in-8.

Archaeological and historical researches on Peking and its environs. Shanghai, 1876, in-8. — Trad. en français par V. Collin de Plancy dans la coll. de l'Ecole des langues orientales. Paris, 1879, in-8.

LES DÉBUTS

DE

LA COMPAGNIE ROYALE DE SUÈDE

DANS L'EXTRÊME-ORIENT, AU XVIIIe SIÈCLE [1]

La prise de Malacca par le grand ALBUQUERQUE (1511) est véritablement le point de départ dans les temps modernes des relations commerciales des étrangers avec les pays de l'Extrême Orient. Cet événement eut un retentissement énorme dans toute l'Asie orientale. Les rois de Java, de Sumatra, de Pégou et de Siam envoyèrent des ambassadeurs avec des présents au conquérant pour l'assurer de leur amitié. Quelques princes même offrirent de devenir vassaux du Portugal. Le roi de Siam, en échange des présents que lui envoya Albuquerque, donna une magnifique coupe d'or avec une escarboucle et une épée incrustée d'or. Dans une lettre datée de Lisbonne, du 6 juin 1513, le roi Emmanuel écrit au pape qu'il croit convenable de lui faire part, comme chef de la chrétienté, des victoires remportées par les Portugais dans les Indes. Le roi rapporte les succès d'Albuquerque, la prise de Malacca, les relations avec

1. Extrait du *Recueil de textes et de traductions publié par les Professeurs de l'Ecole des langues orientales vivantes.*

Siam, la délivrance de Goa, l'ambassade du Prêtre
Jean, le voyage des envoyés portugais en Abyssinie,
la soumission du roi d'Ormuz, etc. La lettre, très
caractéristique, se termine de la manière suivante
et montre bien quels étaient les projets des Portugais
sur la mer Rouge : « On peut donc espérer que la
faveur de Dieu accompagnera Albuquerque dans
ses entreprises contre la mer Rouge pour la fermer
au commerce des musulmans. Il fera alliance avec le
Prêtre Jean, et, levant l'étendard de la croix, il
frappera un coup aux mahométans. » *(Cal. of State
Papers, Col. ser., East Indies*, 1513-1516, pp. 1-2.)

Les Portugais arrivèrent en Chine, à Canton, trois
ans plus tard (1514), ainsi qu'il appert d'une lettre
d'André Corsali à Julien de Médicis, datée du
6 janvier 1515 [1] (Cf. *Ramusio*, I, f°s 180 et 181).
Raphael Perestrello est le premier Portugais qui
ait visité Canton dans une jonque (1516) dont le nom
nous ait été conservé. L'année suivante (1517).
Fernão Peres de Andrade, à la tête de quatre navires portugais et de quatre navires malais, se rendit
à Canton avec Thomas Pires, envoyé par le gouverneur de Goa pour conclure un traité de commerce
avec la Chine. L'attitude de F. P. de Andrade lui
avait concilié toutes les sympathies, mais l'arrivée
de son frère Simon de Andrade (1518), homme
autoritaire et cupide, changea ces bonnes volontés
en haine : Simon attaqué fut obligé de fuir (1521),
et l'année suivante un nouvel envoyé, Martin

---

1. C'est donc par erreur que l'on considère (comme M. W. F.
Mayers, dans *Notes and Queries on China and Japan*, vol. 2,
n° 9, *The Portuguese in China)* 1517 (expédition d'Andrade)
comme la date de l'arrivée des Portugais en Chine.

Alfonso DE MELLO COUTINHO, eut son escorte massacrée en grande partie.

Les Hollandais remplacèrent les Portugais comme influence dans l'Extrême Orient ; puis vinrent les Anglais dont la première expédition en Chine (1596), composée de trois navires, *the Benjamin, the Bear, the Bear's Whelp*, et faite aux frais de Sir Robert DUDLEY, n'arriva jamais à destination. Dès l'année 1634, les difficultés commencèrent à Canton lors du voyage du capitaine Weddell, qui, mal reçu par suite des agissements des Portugais, fut obligé d'employer la force. Mais ce n'est qu'à la fin du xviie siècle et pendant tout le xviiie que le commerce européen eut à lutter contre les mandarins locaux pour leur arracher des concessions définitives. Sauf le Portugal, dont le monopole commercial qui appartenait à la couronne ne fut abandonné qu'en 1752, les nations occidentales étaient représentées à Canton par des Compagnies.

Une seule fois, en 1731, le roi de Portugal donna à une compagnie l'autorisation d'envoyer un navire faire un voyage à Surate et à la côte de Coromandel, sans permettre la concurrence. Les Hollandais, à la suite du séjour à Lisbonne de Cornélis van HOUTMAN, d'Alkmar, créèrent une première société à Amsterdam, sous le nom de *Compagnie des Pays lointains*. L'exemple des marchands d'Amsterdam fut bientôt suivi par ceux de Zélande et de Rotterdam. Le danger pour le pays de nombreuses sociétés rivales fit réunir tous les intérêts communs en une seule Compagnie : la célèbre *Compagnie des Indes orientales néerlandaises*, constituée à la Haye, le 20 mars 1602, par un traité valable pendant vingt et un ans.

La première Compagnie anglaise des Indes orientales obtint sa charte de la reine ELISABETH, le 31 décembre 1600, sous le nom de *The Governor and Company of Merchants of London trading to the East Indies*. Une autre Compagnie, connue sous le nom de *Courten's Association* ou de *The Assada Merchants*, créée en 1635, fut réunie à la Compagnie de Londres en 1650. En 1654-1655, Olivier Cromwell accorda une charte à la *Company of Merchants Adventurers* qui fusionna également avec la Compagnie de Londres en 1655-1657. En 1698, une concurrence formidable fut faite par *The General Society trading to the East Indies* ou *English Company*. Enfin les Compagnies rivales de *Londres* et *anglaise* furent définitivement réunies en une seule en 1702-1708-1709, sous le nom de *The United Company of Merchants of England trading to the East Indies*.

Sans entrer dans le détail des efforts de Henri IV et de Richelieu, la grande *Compagnie des Indes orientales* fut créée par édit du roi en septembre 1664. Cette Compagnie, qui céda à différentes sociétés secondaires son privilège pour le commerce de la Chine et de la mer du Sud, fut reconstituée définitivement en 1719 sous le nom de *Compagnie des Indes*. La France entra d'ailleurs assez tard dans le mouvement commercial de Chine ; il y a eu trois Compagnies françaises de Chine : 1º en 1660, réunie à la Compagnie des Indes en 1664 ; 2º en 1697, tombée pendant la guerre pour la succession d'Espagne ; 3º en 1713, qui ne fit aucun usage de son privilège. Ce fut vraiment la Compagnie de 1697-1698, créée par la société JOURDAN, DE LA COULANGE ET Cie, qui installa le commerce de la France à Canton.

Les Danois eurent deux Compagnies, l'une de 1612, l'autre de 1670. Ils créèrent en 1616 les établissements de Tranquebar et de Sérampore, qu'ils vendirent à l'Angleterre en 1845. Les Espagnols créèrent la *Compagnie royale des îles Philippines* en 1733. L'Autriche fut représentée par deux Compagnies impériales, celle d'Ostende incorporée le 17 décembre 1722, dont la charte fut suspendue pour sept ans en 1727, et aux dépens de laquelle s'établit en partie la Compagnie de Suède ; cette Compagnie d'Ostende éprouva d'ailleurs toutes sortes de malheurs, fit faillite en 1784 et termina enfin son existence accidentée en 1793. L'autre Compagnie impériale était celle de Trieste, qui fit beaucoup moins parler d'elle. Enfin je rappellerai pour mémoire les efforts de la Prusse à Emden, — je possède d'importants documents au sujet des voyages partis de cette ville, — et la création, le 24 janvier 1753, de la *Bengalische Handelsgesellschaft*. J'ai laissé de côté, à dessein, la *Compagnie royale de Suède*, qui fait l'objet de ce mémoire.

Le commerce de la Chine était restreint à Canton. Le commerce de Canton était dirigé de singulière façon. En 1702, le Gouvernement chinois avait voulu concentrer le commerce étranger entre les mains d'un seul individu qu'on appelait le *Négociant de l'Empereur*. La mesure ne réussit point et, en 1722, on inventa cette institution, si connue des voyageurs à Canton au xvıııᵉ siècle, et qu'on appelait le *Cohang* ou le *Co-hong*. Voici en quoi elle consistait : l'empereur de la Chine accordait le privilège exclusif de commercer avec les Européens à un certain nombre de marchands indigènes, qui répondaient au chef de la douane chinoise de tous les individus arrivés en Chine. L'assemblée de ces douze marchands, dits *hanistes* en français, *hong merchants* par les Anglais, présidée par le chef de douane [*Hou-Pou*], se nommait *Co-hang*. Le nombre de ces marchands a varié suivant les époques : il était de dix en 1777, de douze en 1793, de quatorze en 1808 et de treize en avril 1834, époque à laquelle finit le monopole de l'*East-India Company*. Les factoreries étrangères, les *hongs*, étaient rangées : danoise, espagnole, française, américaine, impériale, suédoise, anglaise, hollandaise, sur la rive gauche de la rivière de la Perle, sur une étendue de plus de 330 mètres, formant une sorte de square. Toutes ces factoreries furent détruites et pillées le 15 décembre 1856 à la suite du bombardement de Canton par Sir Michael SEYMOUR.

De bonne heure, au XVIIe siècle, les Suédois visitèrent les pays d'extrême Orient, mais leurs voyages n'étaient pas faits sous le pavillon de leur nation : ils servaient des compagnies étrangères et, en particulier, la Compagnie néerlandaise des Indes orientales. Cependant je note qu'en 1627, le roi de Suède avait déjà établi une Compagnie des Indes orientales[1]. Je ne rappellerai que Nils MATSON, KIOEPING et COJET. Nils Matson, mort en 1667, avait servi tour à tour la Hollande, le chah de Perse et enfin son propre pays en qualité de lieutenant de vaisseau du roi Charles-Gustave. Sa relation nous a été conservée par Kankel, ainsi que celle d'un autre lieutenant de la marine suédoise, également au service de la Hol-

---

1. « It was remembered that the king of Sweden having lately erected an East-India Company allowed to each committee 250 *l.* » (*Calendar of State Papers, Colonial Series, East Indies...*, 1625-1629, London, 1884, p. 361.)

lande, Oloff Erickson WILLMAN, qui nous a laissé une description du Japon. Les relations de Nils Matson et de Willman ont été imprimées à la presse particulière du comte P. BRAHE, et ont eu deux éditions que nous décrivons en note [1].

1. *Een kort Beskriffning Uppå Trenne Resor och Peregrinationer, sampt Konungarijket Japan* : I. *Beskrifwes een Reesa som genom Asia, Africa och många andra Hedniska Konungarijken..., aff* Nils Matson Kiöping. — II. *Förstelles thet stoora och machtiga Konungarijke Japan.* — III. *Beskrifwes een Reesa till Ost-Indien, China och Japan giordhoch beskrefwen* aff Oloff Erickson Willman. — IV. *Vthföres een Reesa ifrån Musscow till China, genom Mongul och Cataija, etc.*, Wisingsborgh, Johann Kankel, anno 1667, in-4, pp. 257 + 1 f. prél. — Première édition très rare de cette collection intéressante (Cat. Sobolewski, nº 1627.) — *Een kort Beskriffning Vppå Trenne Reesor och Peregrinationer, sampt Konungarijket Japan* : I. *Beskrifwes een Reesa, som genom Asia, Africa och många andra Hedniska Konungarijken, sampt öijar* : *Med flijt är förrättat*, aff Nils Matson Kiöping, fördetta Skepz Lieutnat. — II. *Beskrifwes een Reesa till Ost-Indien, China och Japan.* — III. *Med Förtälliande. Om förbenembde stoora och machta Konungarijketz Japan Tillstand, sampt thesz Inwanares Handel och Wandel* : *Förrättat och Beskrefwin*, aff Oloff Erickson Willmann Kongl : Mayst : tz Skepz = Capitaien. — IV. *Vthföres een Reesa ifrån Musscow till China, genom Mongul och Cataia öfwer Strömen Obij* : *Förrättat aff een Rysk Gesandt som till then stoore Tartaren Niuki war schickad...* Tryckt på Wijsingzborg, aff Hans Hög Grefl : Näd : Rijkz Drotzens Booktryckare Johann Kankel. Anno MDCLXXIV, in-4, pp. 304 et 2 f. prél. pour le titre et la préface. — La page 304 contient une notice que la première édition de cette collection a été imprimée en 1667 et qu'on ajoute à cette nouvelle édition les traités suivants, ayant chacun une pagination et un titre spéciaux : Mart. Martinj, S. J., *Historia om thet Tartariske, Krijget uthi Konungarijket Sina...* forswenskat aff Ambr. Nidelberg. Joh. Kankel, 1674. — Mich. Hemmersam, *West-Indianisk Reese-Beskriffning, fran åhr 1639 till 1645, ifran Amsterdam till St. Joris de Mina. Ibid.,* 1674. — *Kort Berättelse om Wäst Indien eller America, som elliest kallas Nya Werlden. Ibid.,* 1675. — Jobst Schouten, *Sanfärdig Beskriffning. Om Konungarijket Siam... uthi Holländska Språket åhr 1636 forfattat. Ibid.,* 1675.

Quant à Frédéric Cojet, il fut le dernier gouverneur de Formose pour la Hollande. Grâce à l'incurie des autorités néerlandaises de Batavia, laissé à ses propres ressources, il fut obligé de capituler le 5 juillet 1661 devant les forces du chinois Tching Tching-kong, plus connu des Européens sous le nom de *Koxinga*. Nous possédons également la relation de la conquête de Formose par les Chinois [1]. Frédéric Cojet, mis en prison à la suite de l'abandon du fort Zelandia à Formose, ne fut remis en liberté que sur les ordres du roi Charles XI. On pourra consulter sur les relations de la Suède avec l'Extrême Orient par terre le mémoire de M. August Strindberg que nous avons publié dans la *Revue de l'Extrême Orient* [2].

Les documents que nous reproduisons aujourd'hui sont renfermés en deux volumes in-folio manuscrits conservés à l'*India Office*, à Londres. L'un de ces volumes, relié en vélin, porte les cotes : 1732/3 et J. vol. I ; il renferme des extraits de diverses pièces. L'autre volume, cartonné, porte les cotes 1733/4 et J. vol. II. Ce dernier ne contient qu'une seule pièce de 99 pages qui comprend la traduction du

1. *'t Verwaerlossde Formosa, of waerachtig verhael, Hoedanigh door verwaerloosinge der Nederlanders in Oost-Indien, het Eylant Formosa, van den Chinesen Mandorijn, ende Zeeroover Coxinja, overrompelt, vermeestert, ende ontweldight is geworden...* Amsterdam, 1675, in-4, Formose négligée... *(Recueil des Voy... de la Compagnie des Indes orientales.* Rouen, 1725, t. X, pp. 202 à 381). — Cf. *Bibliotheca sinica,* col. 285.

2. *Notices sur les relations de la Suède avec la Chine et les Pays tartares depuis le milieu du XVIIe siècle jusqu'à nos jours.* Paris, 1884, br. in-8°. On consultera également du même auteur : *Kina. Några gensagor mot gängse irrmeningar.* Stockholm, 1878, in-8. — Philipp Johann von Strahlenberg, *Och hans karta öfver Asien.* Stockholm, 1879, in-8.

français en anglais de l'aventure de Porto-Novo. Le premier feuillet non chiffré porte l'avis suivant :

I Benjamin BONNET of London notary publick do hereby certify and attest unto all whom it may concern that the hereunto annexed Translation of the Account relating to the ship *the Queen Ulrica Eleonora* contained in ninety eight sides or pages of paper and part of the ninety ninth was by me faithfully done out of French into English. In London, the third day of October one thousand seven hundred and thirty eight.

Ben. BONNET, Not. Pub.
1738.

Ces documents ne sont pas signalés dans le dernier inventaire des papiers conservés à l'*India Office* rédigé par M. Frederick Charles DANVERS [1], mais ils sont marqués dans le rapport de 1878 de Sir George C. M. BIRDWOOD, M. D., où ils portent la cote J. — *Swedish East India Company*, 1732 *to* 1733, 1733 *to* 1734. La série précédente relative à la Compagnie d'Ostende ne comprend qu'un seul volume portant la cote I. — *Ostenders*, 1731 *to* 1732.

La suspension du privilège de la Compagnie d'Ostende en 1727 laissa disponibles un grand nombre de marins de nationalités différentes, particulièrement des Flamands et des Anglais. Ce noyau d'hommes de mer expérimentés donna l'idée à un habitant entreprenant de Stockholm, Henry KONIG, de l'employer à créer une compagnie de commerce au nom de la

---

1. *Report to the Secretary of State for India in Council on the Records of the India Office*, by Frederick Charles Danvers, Registrar and Superintendent of Records. — *Records relating to Agencies, Factories and Settlements not now under the Administration of the Government of India*. London, 1888, in-8.

Suède. Le roi Frédéric, à la demande de Konig et de ses associés, consentit à accorder, en date de Stockholm, 14 juin 1731 [1], une charte à la Compagnie que ceux-ci se proposaient de former. Les lettres patentes du roi comprennent dix-neuf articles. Dans le premier article, il est marqué que Henry Konig et Cie ont le privilège et la liberté de faire voile et de commercer aux Indes orientales pendant une période de quinze ans à partir de cette date, mais qu'ils ne sont nullement autorisés à étendre leurs opérations dans les ports, rivières, comptoirs appartenant à des princes européens, sans l'autorisation de ceux-ci. Par le deuxième article de la charte, il est dit que les navires employés par la Compagnie auront leur point de départ et d'arrivée à Gothembourg, où aura lieu la vente de la cargaison de retour. Le chiffre des droits à payer par chaque navire dont le nombre n'est pas restreint et pour chaque marchandise est fixé par les articles suivants. Par l'article 5, il est bien spécifié que les navires porteront les couleurs de la Compagnie suédoise, qu'ils seront pourvus de commissions signées par le roi et munis des passeports nécessaires. L'article 6 est relatif à la formation du capital de la Compagnie, capital dont le chiffre, pas plus que le mode de création, n'est indiqué. Liberté complète, par l'article 7, aux associés, d'embarquer sur leurs navires des armes et des munitions, toutes espèces de marchandises, de l'argent, des monnaies étrangères, mais pas celles du royaume. Les articles suivants traitent de la liberté du commerce, de l'embarquement du matériel nécessaire, de la composition

---

1. Hunter, *Imp. Gaz. of India*, VI, p. 376, et d'autres auteurs donnent la date du *13* juin 1731.

des équipages, etc. Par l'article 15, il est marqué que la Compagnie de Henry Konig sera toujours dirigée par au moins trois personnes intègres, ayant l'expérience du commerce ; que les personnes que Henry Konig prendra pour l'aider dans sa direction auront les mêmes privilèges que l'association, comme si leurs noms mêmes étaient mentionnés dans ces lettres patentes ; que ces directeurs seront Suédois ou naturalisés Suédois, protestants, auront prêté serment de fidélité à la couronne ; enfin, qu'ils résideront toujours dans le royaume, sauf le temps où ils voyageront pour la Compagnie. L'article 16 permet à la Compagnie d'employer un personnel aussi nombreux qu'elle le désire, personnel suédois ou étranger. Les étrangers obtiendront leur naturalisation, dès qu'ils auront adressé leur requête au roi. L'article 17 autorise Henry Konig et Cie, et les personnes dans leur emploi, à repousser la violence des tiers et les couvre de la protection royale. L'article 18 est restrictif. Le roi interdit à ses sujets, autres que ceux de la Compagnie, de faire le commerce au delà du cap de Bonne-Espérance, pendant les quinze ans que durera le privilège. Enfin l'article 19 confirme la protection du roi et contient aussi la promesse de modifier, au mieux des intérêts de la Compagnie, les conditions et privilèges marqués dans les lettres patentes, suivant les circonstances.

En vertu de l'article 15 des lettres patentes, les directeurs de la Compagnie Henry Konig avaient le droit d'établir entre eux des règles nécessaires pour conduire leurs affaires. Ces règlements, qui nous ont été conservés, sont au nombre de dix-huit ; ils ont trait à la correspondance qui doit être dépouillée en commun, à l'ouverture d'une souscription parmi les Suédois et les étrangers pour l'établissement du capital social. Les Suédois ne pouvaient pas souscrire moins de 200 rixdollars ou 600 dollars d'argent (silvermynt), et les étrangers pas moins de 500 dollars de Hambourg.

Je crois intéressant pour ceux qui étudient l'histoire commerciale du xviiie siècle de reproduire ici le tableau des monnaies et des poids en usage à l'époque, tel qu'il est donné dans les instructions officielles de la Compagnie.

PRO MEMORIA [1]

MONNOYE DE SUÈDE

1 dollar silvermynt a 4 marc ou 32 ore [2] ou stivers, ou 96 rundstyck.

1 marc a 8 ore, ou stiver, ou 24 rundstyck.

1 ore ou stiver a 3 rundstyck.

1 ducatt fait 6 dollar silvermynt.

1 rixdollar en espece fait 3 dollar silvermynt.

1 carolin, 20 ore silvermynt.

1 carolin en espece, 25 ore silvermynt.

1 guinea, 12 dollar 18 ore silvermynt.

1 moydore, 16 dollar silvermynt.

COURS DE CHANGE

1 pound sterling fait 12 dollar 8 ore.

1 florin courant de Hollande fait 1 dollar 4 ore.

1 marck banco de Hambourg fait 30 2/3 ore.

1. *India Office*, 1732-3, J. vol. 1.
100 öre aujourd'hui = 1 couronne *(Krona)* = 1 fr. 39.

POIDS DE SUÈDE

1 schippond fait 4 centener ou quintaux, ou 20 lisponds ou 400 livres.

1 centener ou quintall fait 5 lisponds ou 100 livres.

1 lispond fait 20 livres.

1 livre, 16 onces ou 32 lots.

100 livres de Suede font 93 lb. d'Angleterre, 85 lb. de Hollande, de Paris et de Bourdeaux, 87 1/2 de Hambourg.

MESURE DE SUEDE

1 oxhofd a 1 1/2 ahm ou 6 anker, ou 90 kannes.

1 ahm a 4 ancker ou 60 kannes.

1 ancker a 15 kannes.

1 3/7 kanne fait 1 gallon d'Angleterre.

1 tonneau de bled, farine, gruaux, etc., a 48 kannes.

100 aulnes de Suede font 63 yards d'Angleterre, 50 1/2 aulnes de Paris, 86 1/5 aulnes d'Amsterdam, 69 varras de Cadix et 103 aulnes de Hambourg.

Des projets furent établis pour faire le commerce de Canton, et le premier navire dont on fit choix dans ce but, en 1731, fut *le Frédéric-roi-de-Suède*. Ce navire, à son retour de Chine (1733), fit la dure expérience d'un début dans le commerce lointain ; des bâtiments hollandais le saisirent, dans le détroit de la Sonde, sur la foi de rapports faux ou exagérés des subrécargues néerlandais de Chine et le conduisirent à Batavia ; mais à la suite de l'examen de la charte royale suédoise, les Hollandais reconnurent qu'ils n'avaient aucun droit de saisir le navire, le relâchèrent avec force excuses, lui fournirent les vivres nécessaires gratis, le firent accompagner par un de leurs propres vaisseaux et trois délégués, en sorte que cette première aventure se termina plus heureusement qu'on n'aurait pu l'espérer.

La seconde expédition suédoise devait être moins heureuse, quoiqu'elle eût été préparée avec le plus grand soin ; le navire désigné était *la Reine-Ulrique-Eléonore* ; on avait fait choix pour le commander du lieutenant de vaisseau Peter von Utfall et pour subrécargues des nommés Charles Barrington, Charles Irvine, John Widdrington et Thomas Thomson. La destination du navire était Porto-Novo, sur la côte de Coromandel. En écrivant ce mémoire, comme j'ai pour but de faire savoir comment on traitait à cette époque les affaires de l'extrême Orient, je reproduis, toujours d'après les Archives de l'*India Office*, les lettres d'avis des directeurs de la Compagnie, les instructions pour le capitaine Utfall et les instructions en dix-huit articles pour les subrécargues, pièces datées de Gothembourg [1], le 23 décembre 1732. J'y ajoute la copie française de la Commission du roi, datée de Stockholm, 25 septembre 1732.

A Monsieur,

Monsr Thomas Thomson, Super Cargue
du vaisseau Reine Ulrique Eléonore
destiné pour les Indes orientales.

Monsieur,

Nous vous envoyons icy joints des copies autentiques des instructions et ordres que nous avons trouvè à propos d'expedier autant pour Messrs les Super Cargues conjointement, que pour Monsr le capitaine Peter von Utfall, afin d'en pouvoir faire usage pendant le voyage que vous faites, dans

---

1. Gothembourg, en suédois Gœteborg, à 477 kilomètres O. S. O. de Stockholm.

lequel nous vous recommendons, en particulier, d'observer
toujours notre intérêt, dont vôtre probité ne nous laisse
aucun doute, et vous souhaittants de tout notre coeur une
heureux voyage et bonne expedition, nous sommes toujours
avec consideration,

Monsieur,
Vos trés humbles et obeissants serviteurs,
H. Konig, Campbell, Tham et Comp.
M. Lagerstrom.

Gottenbourg, ce 23ᵉ décembre 1732.

Instruction pour Monsʳ le capitaine Pierre von Utfall, *com-
mendant le vaisseau* Reine Ulrique Eléonore [1], *apartenant a la Compagnie octroyée suédoise et destiné pour les
Indes orientales.*

1.

Nous vous recommendons de tenir vos officiers et matelots
dans une exacte discipline et bon ordre, et d'éviter soigneusement de les maltraitter, ou d'en user envers eux avec
rigueur. Vous ferez faire un chacun son devoir dans son poste,
et s'il y a quelqu'un qui disobeira vos ordres, ou qui negligera
son devoir, vous avez a le faire punir suivant ce qu'il a merité,
mais que cela se fasse avec discretion et toujours avec l'approbation des Super Cargues ; et comme fort souvent la
mauvaise conduite des matelots provient d'un commandement irregulier, ou du maltraittement qu'il recevoient des
officiers, nous vous enjoignons a vous et a vos officiers d'éviter
ces deux extremitez, et de leur donner un bon exemple ; et
si quelque officier contrevient à vos ordres, qu'il est negli-
gent, ou qu'il n'est point capable pour remplir son poste
comme il faut, vous avez à le faire juger dans un Conseil

1. Ulrique Eléonore, fille de Charles XI et sœur de
Charles XII, héritière de la famille de Deux-Ponts, épouse de
Frédéric de Hesse-Cassel, reine de Suède en 1719, abdique
en 1720 en faveur de son mari. Elle mourut en 1741.

tenu en presence des Super Cargues et des principaux officiers,
et le depeouillerez de sa charge, ou le mettrez à l'amande
comme il sera jugé raisonnable par la majorité de voix, conformement aux ordonnances maritimes du Roy.

2

Nous esperons que, par vôtre bon exemple et par celuy de
vos officiers, toutes les irregularites parmy l'équipage, comme
yvrognerie et autre pareille, sera prevenue ; cependant nous
vous chargeons de donner des ordres rigoureux pour les
empecher de boire aux heures indües, ou à fumer du tabac
sous les tillacs, ce qui a fort souvent causé le feu et la perte
du navire et de tout le monde. Et comme il n'y a rien que
fasse plus d'impression et tient les gens plus en ordre et en
respect que la religion et le culte divine, nous vous chargeons
principalement de faire observer le culte divine exactement
a des tems fixés, et notamment les dimanches : et comme vous
avez a bord du vaisseau des gens de differentes nations,
coutumes et religions, nous vous recommendons, comme
nous avons fait pareillement aux Super Cargues, d'eviter
d'offenser ou scandaliser les uns les autres, ayants la confiance en vous, que vous vivrez toujours ensemble en bonne
amitié et union.

3

Afin que toutes choses se fassent regulierement, nous avons
ordonné aux supercargues d'addresser à vous et signer de
leurs mains toutes les ordres autant pour charger que pour
decharger les merchandizes ou l'argent, et nous vous defen-
dons par la presente de permettre de decharger sans une
telle ordre signée des mains des Supercargues, et addressée
à vous la moindre chose, n'y d'en recevoir à bord, vous ordonnants de tenir un registre exact dans lequel vous specifierez regulierement toutes les merchandizes, argent, etc.,
que vous chargerez ou dechargerez avec leurs qualites, mar-

ques et numeros ; vous en ferez aussi tenir autant par deux
autres de vos officiers, pour nous être tous remis à votre
retour.

4

De plus nous vous ordonnons de signer de votre main les
connoissements de la cargaison du vaisseau a prendre aux
Indes orientales, aussitôt que vous l'y aurez pris entierement
à bord et de les rendre aux supercargues, dans lesquels vous
specifierez toutes les merchandises et le consignerez a nous,
et vous ne permettrez aucunement que la moindre partie
des merchandises chargées dans le vaisseau, soit qu'ils apar-
tienent à votre cargaison ou à des particuliers, soit débarquée
en chemin faisant, a moins que ce ne soit pour acheter des
provisions ou autres necessaires pour le vaisseau, et qu'il
n'y ait point d'argent comptant à bord, et en ce cas-là même
vous ne ferez pas débarquer davantage qu'autant qu'il faudra pour les provisions necessaires.

5

A l'égard de la navigation du vaisseau, comme vous n'avez
point été dans ces mers, nous avons employé quelques officiers étrangers, gens de capacité et de grande experience dans
cette navigation ; ainsi nous vous ordonnons par ces pre-
sentes tres expressement de les consulter toujours touchant
tout ce qui peut apartenir à la navigation du vaisseau, etc.,
pendant le cours de tout le voyage, et de vous laisser conduire suivants toujours leurs sentiments, et evitants en
toute maniere toutes disputes et consultant toujours notre
interêt.

6

Nous vous recommendons et au capitaine Jean WIDDRING-
TON aussi une bonne oeconomie et de menager autant qu'il
vous sera possible les depenses pour le vaisseau et de prevenir
avec soins tout degât ou enlevement de munitions et provisions.

7

Quand vous serez sur vôtre voyage de retour, et aprez que vous aurez relaché a quelque place convenable pour prendre de l'eau et autres provisions, nous vous deffendons expressement de toucher en aucun port de l'Europe, à moins d'une nécessité absolue, vous ordonnants de poursuivre votre chemin par le nord de l'Ecosse et de vous rendre le plut tôt qu'il vous sera possible au port de Gottenbourg.

8

Vous recevrez des Super Cargues dans le baye de Cadix vos ordres pour partir ou faire voile et ainsi de même pendant tout le voyage, auxquelles nous vous ordonnons de obeir aussi ponctuellement que s'ils etoient donnés et signés par nous mêmes.

9

Nous vous ordonnons pareillement d'eviter en mer tous les vaisseaux que vous pourrez rencontrer, de n'en attendre aucun, ny de chercher de parler à qui que ce soit, puisque souvent des accidents fort fatales ont été causés par là et dans tous les ports ou vous entrerez et trouverez d'autres vaisseaux Nous vous recommendons d'avoir avec eux le moins de communication qu'il vous sera possible, et de ne point permettre que vos officiers ou matelots aillent à leurs bords ou recoivent de leurs visites ; cependant notre intention n'est point du tout de vous empecher par cecy de montrer la civilité qu'on est accoutumé de se temoigner l'un à l'autre, mais seulement de vous faire toujours souvenir qu'il vous faut etre sur vos gardes et d'avoir à tous moments l'œil au guet, puisque nous ne doutons point que les nations européennes ne fassent tout leur possible pour vous faire d'empechement dans votre negoce ; c'est pourquoy la meilleure partie que vous pourrez prendre sera d'avoir avec eux le moins de conversation qu'il vous sera possible.

10

En cas que contre toute attente quelque vaisseau, un ou plusieurs, de quelle nation qu'ils peuvent être, pourroit vous arrêter, insulter ou molester, sous quelque pretexte que ce puisse être, ou qu'il venoit vous attaquer comme ennemy, vous vous deffendrez en brave officier et repousserez la violence par violence, et vous reglerez en tout suivant la Commission royale dont vous êtes pourvû, et nous vous recommendons du mieux de vous comporter vous-meme, aussi bien dans ces occasions que dans toutes autres, de la sorte que personne n'aye raison de se plaindre de vous.

11

En cas que vous pourriez rencontrer de vaisseaux qui voudroient vous examiner et regarder vôtre commission et autres papiers, il faut que vous leur montriez, mais seulement les copies, gardant toujours les originaux à bord, et ne les laissants jamais sortir de vos mains ; en même tems vous ne laisserez pas aller beaucoup de vos gens dans les chaloupes à bord d'autres vaisseaux, afin que vôtre équipage ne soit point affaibli, mais au contraire d'y envoyer toujours ceux dont vous pouvez avoir le moins de service, afin que vous soyez toujours dans un bon état de défence.

12

S'il arrivoit que quelqu'un de votre equipage venoit à mourir, vous ferez faire d'abord un inventaire exacte de tous les effects du deffunt, et en cas que vous trouvez quelques especes, les Super Cargues et vous l'employeront pour le profit des heritiers, en rendant un compte exact à votre retour ; pour ce qui est des hardes et autres necessaires du deffunt, vous pouvez les vendre au pied du mât au plus offrant, pour être décourté des gages, etc., de celuy qui les achette à votre retour.

13

Comme il est de la derniere consequence que le vaisseau ne soit arrêté aux Indes plus longtems qu'il faut pour trouver son passage de retour, et que mons^r le capitaine Jean WIDDRINGTON, par l'expérience qu'il a de la navigation dans ces mers, scait mieux que personne le juste tems du depart des ports aux Indes pour etre sur de trouver ce passage, vous avez à suivre la dessus, comme en toute autre chose regardant la navigation du vaisseau, son avis ; et quand, pour cette raison, il trouvera necessaire que le vaisseau parte des ports destinez aux Indes, vous ne tarderez pas un moment. Nous vous enjoignons aussi et au capitaine Jean WIDDRINGTON d'avertir conjointement et à tems mess^rs les Super Cargues du terme du depart, et si vous deux trouvez que, contre toute attente, mess^rs les Super Cargues vouloient differer le depart trop longtems en sorte que par là vous pourriez infailliblement courir risque de perdre vôtre passage pour cette année, nous vous ordonnons tres expressement de protester comme il faut de tout ce qui pourroit arriver d'un tel retardement et de nous reserver nos droits contre celuy ou ceux qui en pourroient être la cause.

Au reste nous vous recommendons notre intérêt du mieux et prions Dieu qu'il vous ait en sa sainte garde en vous souhaittans un heureux voyage.

Fait à Gottenbourg, ce 23 de decembre 1732.

H. KONIG, CAMPBELL, THAM et COMP.

M. LAGERSTROM.

A Messieurs Charles Barrington,
Charles Irvine John Widdrington
et Thomas Thomson.

A Gottenbourg, ce 23 de décembre 1732.

Messrs,

Nous vous donnons icy joint nôtre Instruction generale

et nos ordres contenants dix huit articles pour vôtre conduite pendant votre voyage et dans toutes les affaires que
nous vous avons confié. Et nous les confirmons par celle cy,
ne doutants nullement que vous ne les observiez exactement, en agissants toujours conformement à leurs contenu.
Nous vous avertissons en même tems que, suivant notre premier plan, nous ordonnons que Monsr Charles Barrington
soit le premier, Monsr Charles Irvine le second, Monsr John
Widdrington le troisième, et Monsr Thomas Thomson le
quatrième Supercargue, et qu'en cas de mort de l'un, l'autre
succede en sa place suivant son rang ; comme aussi que les
cinq pour cent que nous vous accordons du net pourvenu
de la cargaison a votre retour, soient partagés de la maniere
suivante, a scavoir que Monsr Charles Barrington en aura
2 1/2 pour cent ; Monsr Charles Irvine 1 1/2 pour cent ; Monsr
John Widdrington 3/4 pour cent, et Monsr Thomas Thomson
1/2 pour cent. Accordants encore pour vôtre privilege et
celuy du capitaine avec les autres officiers place de vingt-
cinq tons dans le vaisseau pour être partagé comme cy-
dessous :

6	tons pour Monsr Charles Barrington.
4	tons pour Monsr Charles Irvine.
3	tons pour Monsr John Widdrington.
2	tons pour Monsr Thomas Thomson.
2	tons pour Monsr le capitaine Peter von Utfall.
1 1/2	tons pour le premier pilote George Snow.
1	ton pour le deuxième pilote Dyrick Aget.
1/2	ton pour Thomas Combes.
20	tons.
5	tons pour les autres officiers, etc.
25	tons.

Les merchandises dudit votre privilege seront, a vôtre
retour, menés dans les magazins de la Compagnie et payeront
des droits, fraix de vente et la provision des directeurs. Ils
ne seront aussi point exposés en vente avant que la cargaison
de la Compagnie sera vendue, a moins que la vente de ladite

cargaison, pour des raisons valables, ne soit differée plus longtems que trois mois aprez le retour du vaisseau. Et puisqu'il
vous est permis, Messieurs, d'ajouter au fonds employé dans le
vaisseau, dans l'endroit ou dans le port ou vous le chargerez,
toutes les sommes que vous pourriez avoir plus qu'il ne vous
faut pour remplir le privilege à vous accordé cy dessus, nous
déclarons et vous assurons par celle cy que tous les effects
qui seront de la sorte trouvé chargés dans le vaisseau sans
quelque proffit de la compagnie et de les interessez, seront
confisqués ; c'est pourquoy nous esperons que vous ne
voudrez aucunement excéder ledit privilege, comme nous
avons pareillement la confiance en vous que vous ne voudrez
point risquer de décharger la moindre chose sur votre retour,
puisque celuy ou ceux qui en seront trouvés culpables aprez
des conditions et privileges si genereux qu'on leurs a accordé,
n'auront rien autre chose a attendre que d'être traités avec
la plus grande rigueur et d'en être responsables.

Pour la dépense de la premiere table pour tout le voyage,
nous vous accordons en tout un somme de deux mille cinq
cens florins courant de Hollande, esperants que, comme les
depences sur la cote ou vous êtes destiné sont fort minces,
cette somme vous pourra suffir. Mais si en cas vous étiez
obligés d'aller a Canton en Chine pour remplir vôtre cargaison suivant le cinquième article de votre instruction, ou
les dépenses pourroient être augmentés, nous avons la
confiance en vous, Messrs, que vous observerez exactement
ce que nous vous avons recommandé à l'égard d'une bonne
oeconomie et frugalité. Et afin que vous scachiez le nombre
des personnes qui mangeront à la première table outre les
quattre Supercargues et le capitaine Peter von Utfall, il
faut vous dire que nous avons accordé cette table au premier
et second pilote, à scavoir Mr George Snow et Mr Dyrick
Aget, au s^r Thomas Combes, au chapellain et au premier
chirurgien du vaisseau, en sorte qu'elle consistera de dix
personnes.

Au reste, nous joignons icy aussi une copie de l'instruction du capitaine Peter von Utfall, et reiterons nos vœux

pour un heureux voyage et bonne expédition, étants avec
beaucoup de considération,

    Messieurs,

      Vos tres humbles et obeissants serviteurs,

              H. KONIG, CAMPBELL, THAM.

    M. LAGERSTROM.

---

*Instruction pour Messieurs Charles Barrington, Charles
Irvine, John Widdrington et Thomas Thomson, Supercargues du vaisseau* REINE ULRIQUE ELÉONORE, *capitaine
Peter von Utfall, destiné pour un voyage aux Indes orientales, pour le compte de la Compagnie Suédoise.*

1

Nous vous ordonnons, Messrs, par la presente de faire
voile au premier vent favorable par le canal pour le port de
Cadix en Espagne et de vous y addresser a Messrs James
Gough et Compagnie, desquels vous recevrez a bord l'argent
et les autres effects qu'ils ont ordres de vous envoyer. Nous
vous recommendons instamment de vous y rendre le plus tot
qu'il vous sera possible et d'y faire aussi grande hate que vous
pourrez pour en etre depeché, la saison etant deja fort avancé,
et d'avoir particulierement soins de vous y pourvoir d'une
suffisante quantité d'eau pour le besoin du voyage aux Indes,
afin que vous n'ayez point besoin de relacher en allant en
aucun endroit pour cette raison, le vaisseau etant suffisamment pourvu d'autres provisions nécessaires.

Pendant votre sejour a Cadix, vous aurez soins que personne ou fort peu de l'equippage du vaisseau n'aille a terre
et particulierement que les officiers anglois ne s'y montrent
pas, pour prevenir tout le subçon que le consul anglois et
les autres merchands de la meme nation pourroient prendre
par la touchant vôtre véritable dessein, afin qu'il ne soit
point divulgué ; et puisque le capitaine et le vaisseau ou

vous etes, est pourvu d'une commission royale, vous pretendrez etre destiné pour la mer Méditerranée.

2

Aussitot que vous aurez pris à bord à Cadix tous les
effects et l'argent que nous avons ordonné d'y tenir pret
pour vous, nous vous ordonnons de faire voile de la au premier vent favorable, et de poursuivre vôtre cours a Porto
Novo sur la cote de Cormandel aux Indes orientales sans
relacher en chemin dans aucun endroit, a moins que la plus
grande necessité ne vous y oblige. Quand vous y serez
arrivé, vous pretendrez d'aller a Bengale ; icy a la cote vous
tacherez de vendre le plus avantageusement qu'il vous sera
possible votre cargaison qui consiste des effects specifiez
dans la facture cy jointe, et vous ferez vôtre accord d'être
payé en argent comptant, ou a trocquer contre Guineas ou
Salempouris ou autres merchandises propres pour vôtre
retour, evaluées suivant le prix courant au prix du comptant.
Mais vous ne confierez jamais vos merchandises ou argent,
a moins que vous n'ayez en echange de merchandises ou
suffisamment de securité autant que vous pourrez pretendre.
Et comme vôtre plus grand soin doit toujours etre d'avoir
principalement a cœur le commun interet en general plus
que vôtre propre interêt en particulier, nous vous enjoignons
tres expressement de ne point donner a connoitre quelles
merchandises que vous avez a bord pour votre propre
compte en particulier, ny d'en montrer les echantillons,
jusqu'a ce que vous ayez montré celles de la compagnie
et en ayez fait votre accord. Mais cependant vous vous
garderez de tromper les merchands ; ainsi, s'ils insistent a
vouloir scavoir nettement la quantité totale des merchandises qu'il y a a bord, il leurs en faut donner une note exacte,
lorsque vous etes surs qu'ils ont une intention serieuse
d'acheter, et de leurs montrer en meme tems les echantillons
de tout. Mais nous entendons comme cy-dessus que les merchandises de la compagnie soient les premieres vendues.

3

Nous vous recommendons de tenir toujours, pendant que vous resterez icy ou dans tous les autres ports et rades ou vous pourrez toucher pendant le voyage, votre vaisseau en état de defense, et de faire veiller exactement pour prevenir toute surprise ; vous donnerez aussi des ordres precises à tous les officiers et matelots de ne faire aucune insulte ou affront aux natifs ou inhabitants du pays, ny a terre ny a bord ; et en cas qu'il arrivoit que quelqu'un de vôtre equipage fusse mal traitté par les natifs ou les inhabitants, la ou ailleurs, il faut que les Supercargues en fassent de plaintes regulieres aux governeurs du lieu en leurs demandant justice et satisfaction, et nous ne trouvons nullement a propos ny convenable que le premier et le deuxième capitaine, ou le premier pilote, soient jamais tous a la fois absens du vaisseau.

4

Si vous avez une apparence certaine de trouver en ces lieux une cargaison pour vôtre retour, et que vous pourrez l'achever avant la fin du mois de septembre pour retourner aussi tôt en Europe, vous resterez sur cette cote jusqu'à ce tems là, et point plus tard, et reviendrez en Europe en droiture ; mais si, aprez y avoir resté quelque tems, vous ne trouvez point d'apparence d'y parfaire une cargaison entiere pour votre retour, sans risquer de perdre votre passage pour cette année et demeurer encore une année aux Indes (ce qu'il faut sur toutes choses éviter), en ce cas il vous faut y vendre le fer mieux qu'il vous sera possible, et toutes les autres merchandises que vous pouvez vendre à un profit à peu prez raisonnable ; et si vous [gardez, *sic*] de draps (faute de ne les pouvoir bien vendre), que ce soient plus tot les ecarlates, aurores et bleües, que les autres couleurs, et plus tot les longs Ells que les Broad Cloths ; vous y vendrez aussi le plomb si vous le pouvez à quelque profit, et au cas, comme il est cy dessus expliqué, qu'il n'y a point d'apparence de faire vos affaires icy totalement dans la saison, nous vous ordonnons de partir, et de n'y point rester plus tard que le 10ᵐᵉ juillet 1733.

5

De là nous vous ordonnons d'aller par le detroit de Malacques à Canton en Chine, où vous employerez vôtre capital suivant le projet d'une cargaison que nous joignons icy, et, s'il est possible, vous partierez de là pour Europe avant le dernier de decembre.

6

Il pourroit arriver qu'on vous feroit esperer sur la cote de Cormandell de pouvoir acheter vôtre cargaison avant le mois d'octobre, et que cela pourroit faire vous y rester jusqu'à ce qu'il est trop tard d'aller à la Chine, et qu'alors vous pourriez être incertains à quoy vous determiner.

7

En ce cas, nous vous ordonnons d'aller de là à Suratte et d'y achever le plus tôt qu'il vous sera possible vôtre chargement de retour en merchandises que vous y trouverez les plus propres pour Europe et qui nous porteront le plus de profit, suivant ce que vous pourrez juger des prix que nous vous envoyons icy joint.

8

Quand vous serez arrivés à Suratte, où il est à presumer que vous trouverez des vaisseaux anglois et hollandois, nous vous enjoignons de jetter l'ancre à quelque distance et d'empecher vos officiers et matelots de n'avoir point de commerce avec eux, ny de leurs faire, ny de recevoir d'eux aucune visite, ny d'entretenir aucune correspondance avec eux, observants icy la même garde et discipline ponctuelle qui vous a eté cy dessus enjointe ; aussi tôt que vous serez à l'ancre, à la rade de Suratte, vous enverrez quelque personne convenable voir le gouverneur, pour demander la liberté du

port et sa protection ; avant que de louer une maison, ou
prétendre de faire quelque commerce, il faut être d'accord
avec luy pour une somme determinée, ou à tant pour cent
sur la vente et l'achapt, et tant que vous resterez ou serez
à terre, vous eviterez toujours toute conversation avec les
Anglois et Hollandois, puisqu'ils ne sont point vos meilleurs
amys dans ces contrey.

9

Et comme vous pourrez faire vos affaires en peu de temps
à Suratte, vous ferez vôtre possible pour vous y depecher
le plus tôt que vous pourrez pour vous rendre en droiture en
Europe, et si vous etez obligés de relacher en quelque port
pour des vivres ou de l'eau (ce qu'il faut pourtant toujours
eviter autant qu'il est possible et avoir soins que vous en
ayez une bonne provision avant que vous partez d'une bonne
place), que cela soit en deca du cap de Bonne-Espérance, ou
à Benguela, ou à quelque autre endroit sur la côte d'Afrique,
où il y a de bonne eau, ou à Sᵗ Jago, une des isles du cap Vert,
ou Fyal, une des isles Açores, où vous pourriez trouver des
lettres de nous, mais nous vous recommendons de ne pas
relacher en Brazil. La peine et les depenses avant qu'on y
peut avoir la moindre chose y etants trop grands et presque
incroyables, puisque toutes les provisions y sont si cheres
que 4 à 5.000 florins ne suffiroient presque pas pour avoir
le necessaire, outre que vous y seriez obligés vous meme et
toute l'equipage de declarer par serment pour quelle raison
que vous y venez. Et Bahia de Todos Santos est plus d'un
mois de chemin hors vôtre route et son port est fort etroit
à l'entrée, en sorte qu'il est for dangereux d'y entrer dans
cette saison ; de plus on y est exposé au plus grand danger
de voir le vaisseau et sa cargaison confisquée, si quelqu'un
de votre equipage fut attrapé d'avoir vendu la moindre
chose, ce qui est presque inévitable ; pour toutes ces raisons
nous vous enjoignons de n'y pas relacher, et nous vous de-
fendons tres expressement de toucher, n'y d'entrer pendant

tout vôtre voyage à aucun endroit, ou dans aucun port
apartenant aux Hollandois ou Anglois, et vous ordonnons de
prendre vôtre route en revenant par le nord de l'Écosse et
point par la Manche ou le canal d'Angleterre, et pendant tout
vôtre voyage d'éviter la rencontre de tous les vaisseaux en
mer et de n'attendre ny de tacher de parler à aucun.

10

Nous vous recommendons tres expressement d'observer
toujours l'un avec l'autre une bonne harmonie et union, et
d'avoir soins que le culte divin soit observé à des tems fixés
et particulierement les dimanches ; et puisqu'il y en a parmy
l'equipage de différentes nations, coutumes et religions, nous
vous recommendons d'éviter que l'un ne scandalize en aucune maniere l'autre, mais au contraire de vivre en bonne
union avec tous, puisque vous ne pouvez point ignorer les
suites effroyables qu'une disharmonie cause presque toujours,
et c'est pourquoy nous esperons que par un bon exemple
vous encouragerez un chacun de l'entretenir.

11

Nous vous recommendons pareillement tres instamment
la derniere frugalité et oeconomie dans vos depenses autant à
terre que sur le vaisseau, qui souvent, par l'extravagance des
Super Cargues, capitaines et officiers, se montent à des
sommes si exorbitants, qu'elles deviennent fort onereuses au
voyage ; et pour prévenir cela, nous vous chargeons de tenir
des livres particuliers et fort exacts de toutes les depenses,
autant de la factorie que du vaisseau ; de les examiner chaque
semaine, et d'y remédier si vous trouvez la depense plus
grande qu'elle ne devroit autant pour les vivres et la boisson
que pour les autres fraix, lesquels livres vous nous remettrez
à votre retour, afin que nous puissions juger ce qui est
raisonnable d'allouer, parce que vous nous serez responsables de tout ce qui se trouvera exorbitant, et que vous

nous le rembourserez avec le même profit à proportion qui se trouvera sur les merchandises de la cargaison.

12

Nous ordonnons que tous marchez, contracts, consultations et accords pour les affaires et le compte de la Compagnie soient faits en présence de tous les Supercargues, et qu'on ecrive dans un livre toutes les resolutions prises qui seront signez de tous ; et si quelqu'un est d'un sentiment different en quelque affaire qu'on pourroit entreprendre, qu'il le mette en écrit au dit livre avec ses raisons qu'il signera en presence de tous.

13

Et afin que toute chose aille regulierement, nous ordonnons que toutes les ordres pour envoyer de merchandises ou autres choses à bord, ou pour les decharger, soient signées par les Supercargues et addressées au capitaine Peter Von Utfall.

14

Nous vous donnons pouvoir par la presente de recevoir de souscriptions pour nous et en nôtre nom pour l'augmentation du fonds, autant a Cadix qu'aux autres ports ou vous pourrez relacher, et nous nous obligeons de delivrer des actions ou reconnaissances aux dits souscrivants, en nous remettans vos quittences, dans lesquelles vous exprimerez que vous avez reçû ces sommes pour nôtre compte ; et en cas que ces souscrivants le souhaitteroient, nous nous obligeons de continuer leurs sommes principales dans nos mains pour être employez aux voyages futurs preferablement a tous autres qui pourroient souscrire aprez eux, et que l'on fera une repartition des profits ou des pertes a la fin de chaque voyage.

15

Au cas qu'il n'y ait point assez de capital pour recharger le vaisseau pour nôtre compte, nous vous permettons de vous interesser vous mêmes ou d'autres dans le dit capital, au port ou vous chargerez pour Europe, pour telles sommes que vous estimerez manquer, et pouvoir employer en des meilleurs merchandises et qui rendent le plus de profit pour achever le dit chargement, et cecy aux mêmes conditions des autres interessez.

16

Et comme on trouveroit peut-être a propos le necessaire avant votre depart du Cadix de vous envoyer encore quelques ordres, ou d'ajouter quelque chose aux instructions, vous obeirez a tous les ordres qui vous viendront signées de John et Adrian Blake, tout de même comme s'ils venoient de nous et étoient signées de nos mains.

17

Quoyque nous vous avons recommendé cy dessus de bien observer le tems qu'il vous faut pour votre depart des endroits aux Indes, ou, suivant cette instruction, vous pourrez entrer pour vendre vôtre cargaison et recharger vôtre vaisseau, afin que vous ne perdiez point vôtre passage, cependant comme cet article est de la derniere consequence, afin que vous ne soyez point obligés d'y rester jusqu'à l'autre année, ce qu'il faut absolument prevenir, comme nous vous l'avons ordonné cy dessus, nous avons enjoint au capitaine Peter Von Utfall de prendre la dessus l'avis de Monsr John Widdrington et de vous avertir conjointement avec luy à tems du terme du depart ; et si, contre toute attente, ils trouveroient qu'on voudroit le differer trop longtems, qu'ils pourroient courir risque de perdre le passage pour cette année, de protester comme il faut de tout ce qui pourroit arriver d'un tel retardement, et de nous reserver nos droits contre celuy ou ceux qui en pourroient être la cause.

18

S'il arrivoit que le capitaine Peter Von Utfall mourroit pendant le voyage (qu'à Dieu ne plaise !), nous ordonnons que Monsr le capitaine John Widdrington, comme Suedois naturalizé, succedera en sa place, et, en cas de sa mort, le deuxieme pilote s^r Dyrick Aget, etant pareillement naturalisé Suedois, aura le commandement du vaisseau.

Au reste, nous vous recommendons nôtre interêt du mieux et prions Dieu, Messieurs, qu'il vous ait en sa sainte garde, vous souhaittants de tout nôtre cœur un heureux voyage et une bonne expedition.

Fait à Gottenbourg, ce 23 decembre 1732.

H. Konig, Campbell, Tham et Comp,
(L. S.).

M. Lagerstrom.

Copie françoise de la Commission du Roy pour le vaisseau la Reine Ulrique Eléonore.

Fredric, par la grace de Dieu, roy des Suedes, Gothes et Vandales, etc., landgrave de Hesse, prince de Hirschfeldt, comte de Catzen, Elebogue, Dietz, Ziegenhain Nidde et Schamburg, etc., scavoir faisons que nôtre amé sujet Henry Konig nous a, il y a quelque tems, tres humblement representé comme quoy il s'etoit proposé de commencer et régler une navigation et commerce pour les lieux aux Indes orientales qui, ny par juridiction ny par quelque autre droit de commerce, par lequel les autres nations en fussent exclus, appartiennent à des autres puissances de l'Europe ; et comme aprez en avoir obtenu notre approbation, et que nous l'ayons pourvu de notre privilege royal, il nous a tres humblement fait connoitre qu'il avoit pour cette fin equippé et charge de merchandises le vaisseau nommé *Ulrique Eléonore*, appartenant uniquement a luy et a ses interessés, de deux cent lasts et de   canons sous la conduite du capitaine Petter von Utfall, suppliant tres humblement que nous voulions bien accorder à ce vaisseau notre protection par des passeports signez de nôtre main ; ainsi approuvants ce propos qu'il a, comme étant aussi equitable que digne de louanges, et etant toujours inclinés selon notre pouvoir royal d'avancer le bien de nos sujets et d'étendre de jour en jour autant qu'il se peut leurs commerce dans les pays étrangers, comme nous nous persuadons aussi en même tems que cette entreprise ne puisse en aucune manière faire quelque tort à aucun de nos alliez ou amis dans leurs droits et commerces, Nous avons donc promis, par le present passeport signé de notre main, au capitaine de vaisseau Petter von Utfall, et luy avons donné la liberté de naviguer, negocier et de faire commerce aux Indes orientales, à scavoir dans tous les lieux, royaumes, mers, ports, rivieres et eaux douces ou [de la] *(sic)* ligne equinoctiale, ou les autres nations traffiquent librement, et qui ne sont point sous l'obeissance de quelque autre prince ou État européen ; non seulement point entrer dans quelque autre lieu, mers, ports, rivières, etc.

Fait à Stockholm, ce 25ᵉ du mois de septembre 1732.

FREDRIC.

(L. S.)

H. CEDERORENTZ.

Entre temps, l'un des pilotes, George SNOW, ayant été naturalisé Suédois, les instructions données aux subrécargues furent légèrement modifiées. Je reproduis également ces nouvelles instructions, car la naturalisation rapide ou simplement prématurée de quelques-uns des officiers d'origine anglaise de la Compagnie a été en grande partie cause du désastre de l'expédition *Ulrique-Eléonore*.

A Messieurs Charles Barrington, Charles Irvine,
John Widdrington et Thomas Thomson,
Supercargues du vaisseau REINE ULRIQUE ELÉONORE.

Gottenbourg, ce 2 Jan^r 1732.
(Doit être 1733.)

MESSIEURS,

Comme depuis que nous avons signé vos instructions, le premier pilote de notre vaisseau, s^r George SNOW, a été naturalizé Suedois, ainsi nous avons trouvé a propos de changer l'article 18 dans les dits vos instructions de la maniere suivante, qu'en cas de mort des deux capitaines (qu'a Dieu ne plaise !), le s^r George Snow sera celuy qui succedera dans la place du dernier mourant, et aprez luy le s^r Dyreck Agét. Nous servons de la meme occasion pour expliquer quelques articles qui ont paru en avoir besoin et nous declarons que, quand il est parlé, autant dans vos instructions, article 13, que dans celles du capitaine von UTFALL, article 3, des Supercargues, nous entendons par la tous les Supercargues conjointement, ou la pluralité de voix, ordonnant qu'en cas d'egalité, la première fois Monsr BARRINGTON, la deuxieme fois Monsr IRVINE, la troisieme fois Monsr WIDDRINGTON et la quatrieme fois Monsr THOMSON, aye double voix, et que toutes les resolutions soient mises dans un livre pour etre remis à nous à vôtre retour. Comme nous avons ordonné dans l'article 3 que le premier ou deuxieme capitaine ou le premier pilote ne doivent jamais être tous à la fois absens du vaisseau, nous entendons par la qu'au moins un de ces trois doit toujours être à bord.

A l'egard de ce qui est enjoint par l'article 16, notre volonté est que, si meme quelque article dans vos instructions fussent changé par les ordres signés de John et Adrian BLAKE, qui pourroient vous venir avant votre depart de Cadix de quel date qu'ils puissent être, vous avez a suivre les dites ordres comme s'ils venoient de nous meme. En meme tems nous avons aussi trouvé a propos de vous apprendre que le s^r Thomas COMBES est engagé comme commis du contoir des Supercargues et point ce qu'on appelle *pourser*, ayants donné cet employ a un certain Jonas DAHL.

Au reste, comme nous croyons que nous sommes expliqués si clairement dans nos instructions, qu'il n'y aura rien qui puisse avoir besoin d'explication ou donner lieu a quelque dispute, nous espérons, comme nous le souhaittons aussi, que vous vivrez toujours en bonne union et prefererez notre interet a toute autre vue, en quelle confiance nous reiterons nos souhaits pour votre heureux voyage et sommes toujours,

Messieurs,

Vos tres humbles et obeissants serviteurs,

H. KONIG, CAMPBELL, THAM et COMP.

M. LAGERSTROM.

La Reine-Ulrique-Eléonore mit à la voile de Gothembourg le 9 février 1733 et arriva à Porto-Novo le 1er septembre de la même année. Aussitôt que le navire fut entré en rade, le commandant UTFALL s'empressa de demander aux autorités indigènes la permission nécessaire pour faire le commerce en toute liberté, ce qui lui fut accordé facilement, et le nabab d'Arcate, dont Porto-Novo[1] dépendait, accorda même aux Suédois l'autorisation de construire un fort pour assurer leur sécurité ; toutefois ce n'était pas de la part des Hindous que devaient surgir les difficultés qui devaient ruiner cette seconde expédition suédoise : les Européens, déjà établis sur la

---

1. Porto-Novo *(Feringhipet* ou *Parangipetai ; Mahmúd Bandar)* dans le district d'Arcate, présidence de Madras, à l'embouchure de la rivière Vellàr. Cf. Hunter's *Imperial Gazetteer of India,* XI, 1886, 2e édition, pages 221 et 222.

côte, ne pouvaient voir qu'avec jalousie une concurrence s'établir à leurs côtés. Porto-Novo est situé
à onze lieues environ de Pondichéry ; il semblerait
donc que les Français, plus que les Anglais établis à
Madras, dussent ressentir les inconvénients du voisi-
nage de nouveaux rivaux. Il n'en fut rien toutefois ;
si, dans l'attentat que nous allons raconter aussi
sommairement que possible, les Français furent les
principaux instruments, les Anglais incontestablement furent les inspirateurs.

En 1733, LENOIR était gouverneur de Pondichéry.
Pondichéry avait été créé dès l'année 1674 par François MARTIN. Lenoir, qui fut un de ses successeurs les
plus capables, avait déjà été gouverneur de Pondichéry en 1721 ; il devait occuper ce poste une seconde
fois le 4 septembre 1726, en remplacement de
M. BEAUVALLIER. C'était un homme paisible et tra-
vailleur, qui avait toutes les qualités nécessaires pour
diriger les affaires commerciales importantes qui lui
étaient confiées ; il remplit d'ailleurs les fonctions de
gouverneur de Pondichéry jusqu'au 19 septembre
1735, époque à laquelle Benoît DUMAS, gouverneur
des îles de France et de Bourbon, le remplaça.

Madras, au nord de Pondichéry, est éloigné de
quarante-huit lieues environ de cette ville. La factorerie de Madras, qui est le plus ancien établissement
des Anglais aux Indes, dépendait de Bantam à Java
et fut créée par Francis Day en mars 1639. En 1653,
Madras devint une présidence à laquelle furent subor-
données les factoreries du Bengale jusqu'en 1681. Le
premier gouverneur de Madras (1653) fut Aaron
BAKER qui était, à l'époque, agent de la factorerie.
Au moment de l'arrivée de *la Reine-Ulrique-Eléonore*
à Porto-Novo, le gouverneur de Madras était George

Morton Pitt qui avait remplacé en 1730 James Macrae, et auquel succéda en 1735 Richard Benyon. Il ne faut pas confondre ce G. M. Pitt avec son homonyme également gouverneur de Madras (1698-1709), Thomas Pitt, le grand-père de lord Chatham.

Les Anglais étaient arrivés à Porto-Novo en 1682 ; ils trouvèrent déjà dans cette ville des négociants danois et portugais, mais, avec cet esprit d'accaparement et d'exclusivisme qui a caractérisé le développement de leurs entreprises aux Indes, ils ne pouvaient voir qu'avec un profond sentiment de regret de nouveaux concurrents leur disputer la riche proie qu'ils convoitaient pour eux seuls. Porto-Novo n'appartenant ni à l'Angleterre ni à la France, il fallait chercher un prétexte pour agir avec une apparence de légalité dans les affaires de la Compagnie suédoise, il fut bientôt trouvé : à peine *l'Ulrique-Eléonore* était-elle arrivée à Porto-Novo qu'un quartier-maître et dix hommes de l'équipage désertèrent et se réfugièrent dans les établissements français et anglais.

La manière dont les équipages avaient été embauchés, à la suite de la déconfiture de la Compagnie d'Ostende, avait non seulement permis, mais encore encouragé, l'entrée de beaucoup d'étrangers dans la Compagnie suédoise : il y avait donc des Anglais dans la Société Konig, et leur présence pouvait jusqu'à un certain point justifier l'ingérence du gouverneur de Madras ; cependant Pitt, craignant de s'engager dans une affaire douteuse, n'ayant pas les forces nécessaires pour faire un coup de force, éloigné d'ailleurs du centre d'action, avait besoin d'un aide qu'il trouva dans Lenoir. Lenoir fut habilement convaincu qu'il y avait dans l'équipage un grand nombre de

Français et qu'il devait donc intervenir conjointement avec les Anglais. En réalité, il n'y avait qu'un Français à bord, et ce Français avait été recueilli par compassion à l'île de Saint Iago où il avait été abandonné malade par un capitaine anglais.

Dès que *la Reine-Ulrique-Eléonore* fut arrivée à Porto-Novo, il paraîtrait que les autorités française et anglaise auraient fait courir des bruits extrêmement défavorables au sujet de l'équipage qui n'aurait été, suivant les rumeurs propagées, composé que d'écumeurs de mer sans passeport valable et déjà coupables de pirateries en haute mer ou de la saisie de bâtiments indigènes. Sans s'inquiéter d'ailleurs de ces bruits fâcheux, les subrécargues s'occupaient non seulement de disposer de leur cargaison, mais encore de s'assurer de leur fret de retour ; le mauvais temps en octobre les obligea à chercher un refuge, jusqu'à une meilleure saison, au Bengale. Pour protéger les intérêts de la Compagnie à Porto-Novo, on y laissa, gardant la factorerie et les magasins, une quarantaine d'hommes de l'équipage qui furent remplacés à bord par une quantité égale de lascars. Le navire mit à la voile le 29 septembre pour le Bengale, n'ayant à bord que le second subrécargue Charles Irvine, et comme marchandises, seulement ce qui était nécessaire pour se procurer du riz qui devait être vendu au retour à Porto-Novo, et d'autres produits du Bengale qui devaient former une partie du fret pour l'Europe.

L'influence anglo-franaçise ne tarda pas à se faire sentir après le départ du navire par les tracasseries que suscitèrent les autorités indigènes au principal subrécargue Charles Barrington, et à son aide Thomas Thomson, qui étaient restés à Porto-Novo. A la suite d'une visite de Pitt à Lenoir, il fut décidé qu'un détachement de 200 hommes, moitié anglais, moitié français, sous le commandement du major LA FARELLE, agirait à Porto-Novo.

Le 20 octobre 1733, à huit heures du matin, arrivait par mer et par terre une petite armée composée de 200 étrangers et de 500 indigènes au service de la France et de l'Angleterre, qui se présentèrent devant les portes de la factorerie suédoise. C'est contre le subrécargue Barrington que Pitt semble avoir eu des griefs : cet agent, en effet, ne se sentant pas en forces, s'était empressé de déguerpir au plus vite et de s'enfuir avec une garde de six hommes de l'autre côté du Vellàr. Pitt, aussitôt, envoya une quarantaine de soldats indigènes à sa poursuite pour le ramener mort ou vif, et écrivit au gouverneur danois de Tranquebar pour l'aider dans l'arrestation de ce personnage.

Thomson, le quatrième subrécargue, n'avait qu'à se rendre devant la force, et il fut fait immédiatement prisonnier ainsi que le commis Thomas Combes. Les soldats furent désarmés, la factorerie et les magasins furent visités et, les scellés ayant été apposés, un enseigne français, avec deux sergents, quatre caporaux et soixante soldats, moitié anglais, moitié français, fut chargé de veiller sur le tout. Le subrécargue Thomson protesta naturellement contre la violence dont il était l'objet ; les deux jours suivants, l'enseigne français fut remplacé par un officier anglais. Le 22 octobre, à 3 heures, le major La Farelle accompagné d'un officier anglais, WILSON, d'un membre du conseil anglais du fort Saint-David, BERRIMAN et de LAURENCE, secrétaire de Pondichéry, visita la factorerie, dont on commença aussitôt le déménagement qui fut continué le lendemain matin 23 octobre. On enleva tout : cargaison, argent, provisions, mobilier, même les portes des magasins ; tout fut transporté au fort Saint-David. Factorerie et magasins étant complètement mis à sac, le capitaine anglais Wilson persuada à l'équipage qu'au lieu de mourir de faim, il n'avait rien de mieux à faire qu'à le suivre au fort Saint-David, où ils seraient nourris et où ils avaient quelque chance de toucher leurs gages. Vingt-sept hommes écoutèrent cet avis et furent transportés au fort Saint-David dans deux bateaux, et il ne resta à la factorerie, sur laquelle flottait toujours le pavillon suédois, que le subrécargue Thomson, le commis Combes, le chirurgien en second Jonas Munck, un des domestiques des subrécargues, Antoine Bengston, et quelques matelots d'origine anglaise. Le lendemain 24 octobre, ces derniers, avec Thomson et Combes, furent envoyés sous escorte au fort Saint-David, et il ne resta plus à la factorerie suédoise que le chirurgien et le domestique. Deux jours après, le 26 octobre, troupe anglaise et troupe française quittaient Porto-Novo, y laissant quarante indigènes pour saisir Barrington, s'il s'y présentait.

L'affaire était grave, et elle le devint plus encore.

Les marchandises étaient saisies, la factorerie était ruinée, mais le navire, parti pour le Bengale, pouvait revenir d'un jour à l'autre ; il était évident que la diversion d'une partie de l'équipage, la saisie des provisions, le pillage de la factorerie rendaient difficile la rentrée en Europe de *la Reine-Ulrique-Eléonore*, mais le gouverneur de Madras, Pitt, voulant écraser le germe dans l'œuf et en finir en une fois avec

cette concurrence qu'il jugeait redoutable, essaya de
faire saisir le navire avec le restant de l'équipage par
son collègue, le gouverneur anglais du Bengale, qui,
trop prudent pour se lancer dans une affaire pareille,
refusa son concours. Je n'entre pas dans le détail de
la correspondance de Pitt avec Lenoir, par laquelle ce
dernier consentit une fois encore à prêter son aide à
son collègue de Madras ; toujours est-il que, le 31 janvier 1734, deux navires, l'un anglais, l'autre français,
se mirent en observation dans les eaux de Porto-
Novo pour attendre le retour du navire suédois. Cependant *la Reine-Ulrique-Eléonore* terminait ses
opérations au Bengale et recevait, le 24 décembre
1733, au moment où elle se préparait à partir, avis,
par l'intermédiaire d'amis de Calcutta, de ce qui
s'était passé à Porto-Novo. Le 28 janvier 1734, le
navire suédois se mettait en route et il arrivait devant Porto-Novo, le 9 mars, à la tombée du jour ; il
fut immédiatement reçu à coups de canon ; les Suédois n'étaient pas de force à résister et, étant d'ailleurs meilleurs voiliers, ils s'enfuirent ; après une
course de 36 heures, ils réussirent à échapper à la poursuite de leurs ennemis. Après un voyage pénible, après
avoir passé un hiver misérable chez les Français de
l'île Maurice, *la Reine Ulrique-Eléonore* était enfin de
retour à Gothembourg le 4 février 1735.

Tel est-le récit d'un attentat qui n'est malheureusement pas le seul dont les Indes aient été le théâtre.
La conduite de Pitt était d'autant plus surprenante
qu'un traité avait été signé en 1720 entre la Suède et
l'Angleterre, et que les deux pays avaient d'excel-
lentes relations. Une correspondance très active fut
échangée entre les Cours de Suède, d'Angleterre et

de France. La Suède était représentée à Paris par son ministre plénipotentiaire, le baron GEDDA ; les gouverneurs Lenoir et Pitt ne donnaient d'ailleurs qu'une raison pour leur agression : c'est qu'ils désiraient s'emparer des Français et des Anglais qui, contrairement au droit, s'étaient engagés au service de la Suède. Nous avons vu pour la France que le motif allégué par Lenoir n'avait aucune raison d'être, puisqu'il n'y avait à bord de *la Reine-Ulrique-Eléonore* qu'un seul matelot français, malade et recueilli par charité. Sans entrer dans le détail de dépêches fastidieuses, nous dirons que l'affaire ne fut définitivement réglée qu'en 1740, par le payement à la Suède d'une indemnité d'une cinquantaine de mille francs.

Je n'avais l'intention, dans ces notes, de ne rappeler qu'un fait fort peu connu ou même inconnu en France : l'histoire complète de la Compagnie de Suède m'entraînerait au delà des limites que je me suis assignées. Cet épisode d'histoire coloniale ne clôt pas fort heureusement l'ère d'entreprises inaugurée par le roi Frédéric. Le commerce de l'extrême Orient et, en particulier, de la Chine était extrêmement lucratif : la France, qui n'avait pas la part du lion, y faisait cependant de fort jolis bénéfices, qui s'élevèrent jusqu'à 141 1/4 p. 0/0 dans la période de 1736 à 1743 et rapportèrent encore 67 2/3 p. 0/0 dans l'année médiocre de 1768[1]. Pendant les longues guerres de la France avec l'Angleterre, le Comptoir français, puis le consul de France à Canton, considéraient que, parmi les neutres, les vaisseaux suédois

1. *La France en Chine au XVIIIᵉ siècle*, par Henri Cordier, t. I, Paris, 1883, p. 42.

qui prenaient la voie d'Espagne étaient les plus sûrs pour le transport des fonds. A la date du 31 décembre 1780, Vauquelin, consul de France à Canton, écrit à Sartine, ministre et secrétaire d'Etat : « Si vous jugez à propos, Monseigneur, de préférer la voie d'Espagne, je la crois plus sûre que toute autre ; les vaisseaux suédois passent toutes les années à Cadix pour y prendre leurs fonds ; quoiqu'ils aient refusé cette année de se charger de fonds pour les particuliers françois, je ne doute pas, Monseigneur, qu'ils ne s'en chargent volontiers lorsqu'ils seront adressés par vous, Monseigneur, et pour lever toute difficulté, Mrs du Conseil suédois en résidence à la Chine m'ont dit que le plus sûr était de leur adresser les fonds à eux directement et qu'ils me les remettraient à Canton [1]. »

Je n'ai pas ici la place de parler de ces aumôniers, comme P. Osbeck, comme Olof Torée ; de ces officiers, comme Carl Gustav Ekeberg, etc., qui rapportèrent une foule de documents dont l'immortel Linné sut tirer un si grand parti dans les *Actes de l'Académie d'Upsal* ; je me contenterai de rappeler que la charte de la Compagnie de Suède, renouvelée quatre fois, et en particulier en 1806, ne fut plus continuée après 1814 [2].

1. *La France en Chine, l. c.*, p. 104.
2. Les bureaux de la Compagnie suédoise existent encore à Gothembourg et le pavillon de la factorerie de Canton flotte sur un pavillon chinois du parc du chateau de Drottningholm.

LE COLONEL

SIR HENRY YULE [1]

La mémoire de Sir Henry YULE est chère à tous ceux qui s'occupent de la géographie historique de l'Asie dans les temps anciens et à l'époque du moyen âge.

Henry Yule appartenait à cette grande famille de géographes historiens qui comptent en France, depuis le XVIIIe siècle, de glorieux représentants : d'Anville, Eyriés, Walckenaer, Barbié du Bocage, Jomard, d'Avezac.

Yule est né dans le Mid-Lothian, à Inveresk, près d'Edimbourg, le 1er mai 1820 ; son père, William Yule, servait, en qualité de major, dans la Compagnie des Indes, de même que son frère Sir George Udny Yule [2], C. B., K. C. S. I., à qui il dédia son glossaire anglo-indien. Il fit son éducation au collège militaire des Indes (East-India Military College), à Addiscombe (1837), dont il sortit en décembre 1838, dans le corps du génie du Bengale (Bengal Engineers), devenu depuis les Royal Engineers. Il partit pour les Indes en 1840, et en qualité d'officier du génie il fut

---

1. Extrait du *Journal Asiatique*, 1890. — Un excellent *Memoir of Sir Henry Yule* par sa fille, Miss Amy Frances Yule, se trouve en tête de *The Book of Ser Marco Polo*, vol. I, London, 1903.

2. Mort le 13 janvier 1886.

attaché (1843), pendant plusieurs années, aux travaux hydrauliques des provinces du Nord-Ouest.

Dès cette époque, Yule commence la longue série de ses publications par un mémoire donné à la Société asiatique du Bengale [1]. D'ailleurs ses premiers travaux ont un caractère technique et ne laissent pas encore prévoir le plus savant des commentateurs de Marco Polo : *The African Squadron vindicated* [2] ; *Fortifications for officers of the Army and Students of Military History* [3], l'un des meilleurs ouvrages, dans son genre, dit un critique compétent [4].

Plus tard Yule prit part à la campagne de la Sutlej et du Penjab, dirigée par le général GOUGH, qui se termina par la fuite de l'émir Dost Mohammed, l'expulsion de la garnison afghane de Pechavur, et par la réduction du Penjab en province anglaise de l'Inde (1848-1849).

Yule à de solides connaissances scientifiques joignait une forte éducation classique et une grande culture littéraire ; c'était à lui que l'on avait recours pour rédiger les inscriptions des monuments publics aux Indes ; c'est ainsi qu'il donna celle du puits de Cawnpore [5] et celle de la statue équestre, par Foley,

---

1. Notes on the Iron of the Kasia Hills, for the Museum of Economic Geology. By Lieutenant Yule, Engineers. *(Journal of the Asiatic Society of Bengal,* vol. XI, N. S., Calcutta, 1842, pp. 853-857.) — Yule a donné encore quelques articles à ce même journal.

2. London, Ridgway, 1850.

3. Edinburgh, Blackwood, 1851, in-8 ; 2d. ed., 1854.

4. *British Army Dispatch.*

5. « Sacred to the perpetual memory of a great company of Christian people, chiefly women and children, who near this spot were cruelly murdered by the followers of the rebel Nana Dhundu Panth of Bithur, and cast, he dying with the dead, into the well below, on the XVth day of July MDCCCLVII. »

du héros de Lucknow (the Bayard of the East), sir
James Outram, à Calcutta. Les poètes, et ils n'appar-
tenaient pas seulement au monde de la littérature,
n'ont pas manqué eux aussi de célébrer les grandes
qualités littéraires de Yule. Je crois intéressant de
donner ici les strophes dans lesquelles E. Colborne
Baber, le célèbre voyageur dans le sud-ouest de la
Chine, marquait à Yule le plaisir que lui avait causé
le récit des aventures de Marco Polo à la cour du
Grand Khan [1] :

> Until you raised dead monarchs from the mould
>   And built again the domes of Xanadu,
>   I lay in evil case, and never knew
> The glamour of that ancien story told
> By good Ser Marco in his prison-hold.
>   But now I sit upon a throne and view
>   The Orient at my feet, and take of you
> And Marco tribute from the realms of old.
>
> If I am joyous, deem me not o'erbold ;
>   If I am grateful, deem me not untrue ;
> For you have given me beauties to behold,
>   Delight to win, and fancies to pursue,
> Fairer than all the jewelry and gold
>   Of Kublaï on his throne in Cambalu.

E. C. B.

20 July 1884.

Le premier grand ouvrage de Yule eut la Birmanie
pour objet. L'Angleterre, d'une part, les princes de la
dynastie du conquérant birman Alaunghprâ d'une
autre, devaient, par suite de leurs développements
respectifs, se rencontrer sur le territoire commun de
l'Assam. Une première guerre, terminée par le traité
de Yandabo (24 février 1826), donnait à l'Angleterre,

---

1. *The Athenaeum*, n° 3250, Feb. 8, 1890.

non seulement l'Assam, mais encore l'Arakan et la
côte de Tenassérim ; une seconde guerre acheva
d'isoler la Birmanie du reste du monde, car le 20 décembre 1852, le Gouverneur général des Indes orientales, lord Dalhousie, annexa à l'Angleterre par
décret l'ancien royaume de Pégou, c'est-à-dire l'estuaire de l'Irraouadi. Cette annexion ne fut pas
ratifiée par un traité, mais Mengdun Meng (1853-
1879), le frère de Pugân Meng (1846-1853), le roi
birman vaincu, étant lui-même monté sur le trône à
la fin de 1853, envoya, au commencement de 1855,
une mission chargée de porter ses compliments à lord
Dalhousie. Ce dernier répondit à ces avances par
une autre mission, à la tête de laquelle fut placé
le gouverneur en titre du Pégou, le major Arthur
Phayre, auquel on donna comme secrétaire le capitaine Yule, accompagné d'un certain nombre de
fonctionnaires parmi lesquels se trouvait M. Oldham,
directeur de la carte zoologique des Indes, et d'une
escorte. Le but de cette mission, obtenir un traité
reconnaissant à l'Angleterre la possession du royaume
de Pégou et des privilèges commerciaux, ne fut pas
atteint ; en revanche, Yule, qui a été l'historiographe
du voyage, a rapporté du pays qu'il a visité une quantité de renseignements, non seulement diplomatiques
et historiques, mais encore archéologiques et géographiques. Yule était d'ailleurs bien préparé à remplir sa tâche ; car, en sa qualité d'officier du génie, il
avait été employé auparavant par lord Dalhousie à
examiner la frontière entre l'Arakan et la Birmanie proprement dite. Dans le superbe volume[1] que

1. A Narrative of the Mission sent by the Governor-general of
India to the Court of Ava in 1855, with notices of the country,

Yule nous a laissé, et dont la préface est datée
de la forteresse de Allahabad (3 octobre 1857), qui
renferme un grand nombre de dessins de l'auteur, on
trouve des chapitres, tels que les relations de la Birmanie avec les pays d'Occident jusqu'à la paix de
Yandabo ; une histoire de la Birmanie, depuis ce
traité jusqu'à la révolution de 1853 ; une longue
dissertation sur les pays Shan ; des notes géologiques
sur les rives de l'Irraouadi et le pays au nord
d'Amarapoura, de M. Oldham ; un spécimen du
théâtre birman, par le major Phayre ; la mission du
Hollandais Geraerd van Wusthof [1] dans le Laos au
XVIIe siècle ; une comparaison entre les architectures
indienne et birmane, par James Fergusson, et enfin
une dissertation philologique sur les langues de la
Birmanie et des pays voisins. C'est au cours de cette
visite que Yule a rencontré et décrit la fille de
l'homme velu, qui avait été dépeint par Crawfurd [2],

government, and people. By Captain Henry Yule, Bengal Engineers, F. R. G. S., late secretary to the envoy (Major Phayre)
and under-secretary (D. P. W.) to the government of India. With
Numerous Illustrations. London, Smith, Elder and Co., 65,
Cornhill, 1858, in-4.

1. On a conservé la relation du voyage de Geraerd van Wusthof, l'un des agents de la Compagnie des Indes néerlandaises,
dans le Laos et au Cambodge en 1641. Elle est comprise dans une
plaquette introuvable dont je possède un exemplaire, intitulée :
*Vremde Geschiedenissen in de konickrijcken van Cambodia en
Louwenlant* ; *in Ost-Indien, zedert den Iare 1635, tot den Iare 1644* ;
aldaer voor-gevallen... Haerlem, Pieter Casteleyn, 1669, in-4.
Francis Garnier a donné une partie de cette relation dans le
Bulletin de la Société de géographie de Paris, 1871, pp. 249-289.

2. Journal of an Embassy from the Governor-general of India
to the Court of Ava. By John Crawfurd, esq., F. R. S. F. L. S.
F. G. S., etc., late envoy. With an appendix, containing a description of fossil remains, by Professor Buckland and Mr. Clift.
Second edition. London : published for Henry Colburn, 1834,
2 vol. in-8.

lors de son voyage à la cour d'Ava, et dont nous avons, récemment encore, vu les descendants en Europe.

En qualité d'ingénieur, Yule avait été attaché (1855) comme sous-secrétaire au Département des Travaux publics du gouvernement des Indes; il avait fortifié, en 1857, les villes d'Allahabad, de Bénarès et de Mirzapore. Puis il devint, cette année même (1857), secrétaire par intérim, puis enfin secrétaire de ce même département. Il occupa ce poste jusqu'en 1862. Lord Dalhousie, qui avait donné sa démission en mars 1856[1], fut remplacé, comme Gouverneur général, par le comte Canning ; l'administration de lord Canning fut marquée par les événements les plus importants : c'est l'époque de la grande rébellion des cipayes (mai 1857), de Nána Sahib, du massacre de Cawnpore, de la fin de la Compagnie des Indes orientales, passant sous l'administration de la Couronne (1858), le Gouverneur général devenant Vice-roi. Il n'est pas étonnant que cette période, si fertile en douleur et en gloire, ait épuisé les hommes qui l'ont traversée. Lord Canning, qui quitta les Indes en mars 1862, mourut peu de jours après être rentré en Angleterre[1]. Ce fut également l'époque où Yule prit sa retraite, que lui imposaient autant le désir de se livrer à ses études favorites que le mauvais état de sa santé et de celle de sa femme. Il était lieutenant-colonel lorsque, comme Canning, au mois de mars 1862, il rentra en Europe avec le rang de colonel honoraire.

Il s'établit à Palerme, et c'est là qu'il commença

____

1. Il mourut prématurément d'épuisement en 1860.

ces grands travaux de géographie historique qui l'ont rendu illustre entre tous.

Il est agréable, à nous autres Français, de constater que ce sont les relations de voyages, publiées depuis 1824 par la Société de géographie de Paris, qui provoquèrent les premiers travaux de Yule : son premier ouvrage de géographie historique (1863) a en effet pour base la relation du frère JOURDAIN DE SÉVERAC[1], dont il traduisit le texte latin, édité par le baron COQUEBERT DE MONTBRET, en 1839[2], et qu'il enrichit de notes. On se rappelle ce grand mouvement religieux qui eut pour point de départ le concile de Lyon et la mission du frère Jean DU PLAN DE CARPIN (1245-1247), et dont l'apogée fut la fondation d'un évêché à Khan-Baliq (Peking), créé en faveur de JEAN DE MONTE-CORVINO, mort en 1333, grand mouvement qui paraît avoir disparu en même temps que la dynastie mongole des Youen en Chine (1368), pour renaître plus florissant que jamais avec les Jésuites successeurs de saint FRANÇOIS-XAVIER, à la fin du

1. *Mirabilia descripta.* — The Wonders of the East, by Friar Jordanus, of the order of Preachers and Bishop of Columbum in India the Greater (circa 1330). Translated from the latin original, as published at Paris in 1839, in the *Recueil de Voyages et de Mémoires*, of the Society of Geography, with the addition of a Commentary, by Colonel Henry Yule, C. B., F. R. G. S., late of the Royal Engineers (Bengal). London : Printed for the Hakluyt Society. M.DCCC.LXIII, in-8, pp. IV-XVII-68.

2. *Description des merveilles d'une partie de l'Asie*, par le P. Jordan ou Jourdain Catalani, natif de Séverac, de l'Ordre des Frères prêcheurs ou Dominicains, évêque à Columbum, dans la presqu'île de l'Inde en deçà du Gange. Imprimée d'après un manuscrit du XIVe siècle. (*Recueil de la Société de géographie de Paris*, t. IV, 1839.) — Editée par le baron Coquebert de Montbret, d'après un ms. sur parchemin, à deux colonnes, format in-4, appartenant à M. le baron Walckenaer.

xvie et au commencement du xviie siècle. La relation de Jourdain de Séverac, ce dominicain qui a résidé à Tana de Salsette pendant deux ans et demi, à l'époque des quatre martyrs dont parle également ODORIC DE PORDENONE, n'avait jamais été publiée ni traduite en anglais ; elle n'avait jamais été l'objet que d'une remarque de la part de sir James Emerson Tennent, dans son livre sur Ceylan [1]. L'ouvrage de Yule est le trentième des ouvrages (publié pour 1862) donnés par la Hakluyt Society, dont la magnifique série s'ouvre en 1847 [2] par *The Observations of Sir Richard Hawkins, knt., in his Voyage into the South Sea in* 1593. La préface, datée de Gênes, 14 octobre 1863, dédiée au gouverneur de Bombay, Sir H. B. E. FRERE, K. C. B., contient ce passage caractéristique : « Till India becomes Christian there is no hope of real life and renovation. » Malgré des notes intéressantes, cette édition de Jourdain de Séverac ne fait pas oublier celle de Coquebert de Montbret, mais elle donne des espérances qui sont pleinement réalisées dans l'œuvre suivante.

Cathay and the Way thither [3], publié en 1866 par la Hakluyt Society, fait époque dans la littérature

1. *Ceylon.* An Account of the Island, physical, historical, and topographical with Notices of its Natural History, Antiquities and Productions, by Sir James Emerson Tennent... Fourth ed. London, Longman, 1860, 2 vol. in-8.

2. Laws of the Hakluyt Society : I. the Object of this Society shall be to print, for distribution among its members, rare and valuable Voyages, Travels, Naval Expeditions, and other geographical records, from an early period to the beginning of the eighteenth century.

3. Cathay and the way thither, being a collection of mediaeval Notices of China, translated and edited by Colonel Henry Yule, C. B., late of the Royal Engineers (Bengal). With a preliminary essay on the intercourse between China and the western nations

scientifique du moyen âge. Cet ouvrage comprend
non seulement un essai sur les relations de la Chine
et les nations d'Occident avant la découverte du Cap
de Bonne-Espérance avec des extraits des auteurs
anciens et modernes, Ptolémée, Pomponius Méla,
Pline, Pausanias, Ammien Marcellin, Cosmas Indi-
copleustes, etc., mais aussi les voyages d'Odoric de
Pordenone, les lettres et les rapports des missionnaires du Cathay et de l'Inde (1292-1338), des extraits du persan Rachideddin, de l'itinéraire de
Pegolotti, les voyages du franciscain Jean de MARI-
GNOLLI (1338-1353), d'Ibn Batoutah au Bengale et
en Chine, et enfin cette caravane si curieuse, sur laquelle nous avons si peu de renseignements, du jésuite
portugais Benoit DE GOËS, d'Agra, à Sou-tcheou du
Kan-sou où il mourut (1602-1607). Tout n'est pas
égal comme valeur dans les deux volumes du *Cathay* :
le *Livre du grand Caan*, par Jean de Cora, archevêque
de Sulthanyeh, avait été publié ici même par Jacquet[1] ; Jean dei Marignolli di San Lorenzo, cordelier
florentin, a été l'objet d'une publication importante,
par J. G. MEINERT[2]; MOSHEIM[3], ou plutôt H. C. PAUL-

previous to the discovery of the Cape route. London : printed
for the Hakluyt Society. M.DCCC.LXVI. In two vol., in-8.

1. *Le livre du Grant Caan*, extrait d'un manuscrit de la Bibliothèque du Roi, par M. Jacquet. (*Nouveau Journal asiatique*, VI,
1830, pp. 57-72.)

2. Johannes von Marignola minderen Bruders und Päbstlichen
Legaten *Reise in das Morgenland von J.* 1339-1353. Aus dem
Latein übersetzt, geordnet und erläutert von J. G. Meinert...
Für die Abhandlungen der K. böhm. Gesellschaft der Wissen-
schaften. Prag, 1820, in-8, pp. 108.

3. Io. Lavrentii Moshemii Historia Tartarorvm Ecclesiastica.
Aiecta est Tartariae Asiaticae secvndvm recentiores Geographos
in Mappa Delineatio. Helmstadi, apvd Fridericvm Christianvm
Weygand. M.DCC.XXXXI, in-4.

sen, nous a donné d'après Wadding[1], etc., les lettres de
Jean de Monte-Corvino, archevêque de Khan-Bâliq,
d'André de Pérouse, évêque de Zeïtoun, de Pascal
de Victoria, etc. Benoit de Goës a été l'objet de nouvelles recherches [2]. Mais ce qui reste très personnel
dans cette œuvre, c'est l'introduction, complétée
d'ailleurs [3], par Yule lui-même, par des travaux sub-
séquents et la relation du voyage d'Odoric de Pordenone. Ce devait être un fort brave homme que ce
frère Odoric, un de ces bons moines comme on en
rencontrait sur les grandes routes au moyen âge ;
on leur indiquait leur chemin, on leur donnait la
bénédiction du pape, quelques provisions, et ils se
mettaient en route. Ils n'avaient pas la science, mais
ils avaient la foi. Et on se les passait de couvent en
couvent, même en Asie ; lorsque quelques dangers les
menaçaient, une bonne prière, ou même un bon mi-
racle les tirait d'embarras. Arrivés à destination,
beaucoup de zèle, beaucoup de conversions, beaucoup de modestie, puis parfois, comme dans le cas
présent, une relation intéressante, pleine de faits
curieux, méritant, de la part des commentateurs,
l'attention la plus sérieuse. Odoric, qui vient immédiatement après Marco Polo dans la liste des voyageurs importants du moyen âge, qui est appelé par
nos vieux historiens Odoric de *Portenau*, par le

1. *Annales Minorum*, 1734-1747, 22 vol. in-fol.

2. Benoit de Goës, missionnaire voyageur dans l'Asie centrale,
1603-1607. Par le R. P. J. Brucker, de la Compagnie de Jésus.
(Extrait des *Etudes religieuses*. Lyon, Pitrat, 1879, br. in-8.)

3. Notes on the Oldest Records of the Sea-Route to China
from Western Asia. By Colonel Yule, C. B., R. E. From *Proceedings
of the Royal Geographical Society and Monthly Record of Geography*,
november No., 1882, br. in-8.

traducteur Jean de Vignay Odoric du *Marché Julien*
(de Foro Julii !), avait déjà été l'objet de plusieurs
publications, dont l'une, excellente, faite par Giuseppe
Venni, à Venise, en 1761 [1] ; mais Yule a fait revivre
complètement cette vieille figure effacée de moine
voyageur, béatifié par la Cour de Rome, et comme il
me le disait un jour : « Il est en quelque sorte le par-
rain » de ce disciple de saint François. Les recherches,
faites depuis 1866 par les historiens et par les géographes, par Yule lui-même, rendaient nécessaire
cependant une nouvelle édition d'Odoric ; je ne l'ai
entreprise [2] qu'à la suite d'encouragements venus
d'Italie et de Yule lui-même, qui, si j'ose m'exprimer
ainsi, infidèle à ses premières amours, abandonnait
Odoric pour Marco Polo ; je ne saurais le blâmer du
choix. Il portait d'ailleurs le plus vif intérêt à mon
travail ; la maladie seule l'a empêché de me donner
tous les conseils qu'il m'avait promis. Dans une de ses
dernières lettres, il m'écrivait encore (27 octobre 1889) : « I long for the announcement of Odorico ! » J'espérais qu'il aurait été le critique sévère,
mais juste, d'un livre qui sera dédié à sa mémoire.

Malgré leur importance considérable, ces ouvrages
n'étaient qu'une préparation à une édition nouvelle
de Marco Polo. Marco Polo a eu cette singulière destinée, après avoir été discuté pendant des siècles, de

---

1. *Elogio storico alle gesta del Beato Odorico dell'ordine de'-
Minori Conventuali con la Storia da lui dettata de' suoi Viaggj
Asiatici illustrata da un religioso dell'ordine stesso e presentata
agli'amatori delle antichità.* In Venezia, M.DCC.LXI. Presso
Antonio Zatta. Con Licenza de'Superiori, in-4, p. VIII-152.

2. Vol. X (sous presse) du *Recueil de Voyages et de Documents
pour servir à l'histoire de la Géographie, depuis le XIIIe jusqu'à
la fin du XVIe siècle*, publié sous la direction de MM. Ch. Schefer,
de l'Institut, et Henri Cordier. Paris, Ernest Leroux.

mériter d'être placé à côté d'Hérodote et de devenir classique. Chose curieuse, le récit de ce voyageur, dicté tout d'abord en français, a été imprimé pour la première fois en allemand, à Nuremberg, en 1477 [1] ; après avoir été imprimé en latin, dans le dialecte vénitien, en portugais, en espagnol [2], il ne nous a été donné en français, pour la première fois, qu'en 1556, d'après la version latine du *Novus Orbis* [3]. Notre première édition française originale ne date que de 1824, et a été publiée par la Société de Géographie de Paris [4]. C'est dans notre siècle que Marco Polo a enfin trouvé des commentateurs dignes de lui ; l'Italie a donné Placido ZURLA [5], le comte Jean-Bap-

1. Hie hebt sich an das puch dés edelñ Ritters vñ landtfarers ‖ Marcho Polo. In dem er schreibt die grossen wunderlichen ‖ ding dieser welt. Sunderlichen von den grossen kūnigen vnd ‖ Keysern die da herschen in den selbigen landen | vnd von irem ‖ volck vnd seiner gewohnheit da selbs. *Verso* feuillet 58 : ¶ Hie endet sich das puch des edelñ Ritters und lañdtfarersz ‖ Marcho polo | das do sagt vō mangerley wunder der landt ‖ vñ lewt | vñ wie er die selbigen gesehen vñ durch faren hat ‖ von dē auffgang pisz zu dem nydergang der sūnē Seliglich. ¶ Disz hat gedruckt Fricz Creüszner zu Nurñberg Nach Cristi ‖ gepurdt Tausend vierhundert vñ im siben vñ sibenczigtē iar.

2. *Bibliotheca Sinica*, col. 909 et suiv.

3. *La description geographiqve des Provinces et villes plus fameuses de l'Inde orientale, mœurs, loix, et coustumes des habitans d'icelles, mesmement de ce qui est soubz la domination du grand Cham Empereur des Tartares.* Par Marc Paule gentilhomme Venetien, Et nouuellement reduict en vulgaire François. A Paris, Pour Vincent Sertenas tenant sa boutique au Palais en la gallerie par ou on va à la Châcellerie. Et en la rue neuue Nostre dame à l'image sainct Iehan l'Euangeliste. 1556. Avec Privilege dv Roy, in-4 de 123 doubles pages.

4. *Recueil de la Société de géographie de Paris*, vol. I, 1824.

5. *Di Marco Polo e degli altri Viaggiatori Veneziani più illustri.* Dissertazioni del P. Ab. D. Placido Zurla con Appendice sopra le antiche mappe lavorate in Venezia e con quattro carte geographiche. Vol. I. In Venezia, Presso Gio. Giacomo Fuchs co'Tipi

tiste BALDELLI-BONI [1], qui, le premier, a démontré
que le texte italien était une traduction de la version
française ; Vincent Lazari [2], qui publia, aux frais de
Ludovic PASINI, la première traduction italienne de
la version française de RUSTICIEN DE PISE, avec des
notes qui ont contribué à faire un volume intéressant,
mais rédigé avec trop de précipitation. L'Angleterre
a fourni l'édition extrêmement remarquable de William MARSDEN [3] et les publications moins importantes
de Thomas WRIGHT [4], d'après Marsden, et de Hugh
MURRAY [5], d'après la Société de Géographie de Paris

Picottiani. M.DCCC.XVIII, in-4, pp. VIII-391. *Di Marco Polo...*
Vol. II. In Venezia co'Tipi Picottiani. M.DCCC.XVIII, in-4,
pp. 408.

1. *Il Milione di Marco Polo testo di lingua del secolo decimo-
terzo ora per la prima volta pubblicato ed illustrato dal conte Gio.
Batt. Baldelli Boni.* Firenze, Da'Torchi di Giuseppe Pagani.
M.DCCC.XXVII. Con Approv. e Privilegio, 2 vol. in-4. *Storia
delle Relazioni vicendevoli dell'Europa e dell' Asia dalla Decadenza
di Roma fino alla Distruzione del Califfato del Conte Gio. Batt.
Baldelli Boni.* Firenze, Da'Torchi di Giuseppe Pagani,
M.DCCC.XXVII. Con Approv. e Privilegio, 2 parties in-4.

2. I Viaggi di Marco Polo Veneziano tradotti per la prima volta
dall' originale francese di Rusticiano di Pisa e corredati d'illustrazioni e di documenti da Vicenzo Lazari pubblicati per cura di
Lodovico Pasini Membro Eff. e Segretario dell' I. R. Istituto
Veneto. Venezia. M.DCCC.XLVII, in-8, pp. LXIV-484 ; 1 carte.

3. The Travels of Marco Polo, a Venetian, in the Thirteenth
Century : being a Description, by that early traveller, of remarkable
places and things, in the eastern parts of the world. Translated
from the Italian, with Notes, by William Marsden, F. R. S., etc.
With a Map. London : M.DCCC.XVIII, gr. in-4°, p. LXXX-782.

4. The Travels of Marco Polo, the Venetian. The Translation
of Marsden revised, with a Selection of his Notes. Edited by
Thomas Wright, Esq. M. A., etc. London : Henry G. Bohn, 1854,
pet. in-8, pp. XXVIII-508.

5. The Travels of Marco-Polo, greatly amended and enlarged
from valuable early manuscripts recently published by the
French Society of Geography, and in Italy by Count Baldelli

et Baldelli-Boni. La France peut s'enorgueillir
d'avoir donné en 1824, par l'intermédiaire de la
Société de Géographie de Paris, le texte le plus
authentique, le meilleur — je parle pour les géographes et non pour les philologues — du récit de Marco
Polo ; la France a produit également le livre si remarquable de Guillaume Pauthier, « rédigé, dit ce
savant, en français sous sa dictée (de Marco Polo),
en 1298, par Rusticien de Pise, publié pour la première fois d'après trois manuscrits inédits de la
Bibliothèque impériale de Paris, présentant la rédaction primitive du Livre, revue par Marc Pol lui-même
et donnée par lui, en 1307, à Thiébault de Cépoy »,
envoyé à Venise de Charles de Valois, frère de Philippe le Bel. L'œuvre de Pauthier [1] a pâli un peu depuis la publication de Yule, mais il serait injuste d'en
méconnaître le grand mérite. Pauthier, dont la nature
généreuse se dépensa en partie au milieu de luttes
stériles, dans lesquelles la jalousie, moins de son côté
que de celui de ses adversaires, joua le principal rôle,
est mort sans que pleine justice lui soit rendue ; la

Boni. With copious Notes, illustrating the routes and observations
of the author and comparing them with those of more recent
Travellers. By Hugh Murray, F. R. S. E. Two Maps and a Vignette. New-York, Harper, 1845, in-12, pp. vi-326.

1. « Le livre de Marco Polo citoyen de Venise Conseiller privé
et Commissaire impérial de Khoubilaï-Khâan » : rédigé en français
sous sa dictée en 1298 par Rusticien de Pise ; publié pour la première fois d'après trois manuscrits inédits de la Bibliothèque
impériale de Paris, présentant la rédaction primitive du Livre,
revue par Marc Pol lui-même et donnée par lui, en 1307, à
Thiébault de Cépoy, accompagnée des variantes, de l'explication
des mots hors d'usage et de Commentaires géographiques et historiques, tirés des écrivains orientaux, principalement chinois,
avec une Carte générale de l'Asie ; par M. G. Pauthier. Paris,
librairie de Firmin Didot... 1865, 2 parties, gr. in-8.

malechance l'a poursuivi ; au moment même où son
œuvre capitale, le Marco Polo, venait d'être terminée, un autre travail, sans faire oublier les efforts
antérieurs, venait prendre, avec Yule, la première
place ; au moment même où l'Ecole des langues
orientales venait de lui ouvrir ses portes, et qu'un
avenir rapproché lui permettait d'espérer une double
succession au Collège de France et à l'Académie des
Inscriptions et Belles-Lettres, la mort enleva soudain
Pauthier dont l'âge n'avait pas refroidi l'ardeur, et
qui se préparait à livrer de nouvelles batailles dans
l'intérêt de la science. J'estime qu'il est du devoir
de son héritier scientifique de rappeler souvent la
noble figure d'un homme qui honore l'érudition
française [1].

Marco Polo, dont la réputation est allée grandissant de siècle en siècle, qui a plus fait pour la connaissance de la géographie asiatique à l'époque du moyen
âge que tous les autres voyageurs réunis, aurait suffi
à attirer l'attention d'un spécialiste tel que Yule,
depuis longtemps préparé à sa tâche ; le désir de
rivaliser avec les œuvres si importantes que je viens
d'énumérer et d'élucider un grand nombre de problèmes restés obscurs devait tenter une grande ambi-
tion scientifique : le nouveau Marco Polo parut à
Londres en 1871. L'*Edinburgh Review*, la *British
Quarterly Review, Ocean Highways*, en un mot, toutes les publications périodiques célébrèrent à l'envi
ce grand travail. Tel en fut le succès que, quatre an-

---

1. Cf. Ecole des langues orientales vivantes. — Cours complé-
mentaire de géographie, d'histoire et de législation des états de
l'Extrême-Orient. — Discours d'ouverture, prononcé le mercredi
30 novembre 1881, par Henri Cordier. Paris, Ernest Leroux, 1881,
br. gr. in-8.

nées [1] plus tard, une nouvelle édition était devenue nécessaire. Yule s'était entouré des conseils de tous les savants qui lui avaient écrit à la suite de la publication de la première édition ; j'ai le plaisir de noter parmi eux notre illustre d'Avezac. Mais ce fut surtout l'Extrême-Orient, avec le Révérend G. E. Moule [2], de Hang-tcheou, Mr. Geo. Phillips, de Fou-tcheou, le D^r. S. W. Bushell, de Peking, W. F. Mayers, ce savant interprète, mort trop jeune, et le modeste Alexandre Wylie, qui lui permit de renouveler une œuvre déjà remarquable : « The contributions of Mr. A. Wylie of Shanghai, dit Yule dans la préface de la seconde édition de Marco Polo, whether as regards the amount of labour which they must have cost him, or the value of the result, demand above all others a grateful record here. »

Outre le texte de Marco Polo, nous trouvons dans les deux volumes de cet ouvrage considérable des notices étendues sur la famille Polo, les luttes entre Venise et Gênes, une dissertation sur les galères de guerre de la Méditerranée au moyen âge, des renseignements sur la maison de la famille Polo à Venise, que je prendrai la liberté de rapprocher de ceux que

1. The Book of Ser Marco Polo, the Venetian, concerning the Kingdoms and Marvels of the East. Newly translated and edited, with notes, maps, and other illustrations. By Colonel Henry Yule, C. B., late of the Royal Engineers (Bengal). Hon. Fellow of the Geographical Society of Italy, Corresponding Member of the Geographical Society of Paris, Honorary Member of the Geographical Society of Berlin, and of the N. China Branch of the R. Asiatic Society, etc. Second edition, London : John Murray, 1875, 2 vol. in-8.

2. Notes on Colonel Yule's Edition of Marco Polo's « Quinsay ». By the Rev. G. E. Moule. (*Journal North China Branch Royal Asiatic Society*, IX, 1875, pp. 1-24.)

j'ai donnés moi-même [1] ; le seul point faible de l'ouvrage est la bibliographie du second volume (page 522). Je m'étais permis d'écrire [2] à ce sujet : « Bibliographie peu digne d'un ouvrage si remarquable à tant d'égards. » Yule m'a répondu : « I see you give a just rebuke to the entire inadequacy of the bibliography (a name indeed not merited) in Marco Polo. I can only plead that it would have taken so long to achieve anything of the kind at Palermo that I did not entertain the idea. »

On aurait été tenté de croire que cette œuvre monumentale, au moins en ce qui concerne la Chine, aurait pour longtemps vidé la question ; elle a été, au contraire, le point de départ de recherches nouvelles : le Très Révérend George Evans Moule de la Church of England Missionary Society, à Hang-tcheou, Mr. George Phillips [3], du service consulaire anglais, à Fou-tcheou, l'archimandrite Palladius [4], mort à Marseille en 1878, pour le nord de la Chine, le Dr. Emil Bretschneider [5], le savant

1. *Revue de l'Extrême-Orient*, I, N°. 1, p. 156-157.
2. *Bibliotheca Sinica*, col. 931.
3. Marco Polo and Ibn Batuta in Fookien by Geo. Phillips. *(Chinese Recorder*, III, 1870-1871, pp. 12, 44, 71, 87, 125.) — Notices of Southern Mangi. By George Phillips. H. M. Consular Service, China : with Remarks by Colonel Henry Yule, C. B. (From the *Journal of the Royal Geographical Society*.) — Zaitun Researches. By Geo. Phillips. *(Chin. Rec.*, V, pp. 327-339 ; VI, p. 31-42 ; VII, pp. 330-338, 404-418 ; VIII, pp. 117-124.)— Changchow, the capital of Fuhkien in Mongol times. By Geo. Phillips, F. R. G. S., H. B. M. Consul, Fuchau. *(Journal China Branch Royal Asiatic Society*, XXIII, 1888, n° I, p. 23-30.)
4. Elucidations of Marco Polo's Travels in North-China, drawn from Chinese souces. By the Rev. Archimandrite Palladius. *(Journal North China Branch Royal Asiatical Society*, X, 1876, pp. 1-54.)
5. Notices of the Mediaeval geography and history of Central

médecin de la légation de Russie à Pe king, ont donné des mémoires très importants, aussi bien sur la géographie que sur l'histoire de l'Asie. Le colonel Yule, qui recevait de toutes parts de nouveaux renseignements, me disait, l'année dernière à Pâques : « J'aurais voulu faire une troisième édition du Marco Polo. » Il n'en eut pas le temps ; d'autres travaux avaient d'ailleurs occupé les dernières années de sa vie.

Le plus important de ces travaux est dû à la collaboration de Yule avec Arthur Coke BURNELL. Burnell, par des travaux comme le *Handbook of South Indian Palæography* [1], *The Ordinances of Manu*, œuvre posthume [2], a conquis une des premières places parmi les indianistes de notre époque : il avait justement les connaissances philologiques qui faisaient défaut à Yule, archéologue et géographe. Une idée

and Western Asia, drawn from Chinese and Mongol writings and compared with the observations of western authors in the middle ages, by E. Bretschneider, M. D. *(Journal North China Branch Royal Asiatic Society*, X, 1876.) — On the knowledge possessed by the ancient Chinese of the Arabs and Arabian Colonies, and other Western Countries, mentioned in Chinese Books. London, Trübner, 1871, br. in-8º. — Notes on Chinese Mediaeval Travellers to the West. Shanghaï, 1875, in-8. — Archaeological and historical researches on Peking and its environs. Shanghaï, 1876, in-8. — Trad. en français par V. Collin de Plancy, dans la collect. de l'Ecole des langues orientales. Paris, 1879, in-8. — Mediaeval Researches From Eastern Asiatic Sources. Fragments towards the knowledge of the Geography and history of central and western Asia from the 13th to the 17th century. By E. Bretschneider, M. D... London : Trübner and Co, 1888, 2 vol. in-8.

1. 1874 ; 2d. ed. 1878.

2. The Ordinances of Manu. Translated from the Sanskrit, with an Introduction. By the late A. C. Burnell, Ph. D., C. I. E. Completed and Edited by E. W. Hopkins, Ph. D., of Columbia College, N. Y. London, Trübner, 1884, in-8, pp. XLVIII. — Noter également la nouvelle édition de Linschoten achevée par P. A. Tiele, d'Utrecht, et publiée en 1885 par la Hakluyt Society.

commune aux deux savants, celle de faire un dictionnaire des mots anglo-indiens, usités non seulement
dans la presqu'île hindoustane, mais encore dans
l'Extrême-Orient, amena vers 1872 une association
qui se termina brusquement en 1882 d'une façon prématurée, par la mort de Burnell [1]. Yule n'en continua pas moins le travail, qui parut en 1886 chez
Murray, sous le titre singulier de *Hobson-Jobson* [2]
que le collaborateur survivant explique de la sorte [3] :
« The alternative title *(Hobson-Jobson)* which has
been given to this book (not without the expressed
assent of my collaborator), doubtless requires expla-
nation. A valued friend of the present writer many
years ago published a book, of great acumen and
considerable originality, which he called *Three Essays*,
with no Author's name ; and the resulting amount
of circulation was such as might have been expected.
It was remarked at the time by another friend that
if the volume had been entitled *A Book, by a Chap*, it
would have found a much larger body of readers. It
seemed to me that *A Glossary* or *A Vocabulary* would
be equally unattractive, and that it ought to have
an alternative title at least a little more characte-
ristic. If the reader will turn to *Hobson-Jobson* in the

1. Il était né à Saint-Briavels, Gloucestershire, en 1840 ; mort
le 12 octobre 1882 à West Stratton, Hampshire.

2. Hobson-Jobson : Being a glossary of Anglo-Indian colloquial
words and phrases, and of kindred terms ; etymological, historical, geographical, and discursive. By Col. Henry Yule, R. E.,
C. B., LLD., editor of « The Book of Ser Marco Polo », etc. and the
late Arthur Coke Burnell-Ph. D., C.I.E., author of « The Elements
of South Indian Palaeography », etc. London : John Murray, Albe-
marle street. 1886. (All rights reserved), in-8, pp. XLIII-870.
Preface, etc.

3. *Hobson-Jobson*, préface, p. IX.

Glossary itself, he will find that phrase, though now rare and moribund, to be a typical and delightful example of that class of Anglo-Indian *argot* which consists of Oriental words highly assimilated, perhaps by vulgar lips, to the English vernacular ; whilst it is the more fitted to our book, conveying, as it may, a veiled intimation of dual authorship. At any rate, there it is ; and at this period my feeling has come to be that such *is* the book's name, nor could it well have been anything else. »

Le titre était mauvais, mais l'ouvrage excellent. Ce glossaire, qui forme un énorme in-8 de 870 pages à deux colonnes, donne non seulement l'explication des termes que l'on peut rencontrer dans les ouvrages relatifs à l'Asie orientale, mais aussi, quand il s'agit de mots géographiques, un résumé chronologique, et une bibliographie des pays et des lieux dont il est question. C'est, en un mot, une vaste encyclopédie de tout ce qui se rapporte aux Indes, à l'Indo-Chine, à l'empire chinois et au Japon.

D'ailleurs ces travaux allaient utilement servir à Yule dans sa dernière grande publication, celle du journal de William HEDGES [1]. Le journal de cet ancien agent de la Compagnie des Indes orientales au Bengale, qui s'étend du 25 novembre 1681 au 6 mars 1688, devait, avec une transcription de R. Barlow et des notes de Yule, former un volume de la collection

---

1. The Diary of William Hedges, Esq. (afterwards Sir William Hedges), during his Agency in Bengal ; as well as on his voyage out and return overland (1681-1687). Transcribed for the press, with introductory notes, etc., by R. Barlow, Esq., and illustrated by copious extracts from unpublished records, etc., by Colonel Henry Yule, R. E., C. B., LL.D., President of the Hakluyt Society. London, 1887-1889, 3 vol. in-8.

de la Hakluyt Society. Mais une surabondance de matériaux, causée par les recherches faites par Yule avec l'opiniâtreté, le zèle et la minutie qu'il apportait dans tout ce qu'il entreprenait, transforma un simple volume en trois forts in-8. Le premier comprend le journal avec un index ; le second, des notes relatives à Sir William Hedges, des documents de Job Charnock et des renseignements sur l'Inde contemporaine ; le troisième, des matériaux pour servir à la biographie de Thomas Pitt, gouverneur du fort Saint-George, à l'histoire des débuts de la Compagnie des Indes orientales au Bengale, aux cartes et à la topographie du fleuve Húgli. Ce dernier volume est particulièrement intéressant. Ce Thomas Pitt, né en 1663, mort en 1726, gouverneur de Madras de 1698 à 1709, qui joua un rôle si important aux Indes [1], est en effet le grand-père de cet illustre lord Chatham, mort en 1778, et l'arrière-grand-père de William Pitt, mort en 1806, le rival de Fox et le grand ennemi de notre pays.

Yule n'eut plus le loisir de commencer de nouveaux travaux ; il avait donné à différentes époques des articles dans les périodiques de la Grande-Bretagne, par exemple, plusieurs mémoires au *Journal de la Société royale asiatique de Londres* [2], un compte-rendu critique de l'édition de Marco Polo par Pauthier

1. The History of the Pitt Diamond, being an excerpt from Documentary Contributions to a Biography of Thomas Pitt, prepared for issue [in Hedges' Diary] by the Hakluyt Society. London, 1888, in-8, pp. 23.
Cinquante ex. tirés.
2. Nous ne signalerons que le suivant, fort important : Notes on Hwen Thsang's Account of the Principalities of Tokharistan, in which some previous Geographical Identifications are reconsidered. (*Journ. Royal Asiatic Soc.*, N. S., VI, 1873, pp. 92-120 et p. 278.)

dans la *Quarterly Review* [1], un éreintement, malheureusement trop justifié, des ouvrages de M. Dabry de Thiersant [2] et de M. Louis de Backer [3] dans l'*Athenæum* [4], une notice sur Pàgan, en Birmanie, dans le nouveau *Trübner's Record* ; il avait mis de savantes introductions en tête des nouvelles éditions du Voyage du capitaine William Gill [5], mort si malheureusement avec Charrington et le professeur d'arabe E. H. Palmer, lors de la lutte contre Arabi-pacha, de l'exploration de John Wood [6] aux sources de l'Oxus, de la traduction anglaise par E. Delmar Morgan, des expéditions en Mongolie du capitaine N. Prjevalsky [7] ; dans cette dernière introduction, Yule prenait vigoureusement la défense de notre compatriote, le lazariste Évariste Huc [8], dont la

1. Juillet 1868.

2. *Le Catholicisme en Chine au VIIIe siècle de notre ère, avec une nouvelle traduction de l'inscription de Sy-ngan-fou*, par P. Dabry de Thiersant, consul général. Paris, Ernest Leroux, 1877, in-8.

3. Louis de Backer, *L'Extrême-Orient au Moyen âge*, d'après les manuscrits d'un Flamand de Belgique, moine de Saint-Bertin, à Saint-Omer, et d'un prince d'Arménie, moine de Prémontré, à Paris. Paris, E. Leroux, 1877, in-8.

4. Cf. notre article dans la *Revue critique*, n° 20, 19 mai 1877.

5. *The River of Golden Sand*. London, 1883.

6. A Personal Narrative of a Journey to the Source of the River Oxus. London, 1872.

7. Mongolia, the Tangut country, and the Solitudes of Northern Tibet being a Narrative of Three Years' Travel in Eastern High Asia. By Lieut. Colonel N. Prejevalsky, of the Russian Staff Corps : Mem. of the Imp. Russ. Geog. Soc. Translated by E. Delmar Morgan, F. R. G. S., With Introduction and Notes by Colonel Henry Yule, C. B., Late of the Royal Engineers (Bengal). With Maps and Illustrations. London : Sampson Low, 1876, 2 vol. in-8.

8. Evariste Régis Huc, de la Congrégation de la Mission, né à Caylus, 1er juin 1813 ; mort à Paris, mars 1860.

bonne foi était mise en doute par le voyageur russe.
Yule consacrait une notice émue au malheureux
Francis GARNIER [1], tué sous les murs d'Hanoï le
21 décembre 1873 ; il s'occupait à nouveau des
routes commerciales vers la Chine occidentale [2] dans
un article qu'il faut joindre aux notes ajoutées à un
mémoire [3] dû au missionnaire français THOMINE-
DESMAZURES [4]. La dernière édition de l'*Encyclopedia
Britannica* eut en Yule un collaborateur extrêmement zélé : nous ne rappellerons ici que les articles
Marco Polo, Odoric, Lhása, Mandeville. Ce dernier
article, écrit en collaboration avec Mr. E. B. NICHOL-
SON, bibliothécaire en chef de la Bodléienne, à Oxford, suffit à montrer, surtout si on le rapproche des
communications si bizarres et si arriérées, faites
récemment par M. Émile MONTÉGUT, dans la *Revue
des Deux-Mondes* [5], les immenses progrès des recherches relatives aux voyageurs en Asie, à l'époque du
moyen âge.

1. Francis Garnier. (In Memoriam.) [*Ocean Highways*, n⁰ 12,
vol. I, pp. 487-491.]
   2. Trade Routes to Western China. *(The Geographical Magazine*, april 1875). Cet article accompagne une carte de E. G. Ra-
venstein.
   3. Memorandum on the countries between Thibet, Yunân,
and Burmah. By the Very Rev. Thomine D'Mazure *(sic)*, Vicar
Apostolic of Thibet ; communicated by Lieut.-Col. A. P. Phayre,
Commissioner of Pegu (with notes and a comment by Lt.-Col.
Henry Yule (Bengal Engineers). With a Map of the N. E. Fron-
tier prepared in the Office of the Surveyor Gen. of India, Calcutta,
Aug. 1861. *(Journal Asiatic Society of Bengal*, n⁰ 4, 1861,
vol. XXX.)
   4. Jacques-Léon Thomine-Desmazures, de la Congrégation des
Missions étrangères, né à Caen le 17 février 1804 ; évêque de
Sinopolis, vicaire apostolique du Tibet ; mort à Mouen, près de
Caen (Calvados), 25 janvier 1869.
   6. *Revue des Deux Mondes,* 15 novembre et 1ᵉʳ décembre 1889 :
Sir John Maundeville.

Entouré de quelques vieux amis fidèles, du D^r. Reinhold Rost, de l'India Office, du général Collinson,
Yule, revenu à Londres, après avoir été momentané-
ment chercher le bon air, au mois de juin 1889, à
Westgate on Sea, dans l'île de Thanet, ne se faisait
plus d'illusions sur son état, et il m'écrivait (5 juin
1889) : « I have come to this place of pure air (in the
Isle of Thanet) to seek some strength. I hope for
some benefit, but I am not sanguine as to a great
deal. » Il employa les derniers mois de sa vie à réunir
quelques-uns de ses mémoires disséminés dans les
différentes revues ; il sentait que les forces l'aban-
donnaient : « The fact is that I am trying to turn to
some account the fragment of strength which can
be drawn upon in an hour or two daily, in preparing
for publication a selection of *Opuscula*, biographies,
geographical essays, and the like. » Il était obligé de
travailler chez lui, ne pouvant plus aller au British
Museum, n'assistant plus aux séances de la Royal
Asiatic Society, abandonnant même ce séjour pré-
féré des Anglais, le club de l'Athenæum : « I am
unable to go to the British Museum or other public
Library, and in fact anything like search kills me. »
Il voulait comprendre dans ce dernier volume un
mémoire sur le père Martini, qu'il avait jadis donné
dans le *Geographical Magazine*[1]. Le P. Martini[2],
originaire du Trentin, avait séduit Yule, comme auteur de l'*Atlas Sinensis* : « Martini, écrivait-il, who
has long been to me the most attractive figure in the

1. The Atlas Sinensis and other Sinensiana. (*Geographical
Magazine*, July 1, 1874, pp. 147-148.)
2. Martino Martini, de la Compagnie de Jésus, en chinois
Wei Kouang-kouo, né à Trente en 1614 ; arrivé en 1643 en Chine ;
mort à Hang-tcheou, 6 juin 1661.

Chinese section of the Society of Jesus. » Quelques
lettres échangées au sujet de ce missionnaire ont
terminé, à la fin d'octobre dernier, une correspondance que j'aurais voulu voir continuer longtemps
encore.

Yule, qui est désigné dans le monde savant par
son grade de colonel, n'avait jamais cherché les
honneurs ; naturellement les sociétés de géographie
étrangères l'avaient nommé membre correspondant :
l'Italie, Berlin, Chang-haï, Paris en 1873, en premier ; il fut en 1887 Président de la Société royale
asiatique de Londres, et ce fut devant lui que j'eus
l'honneur et le plaisir de lire une courte notice bio-
graphique de l'un de nos vieux amis communs, le
timide et savant Alexandre WYLIE [1]. Il fut nommé
également Président de cette Hakluyt Society, sur
laquelle ses propres ouvrages avaient jeté un si grand
lustre. Il avait reçu d'Edimbourg le titre universitaire et honorifique de Docteur (LL. D.) ; ses services
aux Indes lui avaient valu le titre de Compagnon du
Bain (C. B.) ; nommé en 1875, à Londres, membre du
Conseil des Indes, il attendit jusqu'à l'année dernière
le titre de Chevalier commandeur de l'Étoile de
l'Inde (K. C. S. I.), que lui méritaient ses travaux de
l'India Office et qui lui donnait droit à l'appellation
de *Sir* ; Yule, toujours simple, ressentit moins de joie
de cet honneur que des témoignages de profonde
sympathie dont il fut l'objet dans cette circonstance :
« You will conceive that such honours as this *Star*
can do little for a frail man approaching three score

1. The life and labours of Alexander Wylie, Agent of the Bri-
tish and Foreign Bible Society in China. A Memoir. By Henri
Cordier. *(From the* Journal of the Royal Asiatic Society of Great
Britain and Ireland, vol. XIX. Part 3, br. in-8.)

and ten, and who has lost these who would have taken greatest pleasure in such an honour. But I confess that the warmth of kindness and affection which have come to me from many quarters have brought me a real gratification. » Au mois de décembre [1], l'Académie des Inscriptions et Belles-Lettres nommait Yule correspondant étranger ; épuisé par ses travaux et par une maladie lente mais inguérissable qu'il avait contractée au service indien, Yule reçut à son lit de mort la nouvelle de son élection : ce fut sa dernière joie ; avec la sérénité d'un sage qui sait la mort proche et qui ne la redoute pas, il envoya à l'Académie cet admirable télégramme :

« Reddo gratias, illustrissimi domini, ob honores tantos, nimios et quanto immeritos ! Mihi robora deficiunt ; vita collabitur ; accipiatis voluntatem pro facto.

« Cum corde pleno et gratissimo moriturus vos, illustrissimi domini, saluto. »

C'est le lundi 30 décembre 1889 que cet homme excellent est mort. Il a été enterré le 3 janvier 1890, près de sa seconde femme, à Tunbridge Wells. Le même jour, l'église Saint-Jude, à Kensington, était trop petite pour contenir la foule venue pour assister au service funèbre. Miss Yule, qui a aidé son père dans ses derniers travaux, suivait le cercueil, accompagnée du héros de la guerre d'Abyssinie, du vainqueur de Théodoros, lord NAPIER DE MAGDALA, connétable de la Tour de Londres, mort quelques jours après (14 janvier 1890).

Ainsi va la vie ; j'accomplis un devoir pieux en

---

1. Dans la séance du 27 décembre 1889 avec MM. Nauck, Neubauer et Radloff.

rendant un dernier hommage à ceux dont la science
et l'amitié ont, dans leur verte vieillesse, guidé mes
pas dans ma jeunesse et dans mon âge mûr : naguère
Alexandre WYLIE, aujourd'hui Henry YULE, demain
S. Wells WILLIAMS.

Mars 1890.

RELATIONS DE L'EUROPE
ET DE L'ASIE

AVANT ET APRÈS LE VOYAGE DE VASCO DE GAMA [1]

Le centenaire que nous célébrons aujourd'hui marque une des dates les plus mémorables de l'histoire du monde. En effet, lorsque *Vasco de Gama*, le 22 novembre 1497, doublait le cap de Bonne-Espérance. où, dix années auparavant, Barthélemy Diaz était parvenu, l'état politique de l'Europe et de l'Asie allait subir une transformation complète, et lesvoies de commerce être entièrement renouvelées. Aux Italiens de la Méditerranée et aux Musulmans de l'Océan Indien, le commerce asiatique échappait complètement pour passer aux mains des Portugais, et l'ancienne route du sud de l'Afrique faisait concurrence à celle de la mer Rouge, à laquelle, de nos jours seulement, Ferdinand de Lesseps rendit son importance en creusant le canal de Suez.

Depuis longtemps, l'influence maritime des Catalans, des Vénitiens et des Gênois était incontestée dans la Méditerranée : la lutte séculaire entre Gênes et sa grande rivale, Venise, avait paru un instant se

---

1. Extrait des *Comptes rendus de la Société de Géographie*, No. 4, 1898.

décider en faveur de la première, lorsque Lamba Doria eut écrasé les galères de Saint-Marc à la bataille de Curzola, le 7 septembre 1298 ; mais à la fin du xive siècle, la victoire fut assurée à la Reine de l'Adriatique.

A l'époque des Mongols de Gengis Khan, les voyageurs européens abondaient sur les grands chemins et les côtes d'Asie. Il y avait alors trois routes pour se rendre dans l'Asie orientale : deux par terre, par l'Asie centrale pour aller d'abord à Kachgar, puis plus tard à Khan Bâliq, itinéraire d'aller de Marco Polo ; par le Koukounor, le Tibet et le Badakchan, itinéraire de retour d'Odoric de Pordenone ; la troisième, par mer, était plus longue, mais plus sûre que les précédentes. Pour éviter les vexations des sultans mamelouks d'Egypte, le voyageur prenait de préférence la route de Perse, où régnaient depuis 1258 les Ilkhans mongols de la dynastie de Houlagou ; il s'embarquait à Ormouz et de nombreuses escales sur la côte malabare, Ceylan, la Péninsule malaise lui permettaient de se rendre en Chine.

L'apparition du Croissant ferma les routes de terre dès le milieu du xive siècle, et les missionnaires européens d'Ili Bâliq furent massacrés ; d'autre part, la chute des Mongols de Chine et l'avènement des Ming en 1368 arrêtèrent pour longtemps les voyages des Européens dans le pays. La route de Chine par mer resta donc libre aux concurrents ; mais, à l'époque qui nous occupe, les Musulmans terrorisaient l'Océan Indien, grâce à leurs forteresses d'Aden, d'Ormouz et de Calicut, tandis que, par Malacca, ils commandaient tout le commerce de l'Extrême-Orient.

Venise, vue d'un œil favorable en Égypte, recevait

par ses agents les produits d'Asie, et avait en quelque sorte le monopole exclusif de leur distribution en Europe. Des Moluques, venaient la noix muscade, les clous de girofle, l'ébène ; de Bornéo, le camphre ; de Timor, le bois de santal ; de Sumatra, le benjoin ; de Cochinchine, l'aloès ; de la Chine, les soies ; de Birmanie, les rubis ; de Ceylan, des pierres précieuses de toute espèce ; de Malabar, le poivre, etc., aussi ses navires, lourdement chargés, enrichissaient-ils les marchands de la grande République.

Cependant l'Islam, qui avait déjà porté au loin en Asie ses armes victorieuses, menaçait à la fois la chrétienté dans sa religion et son commerce : la bataille de Nicopolis, en 1396, où la fleur de nos chevaliers, sous la conduite de Jean sans Peur, fut tuée ou faite prisonnière, put faire croire un instant que Bayezid Ilderim allait pénétrer dans la capitale du grand Constantin. Les hordes mongoles de Timour Lenk arrêtèrent pour un demi-siècle à Angora (1402) le triomphe du Turc ottoman, et ce ne fut qu'en 1453 que Mohammed II, après une lutte terrible où périt noblement le dernier empereur grec, Constantin Dragazès, transforma l'antique Byzance en Stamboul, Sainte-Sophie en mosquée, et planta sur le sol européen l'étendard du Prophète qui s'est avancé jusque sous les murs de Vienne et flotte encore à l'entrée du Bosphore de Thrace.

L'Europe ne pouvait rester esclave dans son commerce. Le voyage de Marco Polo, la hantise d'une route vers les Indes orientales semblaient tout dominer. La lettre du savant Florentin, Paolo del Pozzo Toscanelli, dont on célèbre en ce moment même le centenaire dans sa ville natale, lettre adressée au chanoine Fernando Martinez, de Lisbonne en 1474, est bien explicite à ce sujet et presque prophétique[1] ; mais ce grand mathématicien ne pouvait prévoir que les grandes découvertes de l'Amérique, dues à des Italiens, Christophe Colomb, Cabot, Americ Vespucci, seraient faites au profit de l'Espagne et de l'Angleterre, et qu'un autre petit pays d'Europe allait retrouver la route et faire la conquête de l'Océan Indien.

Je laisse à mon collègue, M. le lieutenant de vaisseau VEDEL, le soin de vous retracer l'origine des découvertes portugaises dues au prince HENRI LE NAVIGATEUR et aux marins de l'école de Sagres qu'il avait créée, ainsi que la vie de VASCO DE GAMA, et de vous faire le récit du grand voyage de 1497-1498.

Immédiatement à la suite de Vasco de Gama, de grands chefs assurent les résultats de sa navigation : c'est l'Islam qu'il faut combattre.

Tour à tour, commandent Edouard Pacheco, l'Achille portugais ; Francisco de Almeida, premier vice-roi des Indes, qui, le 3 février 1509, écrase devant Diu les flottes combinées du soudan d'Egypte et des rajahs de Calicut et de Cambaye. C'est enfin le grand Alphonse d'Albuquerque qui promène triomphant le drapeau portugais depuis Malacca jusqu'à Aden. Ses projets pour la grandeur du Portugal étaient extraordinaires. La flotte portugaise remonte pour la première fois la mer Rouge. En 1508, il expédie en Abyssinie, gouvernée alors pendant la minorité du roi David, par Hélène, des envoyés avec des lettres et un fragment du bois de la vraie Croix pour

---

1. Si la lettre est authentique. — Voir Henri Cordier, *Mélanges Américains*, Paris, Maisonneuve, 1913, page 278.

obtenir que les Abyssins détournent le cours du Nil ,
les eaux du fleuve se déversant dans la mer Rouge,
l'Egypte serait ainsi ruinée et surtout le port de Suez;
dont l'importance faisait une concurrence redoutable au commerce portugais. Cette ambassade porta
ses fruits, car le roi d'Abyssinie envoya à la cour
de Portugal un Arménien, nommé Mathieu, qui, en
février 1514, fut fort bien reçu par Dom Manoel.

La prise de Malacca, où Diego Lopez de Sequeira
avait établi une factorerie dès 1509, par Albuquerque, le 11 août 1511, ouvrait la Chine, l'Indo-Chine
et l'archipel Indien à l'activité portugaise. Malacca
devient un grand entrepôt où arrivent tous les produits de l'Extrême-Orient. Le roi de Portugal, Dom
Manoel, écrit de Lisbonne au pape, le 6 juin 1513 :

« Il y avait alors à Malacca des marchands étrangers de Sumatra, de Pégou, de Java, de Gorez et de
l'Extrême-Orient de la Chine, qui, ayant obtenu la
permission d'Alphonse [Albuquerque] la liberté de
faire le commerce, transportèrent leur habitation
près de la citadelle et promirent obéissance au Portugal et d'accepter sa monnaie. »

Immédiatement après ce siège mémorable, l'un
des premiers souverains qui aient félicité Albuquerque de la prise de cette citadelle, fut le roi de Siam,
Phra Borom Raxa, car c'était à ses dépens que les
Musulmans s'étaient établis à Malacca. En signe
d'amitié, il envoya au conquérant portugais une
coupe d'or, une escarboucle et un sabre incrusté d'or.
En réponse à ces présents du prince, qui était considéré comme le plus puissant de tous ces pays, Albuquerque expédia quelques agents à sa cour. Du Siam,
les Portugais devaient facilement pénétrer au Laos et
au Cambodge, dont le nom nous vient des Portugais.

En 1511, Albuquerque envoie Ruy Nuñes d'Acuña à l'embouchure de l'Irraouaddy ; en 1517, les Portugais, avec Jean de Silveira, arrivent à Chittagong, dans l'Arakan. En 1514, ils avaient débarqué à Canton ; plus tard, ils établissaient un comptoir sur la rivière de Ning-po, à Liampo, entre Tchin-haï et Ning-po, et un autre dans le Fou-kien, à Chin-cheo. En 1553, sous le règne de l'empereur Wan li, les Portugais créaient dans l'île de Macao une ville sous le nom de *Cidade do nome de Deos*. En 1542, le hasard d'un naufrage fait aborder Fernao Mendez Pinto à Tane gâshima et apprend ainsi aux Portugais à connaître le Japon. Le Tong-king, le Pégou, Ceylan : tout leur devient une proie facile et riche.

En même temps que le Portugal était victorieux dans tout l'Océan Indien, la Croix était représentée par Saint François-Xavier, qui, après avoir évangélisé les Indes et le Japon, allait pénétrer en Chine, lorsque la mort le frappa, le 2 décembre 1552, dans l'île de San-tch'ouen ; il laissait à ses successeurs, et en particulier à Matteo Ricci, l'honneur de renouveler dans l'Empire du Milieu les traditions chrétiennes du moyen âge et d'y jeter les bases de missions qui, aujourd'hui encore, sont une des gloires de la France.

Vinrent des jours plus difficiles, retardés par Jean de Castro et Louis d'Ataïde. L'Espagne annexait le Portugal, et la politique de Philippe II entraînait la lutte avec les puissances du Nord.

L'emprisonnement à Lisbonne de Cornelis Houtman (1594) lui permettait de prendre les renseignements nécessaires pour organiser la première expédition hollandaise qui le fit aborder à Bantam en 1596. La capture en 1592 du navire *Madre de Deos*, conduit à Dartmouth, livra à l'Angleterre le secret du com-

merce portugais dans l'Inde ; aussi, lorsque en 1640
le drapeau de Bragance fut hissé à nouveau sur la
ville de Macao, le domaine asiatique du pays était
singulièrement diminué.

Je croirais téméraire et inutile de poursuivre cet
aperçu historique jusqu'à des époques plus récentes ;
le génie latin ne peut que s'enorgueillir des grandes
découvertes des xve et xvie siècles.

Notre Société, en célébrant le centenaire d'un
illustre navigateur, n'a pas voulu seulement rappeler
la date d'un grand fait géographique, mais retracer
la formidable épopée d'un vaillant peuple, auquel n'a
même pas manqué son barde.

Camoëns, en écrivant dans la grotte de Macao les
Lusiades, dont il sauvait le manuscrit à la nage, lors
de son naufrage au cap Saint-Jacques, non seulement
fixait la langue, mais immortalisait la littérature de
son pays en chantant :

« Les combats et les héros fameux, qui partis des
rives occidentales de la Lusitanie et s'élançant à
travers des mers jusqu'alors inexplorées, laissèrent
loin derrière eux la Taprobane après avoir surmonté
mille obstacles [1]. »

1. Séance du lundi 25 avril 1898.

MÉMOIRE SUR LA CHINE

ADRESSÉ A NAPOLÉON Ier

Par F. Renouard de Sainte-Croix [1]

L'intérêt que l'empereur Napoléon Ier apportait à toutes
les questions, même à celles qui se rattachaient à la politique
des pays lointains, est marqué par le nombre considérable
de mémoires — qui lui étaient adressés de toutes parts et
émanant des personnalités les plus diverses — renfermés dans
les archives de plusieurs Départements ministériels.

L'auteur du mémoire que nous publions aujourd'hui est
bien connu de ceux qui s'occupent des choses de l'Extrême-
Orient. Il a écrit un récit intéressant de voyage [2] qui a été
traduit en allemand [3] et il a donné une version française du
Ta Ts'ing Liu Li, mis en anglais par Staunton [4].

1. Extrait du *T'oung pao*.
2. Voyage commercial et politique aux Indes Orientales, aux
îles Philippines, à la Chine, avec des Notions sur la Cochinchine
et le Tonquin, pendant les années 1803, 1804, 1805, 1806 et 1807...
par M. Félix Renouard de Sainte-Croix, Ancien Officier de Cava-
lerie au service de la France, chargé par le gouverneur des îles
Philippines de l'organisation des Troupes pour la défense de ces
îles. Cet ouvrage est accompagné de Cartes géographiques de
l'Inde et de la Chine, par MM. Mentelle, Membre de l'Institut,
et Chanlaire, l'un des Auteurs de l'Atlas national. Paris, Aux
Archives du Droit français, chez Clament frères,... de l'imprimerie de Crapelet, 1810, 3 vol. in-8.
3. Par Ph. Chr. Weyland, Berlin, 1811, in-8.
4. *Ta-Tsing-Leu-Lée*, ou les Lois fondamentales du Code Pénal
de la Chine, avec le Choix des Statuts Supplémentaires, originai-

Son mémoire sur la Chine, adressé à Napoléon Ier en décembre 1811, fait partie d'un volume des Archives du Ministère des Affaires étrangères : ASIE, 21 *(Indes Orientales, Chine,* etc. 7), folios 190-195. Il porte l'annotation suivante : *Renvoyé par ordre de l'Empereur à M. le Duc de Bassano* ; ce dernier était ministre des Affaires étrangères depuis avril 1811.

Inutile d'ajouter que le projet d'ambassade de Sainte-Croix ne fut pas réalisé.

Henri CORDIER.

Paris, 21 décembre 1811.

SIRE,

Les relations politiques de la France avec l'*Empire de la Chine*, interrompues depuis la Révolution, peuvent être rouvertes d'une manière marquante pour la gloire du règne de Votre Majesté, et l'influence que les Anglais ont encore dans cette partie du monde peut aujourd'hui leur être enlevée.

Je n'ai pas besoin de rappeler à Votre Majesté le crédit dont la France jouissait en Chine, antérieurement à la Révolution, et l'île qui porte encore son nom dans le Tigre, à Vampou, prouve assez que les Chinois la considéraient comme supérieure à toutes les autres nations.

Mais, dans ce temps, les Missionnaires français plus au fait de la politique à suivre dans ce pays, tout en

---

rement imprimé et publié à *Pékin,* dans les différentes Editions successives, sous la sanction et par l'autorité de tous les Empereurs *Ta-Tsing,* composant la Dynastie actuelle : traduit du Chinois et accompagné d'un Appendix contenant des documents authentiques et quelques notes qui éclaircissent le texte de cet ouvrage ; par George Thomas Staunton, Baronet, Membre de la Société royale de Londres. Mis en français, avec des notes, par M. Félix Renouard de Sainte-Croix... A Paris, 1812, 2 vol. in-8.

nous laissant des mémoires instructifs, et en nous éclairant sur le Gouvernement et les mœurs de ces peuples, soutenaient les droits de la France auprès du chef de l'Empire et faisaient tous leurs efforts pour parer aux coups que des Nations rivales, et souvent ennemies, cherchaient à nous porter.

Tel était le soutien de nos affaires politiques en Chine avant la Révolution où la France était, en quelque sorte, représentée à Pékin par les Missionnaires.

Au moment où nos troubles civils ont éclaté, les Anglais jugèrent que le système anti-religieux, régnant alors en France, devait mécontenter les Missionnaires Français à Pékin, et dès lors, ils résolurent de profiter de ce moment favorable pour tenter une ambassade, celle de lord Macartney en 1792, dont le but secret était non seulement l'exclusion de la France au commerce de la Chine, mais encore celle de toutes les autres nations maritimes. Il est douteux que ce Lord eût obtenu la permission de se rendre à la Cour de Pékin, s'il n'eût trouvé dans les Missionnaires Français, alors aigris contre leur patrie, des dispositions conformes à son désir.

Les Hollandais suivirent en 1794 les Anglais à la Cour de Pékin. Ils y contre-balancèrent l'influence des premiers et, sans cette Ambassade, il est très probable que les Anglais seraient restés seuls possesseurs du commerce qui se faisait à Canton.

Depuis cette dernière Ambassade le Gouvernement Anglais n'a cessé d'écrire à la Cour de Pékin, pour l'influencer à sa manière de la situation de l'Europe, et pour l'engager surtout à fermer ses Ports à tous les vaisseaux Français ou alliés de la France, comme Sa Majesté a été à même de s'en convaincre par la lettre du Roi d'Angleterrre à l'Empereur de la Chine, au renouvellement de la guerre en 1804, et que j'ai eu l'honneur de mettre sous les yeux de S. Ex. le Ministre des Relations Extérieures à mon arrivée de Chine en France en 1808.

Mais le temps est arrivé où Votre Majesté peut, tout en cherchant à relever les griefs de nos ennemis à la Cour de Pékin, porter le coup le plus fatal à leur commerce, et jamais moment ne fut plus propice.

J'ai mis sous les yeux de Son Ex. le Ministre des Relations Extérieures les causes des différends que les Anglais ont eu à Canton et plus récemment encore sous ceux de Monseigneur le Duc de Bassano l'entreprise formée par cette nation sur Macao et les suites de cette affaire, renseignements précieux et que je tenais de l'amitié des ci-devant facteurs hollandais.

Ces mêmes facteurs m'ont écrit, sous la date du 20 février 1810, qu'ils s'informaient des moyens à prendre pour renverser le système de commerce que les Anglais font en Chine, et que les suites du massacre des Chinois à Canton par un matelot anglais, ainsi que la prise de Macao [1], qu'ils ont été obligés d'abandonner depuis, avaient fort indisposé le Gouvernement Chinois contre eux ; et sous la date du 28 février de cette année, que d'après les informations qu'ils ont prises, si une Ambassade française pouvait parvenir à Pékin et y réclamer contre tous les torts que nous imputent nos ennemis, et demander l'exclusion de cette nation dangereuse des ports de Chine et particulièrement de Canton, Votre Majesté pouvait l'obtenir avec facilité dans ce moment. Ce serait le coup le plus fatal pour le commerce de la

____

1. Affaire de l'amiral Drury.

Compagnie Anglaise par les débouchés que lui procure la Chine, soit pour les cotons du Bengale et de Bombay, soit par l'extraction des thés, commerce, à ce qu'assure l'auteur du *Code Pénal*[1] de Chine, qui monte à plus de 20.000.000 sterling.

Une Ambassade de Votre Majesté serait d'autant mieux reçue à la Cour de Chine, en observant les usages, que le Gouvernement Chinois a le plus grand mépris pour tous les peuples qui s'occupent exclusivement de commerce, et que l'Envoyé de Votre Majesté ne demanderait aucun privilège particulier et se bornerait à la simple demande de l'exclusion des Anglais.

L'Ambassade aurait plusieurs buts d'utilité reconnue pour l'Etat ; elle ferait connaître à la Cour de Pékin les hauts faits de Votre Majesté, demanderait l'exclusion des Anglais de tout commerce de Chine et la France retirerait, sur l'état actuel de cette partie du monde si vantée, des notions certaines qui seraient recueillies avec soin par des personnes savantes attachées à la Suite de l'Envoyé de Votre Majesté, et il n'y a nul doute qu'une Ambassade composée de militaires et de savants, ne manquerait pas de s'attirer, d'une manière distinguée, l'attention du Gouvernement Chinois.

La possibilité de faire parvenir des Envoyés à Pékin, par la Russie, ne peut un instant être mise en doute ; l'adhésion de Sa Majesté l'Empereur de Russie au système continental, son vœu pour la paix générale de l'Europe, que l'Ambassade ne peut manquer de rendre plus prochaine, prouvent assez qu'il ne mettrait aucun obstacle au passage des

1. Staunton.

Envoyés de Votre Majesté ; qu'il pourrait même leur prêter secours en nommant un Commissaire pour hâter leur marche dans ses Etats, afin que les Gouverneurs ne pussent, sous aucun prétexte, les retarder.

Les relations entre la Russie et la Chine sont aujourd'hui si ouvertes que je rappellerai seulement à Votre Majesté que cette route est suivie par toutes les caravanes russes qui vont commercer à la frontière de la Chine, et qu'elle a été suivie par le Vassilik-Ismaïlof, envoyé par le Czar Pierre le Grand à l'Empereur Camhi en 1720 ; et plus récemment encore jusqu'à la frontière de cet Empire par M^r. de Golofkin en 1805 ; ce dernier éleva sur le cérémonial des prétentions qui ne convinrent pas aux Chinois. Sa suite nombreuse et les deux vaisseaux russes de la Marine impériale occupés à faire le voyage du tour du monde, qui se rencontrèrent à Canton, dans le temps où M^r. de Golofkin désirait être introduit en Chine donnèrent de l'ombrage à la Cour de Pékin, j'ai été à même de me convaincre de ce fait.

La seule chose à observer strictement, pour la réussite complète du projet, c'est de n'en donner connaissance aux Employés de Votre Majesté qu'à un endroit désigné, afin que les Anglais ne puissent en être instruits assez à temps pour faire des démarches qui pourraient nuire au succès de la négociation.

Toutes les Ambassades qui sont parvenues à la Cour de Chine y ont porté des présents qui sont devenus en quelque façon de rigueur ; mais au lieu de ces mécaniques, de ces produits de l'art, auxquels les Chinois ne peuvent rien comprendre, et qui restent entassés sous les hangars des Palais Impériaux, une nation guerrière, comme l'est aujourd'hui la France, ne peut et ne doit offrir que des cadeaux en armes de toutes espèces, tirées des Manufactures de Votre Majesté, et qui seraient pour les Envoyés d'un transport plus facile.

Comme chaque personne devra un compte exact et détaillé de ses travaux à Votre Majesté, je crois nécessaire à son succès de désigner la manière dont cette Ambassade doit être composée :

1º Un Général en Chef de l'Ambassade et qui la dirigera, chargé de toutes les instructions particulières.

2º Un Secrétaire général d'Ambassade.

3º Deux officiers du Corps du Génie, Géographes, Aides-de-camp de Mr l'Ambassadeur, à ses ordres pour asseoir les positions géographiques par des observations astronomiques dans les pays que l'on parcourera.

4º Un auditeur au Conseil d'Etat s'occupant, avec Mr le Secrétaire Général, des Observations politiques.

5º Deux Naturalistes pris parmi les membres de cette classe de l'Institut.

6º Un médecin et un chirurgien qui s'occuperont principalement de l'application des plantes chinoises à la médecine française.

7º Deux dessinateurs.

8º Deux interprètes ; mais je dois faire observer à Votre Majesté qu'il vaudra beaucoup mieux les prendre sur les frontières parmi les sujets russes accoutumés à faire ce voyage ; par la raison que lorsqu'il y a des discussions il est impossible de faire dire aux interprètes sujets chinois des raisons qui pourraient contrarier les mandarins.

Trop heureux, Sire, si les renseignements que j'ose mettre sous les yeux de Votre Majesté Impériale et Royale peuvent être conformes à ses vues, et lui prouver mon désir d'être utile à l'Etat, et mon sincère amour pour sa personne.

Signé : Félix Renouard de Ste-Croix.

[Petit-fils de Mr d'Agay [1], intendant de Picardie [2]].

1. *François-Marie Bruno*, Comte d'Agay, né en 1722, à Besançon, jurisconsulte français ; mort à Paris, le 5 décembre 1805.
2. D'une autre main que le reste du manuscrit.

DEUX DOCUMENTS INÉDITS

TIRÉS DES PAPIERS DU GÉNÉRAL DECAEN [1]

I. *L'ambassade hollandaise dirigée par* Titsingh *à Peking*, d'après un Missionnaire contemporain à la Chine (1794-1795).

II. *Récit par un* Hollandais *d'une Mission russe au Japon* (1804).

I

L'Ambassade hollandaise dirigée par Titsingh a Peking, d'après un Missionnaire contemporain a la Chine (1794-1795).

Le promoteur d'une ambassade hollandaise à la cour de Peking à la fin du siècle dernier fut André Everard Van Braam Houckgeest ; né en 1739 dans la province d'Utrecht, il avait servi dans la marine de son pays, qu'il quitta en 1750 pour se rendre en

---

1. Ces papiers sont conservés à la Bibliothèque de la ville de Caen. Nous avons déjà tiré de ce fonds une lettre de George III, roi d'Angleterre, à l'Empereur Kia K'ing qui a été publiée dans les *Annales internationales d'Histoire. — Congrès de la Haye*, No. 6, pp. 571-6.
Extrait du *T'oung pao.*

Chine en qualité de subrécargue de la Compagnie des
Indes Orientales hollandaises. Van Braam, rentré
dans son pays en 1781, se fixa deux ans plus tard dans
la Caroline du Sud. La perte de quatre de ses enfants
le décida à retourner en Chine comme chef du Comptoir hollandais à Canton en 1784. Van Braam nous
raconte [1] que le 2 avril 1794, il reçut la visite d'un
envoyé du *Tsong-tou* [2] venant lui demander « si la
Compagnie des Indes hollandaises n'adopterait pas
l'idée d'envoyer à Peking un député pour y féliciter
l'empereur [3] à l'occasion de l'anniversaire de son
avènement au trône que Sa Majesté allait célébrer
pour la soixantième fois. Il ajouta que les Anglais,
ainsi que les Portugais établis à Macao avaient mani-
festé l'intention de prendre part à cet événement remarquable ; que la nation hollandaise, étant l'une
des premières établies à la Chine, le *Tsong-tou* ver-
rait avec une véritable satisfaction que la Compagnie
eut un représentant à cette solennité ». Van Braam en
écrivit au Conseil général de Batavia qui délégua à
Peking Isaac Titsingh, son agent au Japon, comme
premier ambassadeur, et Van Braam, comme second [4]. Titsingh s'embarquait à Canton le 22 nov.

---

1. Voyage de l'Ambassade de la Compagnie des Indes orientales
hollandaises, vers l'Empereur de la Chine, dans les années 1794
& 1795 : Où se trouve la Description de plusieurs parties de la
Chine inconnues aux Européens, & que cette Ambassade a donné
l'occasion de traverser : Le tout tiré du journal d'André Everard
van Braam Houckgeest, chef de la Direction de la Compagnie des
Indes Orientales Hollandaises à la Chine, et Second dans cette
Ambassade... Et orné de Cartes et de Gravures — Publié en Français par M. L. E. Moreau de Saint-Méry. A Philadelphie, 1797-
1798, 2 vol. in-4.

2. Gouverneur-général du Kouang Toung et du Kouang Si.

3. K'ien Loung.

4. L'ambassade comprenait encore le jeune Van Braam, comme

1794, remontait le Kouang Toung et le Kouang Si jusqu'à Kieou-Kiang, près du lac Po-yang ; traversait le Hou-kouang, le Kiang-nan et le Chan-toung et enfin atteignait Peking le 10 janvier 1795. Un mois plus tard, Titsingh [1] regagnait Canton par Hang-tchou et Nan-tch'ang, après le plus complet insuccès, qui n'avait eu d'égal que celui des Anglais. Il avait été impossible de faire admettre par les Chinois le système du gouvernement des Pays-Bas, et malgré toutes les peines prises, ils disaient toujours le *roi de Hollande* [2] au lieu de Stadhouder dont ils ne comprenaient ni le nom ni la fonction.

Nous trouverons expliquées dans le document que nous donnons aujourd'hui [3] les raisons du peu de succès d'une mission qui ne demandait rien d'ailleurs. J'attribue ce document au Père jésuite Jean-Joseph de Grammont [4] ; je doute qu'il soit de l'abbé Nicolas Raux [5] de la Congrégation de la Mission (Lazaristes), supérieur de la mission française de Peking, compagnon de De Guignes le fils dans son

gentilhomme, trois secrétaires, d'Ozy, Agie et De Guignes fils, gérant du consulat de France à Canton ; un chirurgien, Blettermann ; un horloger, Petit-Pierre ; un maître d'hôtel, douze soldats, deux Malais et un certain nombre de cuisiniers chinois, plus trois mandarins.

1. Isaac Titsingh, né à Amsterdam, vers 1740 ; † en février 1812.

2. La lettre de K'ien Loung écrite en Mandchou, en Chinois et en Latin porte dans ce dernier texte : *Sinarum Imperatoris, nunc regnantis, Epistola ad Regem Hollandiae.*

3. Papiers du général Decaen.

4. Jean Joseph de Grammont, né au château de Grammont, commune de Boucagnères, près Auch, 19 mars 1736 ; arrivé en Chine en sept. 1768 ; † 1808 à Peking.

5. Nicolas Raux, arrivé à Peking en 1785 ; † dans cette ville le 16 nov. 1801. Moreau de Saint-Méry l'appelle continuellement *Roux.*

voyage d'Europe en Chine, qui fut le seul missionnaire européen avec lequel les Hollandais eurent l'autorisation de se mettre en relations à Peking, les deux derniers jours de leur séjour dans la capitale.

COPIE *d'une lettre d'un Missionnaire de Peking à son ami à Canton.*

Peking 20 février 1796 [1].

Vous souhaitez quelques Détails sur l'ambassade Hollandaise. Voici en peu de mots tout ce que je puis vous en dire.

Le 31 octobre 1795 [2] on reçut à Peking la première nouvelle de cette Ambassade. Le même jour on manda à la Cour tous les missionnaires, à qui l'on fit les questions suivantes : « Où est située la Hollande ? est-elle fort éloignée de la France ? est-elle en guerre avec ce Royaume ? Quelle est la manière de s'habiller des Hollandois ? de quoi se nourrissent-ils ? leur pays est-il plus grand que l'Angleterre ? » Après ces questions, on leur montra les Dépêches de l'ambassadeur et la liste des présents qu'il apportait, le tout écrit en Hollandois, et sous une enveloppe très enjolivée. Ces Dépêches étoient accompagnées d'une lettre du Tsong-tou de Canton, qui avertissoit l'Empereur que l'Ambassadeur étoit disposé à observer en tout le Cérémonial chinois. L'Empereur et les Grands nous parurent très contents de cette prochaine Ambassade et dès lors personne ne douta qu'elle ne dût

1. Lire 1795.
2. Lire 1794.

parfaitement réussir. Le 10 janvier 1796 [1], l'Ambassadeur arriva à Peking avec toute sa suite [2]. Ils ne furent pas logés aussi magnifiquement que les Anglois. Mais leur hôtel, d'ailleurs assez commode, étoit plus à portée et plus près du palais Impérial. Le lendemain de leur arrivée, l'Empereur devoit aller de grand matin voir l'Exercice des glisseurs sur la glace, il voulut qu'ils se trouvassent à son passage. Ils s'y trouvèrent ; ils lui firent de loin leur Révérence, et puis s'en retournèrent prendre un peu de Repos, dont ils avaient tous grand besoin. Car ils avaient fait comme ils vous l'auront sans doute conté eux-mêmes, un voyage si précipité, si incommode et si pénible, qu'ils étaient tous haletants, sans force et sans vigueur à leur arrivée. Le même jour l'Empereur leur envoya un gros et excellent poissson de

1. Lire 1795.

2. L'Itinéraire de l'Ambassade marque bien le 10 janvier 1795 comme date de l'arrivée à Peking ; voici l'hôtel : « Nous l'avons trouvée [la maison] passable et assez bien disposée, mais à la Chinoise ; c'est-à-dire, toute divisée en petits appartemens, et de plus mal balayée et couverte de poussière. Dès que chacun de nous a su quel appartement il devait occuper, les domestiques ont été employés à les rendre plus propres, en nettoyant les planchers et les bancs. Nous avons fait mettre des nattes sur ces premiers qui sont de pierres ; mais en attendant nous étions très-douloureusement affectés du grand froid, et quoique nous marquassions toute notre sensibilité à cet égard, il a fallu un siècle pour obtenir un peu de feu, et pour avoir les choses les plus nécessaires. On a montré de l'embarras pour trouver chaque chose, et sur ce que nous avons témoigné de l'étonnement de ce manque de préparatifs, on s'est excusé sur ce qu'on ne nous attendait pas avant la nouvelle année ». (Van Braam, I, p. 136.)

De Guignes marque comme date de l'arrivée à Peking le 9 janvier à 7 h. 1/4 du soir.

sa table [1]. Le jour d'après, ils furent mandés à la Cour par le ministre qui voulait les voir.

Les jours suivants, jusqu'au premier de l'an Chinois [2], ces Messieurs restèrent avec leurs gens, enfermés et gardés dans leur hôtel, sans avoir la liberté d'en sortir ; ils agirent, nous agîmes, de notre côté pour avoir la permission de nous voir, tout fut inutile. Les Interprettes chinois qu'ils avaient amenés de Canton, avaient déjà tout brouillé par leurs propos inconsidérés.

Enfin le 1er jour de l'an chinois, qui répondait au 21 janvier, la prison s'ouvrit ; Son Excellence et quelques Mrs. de sa suite sortirent de grand matin pour aller à la Cour faire ensemble avec tous les envoyés des princes tributaires, la révérence d'Etiquette à l'Empereur [3]. Cette révérence se fait dans une vaste cour au fond de laquelle est placée la salle

1. « 11 janvier. — Sa Majesté a envoyé, par deux principaux Mandarins, un superbe esturgeon en présent à l'ambassadeur. Il a au moins douze pieds de long et pèse deux cens livres ; il est absolument gelé. C'est la marque d'une faveur distinguée, puisque ce poisson est réservé à l'Empereur, et que ceux de ses favoris qui en mangent le reçoivent de lui. On n'a pas manqué de nous citer toutes ces particularités, et d'y ajouter que Sa Majesté nous traite plus favorablement que les Anglais venus l'année dernière, puisqu'ils n'ont jamais reçu de lui quelque chose d'aussi marquant. D'après la coutume du pays, son Excellence et moi nous avons fait le salut d'honneur à l'Empereur pour exprimer notre reconnaissance et de son attention et de son magnifique présent ». (Van Braam, I, p. 139.)

2. En 1795 le premier jour de l'an chinois fut bien le mercredi 21 janvier.

3. Cette cérémonie est marquée le 11 janvier par Van Braam et non le 12 ; en voir le récit dans Van Braam ; les Hollandais firent le *Ko-t'eou*, sujet de discorde avec les envoyés européens : « Alors nous fîmes tous le salut d'honneur en baissant trois fois la tête jusqu'à terre, à trois différentes reprises ». (I, p. 143.)

du trône Impérial ; dès la pointe du jour, les princes du sang, les Grands de l'Empire, les ministres d'Etat se rendent dans la salle ; les grands mandarins de tous les Tribunaux, les mandarins inférieurs, les envoyés de Korée, du Tong-king, du Licou-k'ieou, du Thibet, et autres Etats, se rendent dans la cour, où ils sont placés chacun selon leur rang. Un Héraut annonce l'arrivée de l'Empereur et le moment où il s'asseoit sur son trône. A l'instant même toute cette brillante et nombreuse assemblée fléchit les deux genoux et fait trois inclinations profondes jusqu'à terre ; elle se relève une seconde fois, fléchit encore les genoux et répète les mêmes inclinations. Après cette cérémonie chacun se retire. Quelques jours après, ces Messieurs assistèrent à 3 ou 4 diners d'Etiquette que la Cour donne à tous les envoyés. L'Ambassadeur Hollandais, dans tous ces derniers, étoit placé au-dessous de l'envoyé de Korée.

Le 15 de la 1re lune chinoise (le 4 février) on tire tous les ans, pendant trois jours consécutifs, de très beaux feux d'Artifice dans les Jardins de l'Empereur, appellés *Yuen-ming-yuen*. L'Empereur voulut que ces Mrs. y assistassent, la veille de ce jour, on les conduisit à un grand village, appelé *Hai-tien* [1] à deux lieues de Peking et assez près de ces jardins ; là on leur avait préparé un petit hôtel, d'où on ne leur permettait de sortir que vers les 4 heures du soir pour se rendre à *Yuen-ming-yuen*. Après ces trois jours de réjouissance, l'Empereur donna ordre qu'on fit voir

---

1. Le 30 janvier 1795 on les conduisit « dans un lieu appelé *Hoitim*, situé à dix li de Yuen-ming-yuen ». (Van Braam, I, p. 216.)

à ces Mrs *Ouan-cheu-chan* [1] autre jardin de plaisance un peu plus éloigné de Peking, et il nomma deux grand mandarins de sa cour pour les y conduire ; le 19 ils revinrent à Peking et le lendemain ils reçurent les présents de l'Empereur et sa Réponse à leurs Dépêches, ce qui fut pour eux comme leur audience de congé. Le jour de leur retour fut fixé au 26 de la même lune. Comme j'avais été averti que Son Excellence et Mr Van Braam avaient eu la bonté de nous apporter quelques provisions avec quelques lettres de nos amis, Je présentai une supplique, en vertu de laquelle il fut permis à M. Raux d'aller remercier ces Messrs. Ce ne fut que le jour même de leur départ (c'est-à-dire le 15 février, que nous reçumes et les lettres et les provisions qu'ils avoient pour nous). Quel triste moment pour moi de les voir partir sans pouvoir leur faire mes adieux. Si cette ambassade n'a pas mieux réussi, en voici les raisons : 1º Son Excellence n'aurait pas dû venir ici dans le temps de la première lune, par là elle aurait évité d'être confondue avec les envoyés des autres Etats et aurait attiré toute l'attention du Gouvernement ; 2º on n'aurait pas dû amener ces interprètes chinois, qui ne pouvoient rendre aucun service, parce qu'ils sont toujours timides devant les mandarins, et qui ont avili ces M^rs par bien des propos indiscrets sur les affaires de Canton ; ce sont eux qui ont été la cause de cette espèce de captivité où on les a tenus ; 3º le mandarin qui a été chargé de cette ambassade était un orgueilleux, un ennemi des Européens, sans huma-

---

1. 圓明園 *Youen-ming-youen.* — 萬壽山 *Wan cheou chan,* près du précédent ; occupés par les Alliés lors de l'expédition de 1860.

nité, sans politesse, lequel peu de jours après le départ de ces Messrs a été cassé de son emploi. Malgré le peu de succès de cette ambassade, il est certain que Messrs les Hollandais ont laissé ici la meilleure réputation, et que même après leur départ l'Empereur lui-même a fait plusieurs fois l'éloge de leur modestie, de leur modération et de leur politesse. Au reste l'unique objet de cette Embassade était de venir à Peking faire la Cour à l'Empereur et lui offrir des présents ; elle n'avait ni plaintes à faire ni grâces à demander. »

Il est intéressant de rapprocher de l'opinion des missionnaires, celle de De Guignes le fils [1], qui, avec le jeune Français Agie, servait d'interprète à Titsingh :

« C'est de cette manière que se termina une expétion entreprise, d'après l'insinuation des mandarins et sur-tout de M. Van-braam, pour complaire uniquement au Tsong-tou de Quanton, lequel auroit dû, par conséquent, en être reconnoissant et recevoir avec plus de distinction l'ambassadeur à son retour de Peking. Mais les Chinois croient faire un grand honneur aux étrangers en les faisant jouir de l'insigne faveur de rendre leurs respects à l'empereur. Un édit relatif à l'ambassade, et l'exemption de droits pour le navire qui avoit amené l'ambassadeur, leur parurent plus que suffisans pour dédommager les Hollandois des peines et des dépenses qu'ils avoient supportées. Les mandarins, d'ailleurs, n'ignoraient pas que l'am-

---

1. Voyages a Peking, Manille et l'île de France, faits dans l'intervalle des années 1784 à 1801, par M. de Guignes, Résident de France à la Chine, attaché au Ministère des Relations extérieures... A Paris, de l'Imprimerie impériale, MDCCCVIII, 3 vol. in-8.

bassade Hollandaise ne venoit pas directement d'Europe, mais étoit expédiée seulement de Batavia : cette connoissance et leurs opinions défavorables pour tout ce qui tient à l'état de marchand, durent donc leur donner une idée moins avantageuse de l'ambassade, idée dans laquelle ils furent confirmés par la vente de plusieurs montres pendant le voyage, vente faite, il est vrai, à l'insçu de l'ambassdeur, mais qui cependant étoit impolitique, ou pour le moins, très-inconséquente ; tant il est vrai que, dans une entreprise aussi importante, quel qu'en soit le motif, on doit éviter de faire tout ce qui peut avoir la plus légère apparence de trafic, sur-tout chez un peuple qui n'honore point le commerce. Quoique, par ses manières franches et loyales, sa conduite généreuse, soit dans la route, soit à Peking, M. Titsing se fût attiré l'estime des grands mandarins, il ne réussit pas néanmoins à les faire changer de sentiment, et il est aisé de s'en convaincre par ce que nous éprouvâmes, principalement à Quanton. Envoyer une ambassade chez un peuple étranger est une chose fort simple, mais bien choisir l'ambassadeur n'est pas aussi facile ; et puisque les Hollandois en avoient trouvé un accoutumé aux usages et aux mœurs des Asiatiques, et habitué à traiter avec eux, il étoit inutile de lui associer un second, qui avec de l'esprit et de l'amabilité, n'avoit nullement le caractère ferme, et propre à la place qu'il remplissoit.

« Si, comme on l'a vu, les Chinois traitent un peu lestement les étrangers qui entrent à la Chine, néanmoins ils veillent à ce qu'il ne leur arrive aucun accident, et s'assurent sur-tout qu'ils sont sortis de leur empire ; aussi M. Titzing, à son départ de Quanton, après avoir pris congé du Tsong-tou et des principaux mandarins, fut-il accompagné jusqu'à Macao par trois officiers, et lorsque je m'embarquai, en janvier 1796, les marchands en prévinrent le gouvernement, par la seule raison que j'avois été à Peking. » (De Guignes, *Voyages à Peking*, II, pp. 143-146.)

Nous donnons également les raisons qui ont causé l'insuccès de l'ambassade de Lord MACARTNEY suivant le même P. DE GRAMMONT :

« Vous serez peut-être curieux de savoir la raison d'un accueil si peu favorable et si extraordinaire : la voici en peu de mots. Ces Messieurs comme sont tous les étrangers qui ne connaissent la Chine que par les livres, ignoraient le train, les usages et l'étiquette de cette Cour et pour surcroît de malheur, ils avaient amené, avec eux, un interprète Chinois encore moins instruit, lequel a été cause, en grande partie, qu'ils n'ont jamais pû obtenir d'avoir auprès d'eux un Missionnaire Européen qui pourrait les instruire et les diriger. De là il est arrivé : 1º qu'ils sont venus ici sans apporter aucun présent, ni pour les Ministres d'Etat, ni pour les Fils de l'Empereur ; 2º qu'ils ont manqué au cérémonial du pays dans leur salut fait à l'Empereur, sans pouvoir en expliquer la raison d'une manière satisfaisante ; 3º qu'ils se sont présentés sous des habits trop simples et trop ordinaires ; 4º qu'ils n'ont pas eu soin de graisser la patte aux différentes personnes qui avaient soin de leurs affaires ; 5º qu'il manquait à leur demande le style et le ton du pays. Une autre raison de leur mauvais succès, et, selon moi, la principale, ce sont les intrigues d'un certain Missionnaire [Joseph Bernard de Almeida], qui, s'étant imaginé que cette Ambassade nuirait au commerce de son pays, n'a pas manqué, en conséquence, de semer bien des propos défavorables à la nation Anglaise.

« Ajoutez à tout cela que l'Empereur est vieux et qu'il y a des cabales partielles et des artificieux dans tous les pays. D'ailleurs tous les Grands et les Favoris de l'Empereur sont avides de présens et des richesses [1]. »

Ces documents montrent quelles étaient les difficultés imprévues que rencontraient les étrangers dans leurs relations avec la Chine.

II

RÉCIT PAR UN HOLLANDAIS D'UNE MISSION RUSSE AU JAPON (1804).

A plusieurs reprises, les Russes avaient essayé par la Sibérie d'établir des relations avec le Japon. On sait que l'Empire du Soleil-Levant était complètement fermé aux étrangers, sauf aux Chinois et aux Hollandais depuis le milieu du xviie siècle. Encore ces derniers étaient-ils cantonnés dans l'îlot artificiel de Deshima, créé en 1635 dans la baie de Nagasaki. Vers 1780, un navire de commerce japonais fit naufrage à l'île Amtchitka, une des Aléoutiennes : l'équipage et son commandant RODAÏ furent sauvés et conduits à Irkoutsk, où ils résidèrent pendant une dizaine d'années. L'impératrice Catherine pensa alors qu'on pourrait profiter du renvoi de ces Japonais chez eux pour établir avec le gouvernement du

1. Dans Van Braam, II, pp. 417-418.

Shogoun des relations commerciales. En conséquence, le général PIHL, Gouverneur général de la Sibérie, reçut l'ordre de choisir comme envoyé au Japon
une personne plutôt d'un rang inférieur, porteur de
présents en son nom (à lui PIHL) et non en celui de
l'Impératrice ; en outre, le commandant d'un navire
employé dans la circonstance ne devait être ni
hollandais, ni anglais. Par suite de ces ordres, le gouverneur Pihl choisit comme envoyé le lieutenant
LAXMAN, qui s'embarqua sur le transport *Catharina*,
commandé par le pilote Lovzov, qui fit voile d'Okhotsk pour le Japon en automne 1792. Je traduis ces
détails presque littéralement de la relation de GOLOV-
NIN. Laxman débarqua sur la côte Nord de l'île de
Yeso, et passa l'hiver dans le petit port de Nemuro.
L'été suivant, se conformant au désir des Japonais,
il entra dans le port d'Hakodate, au Sud de Yeso,
d'où il se rendit par terre à Matsumaï (Foukouyama),
à trois jours à l'Ouest d'Hakodate, près du Tsugarou
seto, qui sépare Yeso de Hondo : Laxman ouvrit là
avec les fonctionnaires japonais envoyés de la capitale des négociations, à la suite desquelles le gouvernement shogounal fit la déclaration suivante :

« 1º Quoique les lois du Japon ordonnent que tous
les étrangers qui pourraient débarquer à n'importe
quel point de la côte du Japon, le port de Nagasaki
excepté, seraient faits prisonniers et condamnés à la
détention perpétuelle, ces châtiments infligés par les
dites lois ne seront pas mises en force contre les
Russes dans le cas présent, car ils ignoraient l'existence de ces règlements et ils ont amené avec eux des
sujets japonais qu'ils ont sauvés sur leur propre côte ;
et il leur sera permis sans délai ou molestation de
retourner immédiatement dans leur pays, à la condi-

tion toutefois qu'ils ne s'approcheront de nouveau d'aucune côte du Japon, excepté Nagasaki, même si des sujets japonais étaient jetés sur la côte de Russie, autrement la loi serait appliquée dans toute sa rigueur.

« 2º Le gouvernement japonais envoie ses remercîments pour le transport de ses sujets dans leur pays ; en même temps, il donne avis aux Russes qu'ils peuvent, soit les laisser, soit les ramener avec eux comme ils voudront ; car suivant les lois japonaises ces gens ne peuvent être retenus de force, puisque ces lois déclarent que les hommes appartiennent au pays dans lequel leur destinée peut les avoir jetés, et dans lequel leurs vies ont été protégées.

« 3º Au sujet des négociations pour des arrangements commerciaux, les Japonais ne peuvent admettre aucune relation de cette sorte, excepté dans le port de Nagasaki ; pour cette raison, ils donnaient à Laxman pour le présent, simplement un certificat écrit sur la production duquel un navire russe pourrait entrer dans ce port où se trouveraient des officiers japonais munis de pleins pouvoirs pour traiter plus amplement avec les Russes de la question. »

« Ayant reçu cette déclaration, continue Golovnin, Lawman retourna à Okhotsk en automne 1793 ; de son récit, il parait que les Japonais traitèrent les Russes avec la plus grande civilité et courtoisie, leur témoignèrent toutes sortes d'honneurs conformes aux mœurs du pays, entretinrent à leurs propres frais les officiers et l'équipage pendant tout le temps qu'ils restèrent sur les côtes japonaises, les munirent à leur départ de toutes sortes de provisions, pour lesquelles ils refusèrent aucun paiement, et leur firent des présents variés. Laxman regrettait que par suite de l'exécution rigoureuse des lois, les Japonais ne voulurent jamais leur permettre d'aller librement dans la ville, mais les gardaient constamment. Je ne puis deviner, termine Golovnin, pourquoi l'Impératrice, immédiatement après le retour de Laxman, n'envoya pas un navire à Nagasaki ; probablement, le commencement de la Révolution française qui, à cette époque, troublait la paix de l'Europe, lui fit négliger cette occasion. »

La nouvelle mission russe fut celle du célèbre marin Adam Jean DE KRUSENSTERN [1], montant la *Nadiejeda*, et accompagné de la *Neva*, commandée par LISIANSKY, partie de Cronstadt le 26 juin 1803. Ce n'est pas ici le lieu de raconter le voyage si intéressant de Krusenstern. Arrivé aux îles Sandwich, il se sépara de Lisiansky qui se dirigea vers l'Amérique russe, pendant que lui se rendait au Kamtchatka. De ce dernier pays, Krusenstern gagna le Japon. Krusenstern avait avec lui le chambellan de RESANOV qui devait servir d'ambassadeur, mais qui chercha vainement à entamer des négociations. Aucun vaisseau russe n'eut le droit de s'avancer désormais sur les côtes du Japon, et même, si par hasard, des Moscovites y échouaient, ils devaient être rapatriés de Nagasaki en Russie sur des vaisseaux hollandais, et les Japonais naufragés devaient être remis aux Hollandais qui les renverraient dans leur pays par voie de Batavia.

Resanov reçut le 4 avril 1805 la réponse négative aux demandes formulées dans sa lettre de créance envoyée à Yedo. Krusenstern mettait à la voile le

1. Né en Esthonie, en 1770 ; mort à Revel en 1846.

18 avril 1805. La mission de Resanov avait donc complètement échoué.

Le document que nous donnons aujourd'hui, avec presque toutes ses fautes, est le court récit de cette mission, fait dans son passage à l'île de France, par le Hollandais E. Van Lawick Van Pabst, sur la demande du général Comte Decaen, capitaine-général et gouverneur en chef des Etablissements français à l'Est du Cap de Bonne Espérance. Il fait partie des papiers laissés par le célèbre général à la ville de Caen, dont il était originaire [1].

1806

A Son Excellence De Caen, Capitaine général et Gouverneur et Chef des Etablissements français à l'Est du Cap de Bonne-Espérance.

Mon Excellence !

Ayant été informé par Monsieur Monistrol, le commandant de la place, du désir que vous avez d'avoir quelques instructions sur la manière que l'Ambassadeur Russe [2] avait été reçu dans l'isle du Japon.

Je me ferois un vrai devoir de vous donner toutes

---

1. *Charles Mathieu Isidore*, comte Decaen, général français, né à Caen le 13 avril 1769; † à Ermont dans la vallée de Montmorency, le 9 sept. 1832; général de division en 1800; nommé en 1802 par le premier consul, capitaine-général des possessions françaises à l'Est du Cap de Bonne Espérance, il partit de Brest avec l'amiral Linois, le 6 mars 1803; il fut le dernier gouverneur français de Maurice; il avait remplacé Magallon Lamorlière. R.-T. Farquhar fut le premier gouverneur anglais (1810).

2. Resanov.

les instructions qui c'est passé pendant mon séjour sur ces articles.

Le 2e de Novembre 1804 le vaisseau Russe [1] qui fut destiné, par son gouvernement, à quelque voyage important, soit pour des découvertes, ou pour pouvoir traiter avec les Japonais, aborda dans cette isle ; lorsqu'il y parvint, les naturel du pays le signala par le télégraphe des pavillons, qu'un bâtiment abordait sur leur côte.

Très étonné de voir un pavillon qu'il ne reconnoissait pas pour celui de Hollandais avec lesquels ils traitent continuellement, de suite ils envoyèrent plusieurs petits bateaux, le tout bien armé, afin de savoir ce que vouloit ce bâtiment.

Lorsqu'ils virent que ce bâtiment cherchait à mouiller, aussitôt on lui ordonna de jeter son ancre à fond ; ce qui fut exécuté dans le même instant ; aussitôt il fut expédié un bateau pour avertir le gouverneur de *Nanga-Zacké* qu'un bâtiment de tout autre nation qu'un Hollandois étoit mouillé dans les isles ; aussitôt le gouverneur ordonna d'armer un nombre de barques, ce qui fut exécuté sur le champ, et le bâtiment Russe fut gardé soigneusement afin de ne pas communiquer avec qui que ce soit ; au même instant, le gouverneur expédia une commission d'un chef du pays, celui de la factorerie Hollandois [2], et moi qui fus prié d'aller à bord de ce batiment pour y traduire la langue et les demandes de ce batiment ; il me fit connaître ses intentions et celles de son maître l'Empereur de Russie qui avoit

1. La *Nadiejeda*, commandée par Krusenstern.
2. H. Doeff, successeur depuis 1804 de W. Wardenaar ; le dernier résident hollandais à Deshima fut J. H. Donker Curtius, nommé en 1852.

pour objet, de pouvoir obtenir un traité d'alliance, d'amitié et de commerce.

Je lui observois qu'auparavant de parler de cela, qu'il falloit qu'il se soumit aux usages des mœurs du pays, qui étoient de mettre exactement tout ses armes, poudre, boulets et balles à terre.

L'Ambassadeur Russe à mes observations me dit qu'il ne le pouvoit pas se soumettre à une pareille demande, vu qu'il représente son souverain Maitre Empereur de Russie, après beaucoup des sollicitations que je lui fit de se conformer aux usages du pays ou qu'il seroit contraint de repartir, il y consentit, sur la condition qu'il demandoit au gouverneur comme représentant l'Empereur de Russie qu'on lui permettrait de porter son Epée ainsi que ses deux premiers officiers et les douze fusils pour sa garde d'honneur, ce qui fut accordé avec l'approbation du gouverneur ; aussitôt le bâtiment fut remorqué par plusieurs bateaux du pays, pour le mettre dans un endroit qui lui fut destiné, et hors de toute communication.

Quelle fut ma surprise le lendemain de voir un nombre prodigieux de bateaux armés et plus de 20,000 hommes armés aussi, campés sur les montagnes afin d'empêcher les gens de ce batiment de descendre à terre dans le cas ou ils auraient eu l'intention de commettre quelques hostilités.

Les crédentials de l'Empereur de Russie furent aussitôt expédiées à la Cour à *Jedo*[1] après bien des instances de les remettre à lui-même comme ne pou-

---

1. Capitale du shogoun qui était alors Iye-nari kô (1787-1837) ; le mikado (l'empereur) résidait à Kyoto ; c'était Kane-hito (Kôkaku Tenno) (1780-1816).

vant pas pénétrer dans le pays sans un ordre de la Cour, ce qui le contraignait à les remettre.

L'Ambassadeur se trouvant malade et obligé de pouvoir descendre à terre, demanda au gouverneur la permission de descendre, ce qui lui fut accordé ; aussitôt on lui destina une petite isle qui n'était pas habité, avec la permission d'y rester une heure ; et gardé à vu.

La veille de notre départ qui fut le 9e novembre, nous reçûmes ordre de ne pas parler ni communiquer en passant avec le batiment Russe ; quelle fut notre surprise lorsque nous fûmes sous voile de voir les Russes nous souhaiter un bon voyage ; — Aussitôt le vent vient contraire et nous oblige à mouiller, les naturel du pays qui avaient vu à bord du batiment Russe beaucoup de cris, c'est alors où les naturels du pays vinrent avec beaucoup d'embarcations nous entourer pour savoir ce que ce batiment nous avoient dit. Nous leur explicâmes que le batiment nous avoit souhaité en passant un bon voyage, aussitôt, comme le batiment étoit devant nous, pour nous oter tout soupçon qui pourrait avoir, il mène le batiment Russe entre les deux batteries nommés l'Empereur et l'Impératrice, quoique ces bastions ne sont autre chose que des palissades en terre sur lesquelles il y a des toiles clouées et peintes en forme d'embouchure de canon.

Voici tous les renseignements, mon Excellence, que je puis vous donner pendant mon séjour où je me trouve au Japon avec les bâtiments Russes.

Comptant partir samedi, voudriez-vous m'indiquer une heure où je pourrois avoir l'honneur d'aller vous présenter mon Respect et en même temps de me charger de vos paquets si vous en aviez.

J'ai l'honneur d'être avec le plus profond Respect,

Mon Excellence,

Votre très humble et très obéissant serviteur,

E. Van Lawick VAN PABST.

Isle de France, ce 2ᵉ de Janvier 1806.

Nous ne parlerons pas des missions russes suivantes, voyage de CHWOSTOV aux Kouriles, ni de celui de GOLOVNIN en avril 1811, sur la *Diana*, et de la captivité de cet officier chez les Japonais [1].

1. Narrative of my Captivity in Japan, during the years 1811, 1812 & 1813 ; with Observations on the Country and the People. By Captain Golownin, R. N. To which is added an Account of Voyages to the Coasts of Japan, and of Negociations with the Japanese, for the release of the Author and his Companions, by Captain Rikord. London : Henry Colburn, 1818, 2 vol. in-8, pp. iv-302, 348.

HISTORIQUE ABRÉGÉ

DES

RELATIONS DE LA GRANDE-BRETAGNE

AVEC LA BIRMANIE [1]

———

Dans ce court exposé des relations de la Grande-Bretagne avec la Birmanie, nous désignerons sous ce dernier nom, non seulement l'ancienne Birmanie indépendante, mais aussi les états du Laos birman, Tavoy et Tenasserim, les anciens royaumes de Pegou et d'Arakan, etc., c'est-à-dire la partie occidentale de la presqu'île indo-chinoise, arrosée par l'Irawadi et la Salouen.

C'est là qu'il faut retrouver la Chersonèse d'Or de PTOLÉMÉE, le royaume de *Mien* de MARCO POLO et des Annales Chinoises.

Nicolò CONTI, au xve siècle, est le premier voyageur européen qui nous ait donné des renseignements authentiques sur le royaume de Pégou ; suivi plus tard par le Russe Athanase NIKITIN et le Génois Hieronimo DI SANTO STEFANO, Conti a, au commencement du xvie siècle, un imitateur en la personne de Lodovico DI VARTHEMA.

La prise de Malacca par le grand ALBUQUERQUE

(1511) eut un énorme retentissement dans tout l'Extrême-Orient ; les Portugais nouèrent presque aussitôt des relations soit commerciales, soit politiques, avec la Chine, le Siam et le Pégou. Le premier Portugais qui visita le Pégou (1511) est Ruy-Nuñez d'Acuñha, mais ce n'est pas ici le moment de parler de l'histoire des Portugais.

Les premiers efforts des Anglais pour arriver aux Indes, et partant dans l'Extrême-Orient, eurent lieu sous Henri VII, en 1496. Mais il n'était pas question pour eux, à cette époque, de prendre soit la route de Russie et de l'Asie centrale, soit la route de Perse, soit la route d'Égypte, soit la route du Cap de Bonne Espérance. Le Nord-Ouest les attirait et cette erreur géographique fut heureuse pour les Anglais comme pour les Espagnols, car si Christophe Colomb, en cherchant la route des Indes, découvrait l'Amérique, en poursuivant le même but, Jean Cabot découvrait Terre-Neuve et nous faisait connaître le Labrador.

Le premier Anglais, ayant visité les Indes, dont l'histoire nous ait conservé le nom est Thomas Stephens, ancien élève du New College d'Oxford. Tous ceux qui ont visité cette célèbre ville universitaire savent le charme de ce collège, dont la «jeunesse» remonte au xɪvᵉ siècle, puisqu'il fut fondé le 30 juin 1379, par l'évêque de Winchester, William de Wykeham. Ce Stephens, qui appartenait au diocèse de Salisbury, entra dans la Compagnie de Jésus, le 11 octobre 1578 ; il partit pour les Indes l'année suivante et mourut à Goa en 1619. L'histoire n'a pas eu moins de mémoire pour le premier Anglais qui ait visité le royaume de Pégou ; ce n'était pas un missionnaire, mais un négociant, Ralph Fitch. Il avait quitté l'Angleterre avec deux compatriotes, James New-

BERRY et LEEDES, en 1583, pour se rendre par terre aux Indes. Jetés en prison par les Portugais à Ormouz et à Goa, puis relâchés, Leedes entra au service du Grand Mogol, Newberry ouvrit boutique à Goa, et Fitch continua ses voyages aventureux. Il s'embarqua au Bengale en novembre 1586, sur un navire portugais, qui le conduisit à Bassein, au royaume de Pégou, dont le souverain était depuis 1581, Nanda Bureng, cinquième roi de la dynastie de Táungu. Fitch visita Rangoun, Syriam, Pégou, Chittagong, trois années après le joaillier vénitien Gasparo BALBI (1583) et vingt années après un autre Vénitien Cesare FEDRICI. Son récit est remarquable par son exactitude et son esprit d'observation.

L'admirable collection, connue sous le nom de *Calendars of State Papers*, sera une source inépuisable de renseignements lorsque la série coloniale *East Indies*, publiée par M. W. Noël SAINSBURY, sera terminée. Elle ne comprend jusque à présent que cinq volumes grand in-octavo, dont le premier a paru en 1862 et le dernier en 1892, renfermant les archives de 1513 à 1634. Nous y glanons pour cette période ce qui est relatif à la Birmanie, ou plutôt au Pégou :

1614 ? Dans les instructions données par l'East-India Company à John *Jourdain* ? nous voyons qu'il y a parmi les annexes des renseignements de la factorerie anglaise de Pégou.

1614, 28 juin. — Dans une lettre de Patani adressée à l'East-India Company, John GOURNEY, principal négociant du *James*, marque que les affaires sont difficiles en Ava, le roi de Pégou étant en guerre avec celui de Siam.

1615, 12 octobre. — Dans une lettre toujours adressée à l'East-India Company, John SANDCROFTE et Edmund Aspinall nous disent que l'on pourrait faire du bien à Johore en y envoyant une péniche, mais que les Anglais ont encore à connaître exactement cet endroit et le Pégou. — Quoique Johore soit toujours sous le gouvernement nominal d'un sultan, nous savons que les Anglais n'ont plus rien à apprendre sur cette principauté.

1618-1619. — Lettres de Masulipatam, de William Methwold à la Compagnie, marquant les mauvaises affaires avec le Pégou et surtout la crainte que les Hollandais ne leur causent beaucoup d'ennuis dans ce pays.

1627, 18 juillet. — Dans une lettre de Batavia, de Henry Hawley à l'East-India Company, nous notons qu'au Pégou l'or est vendu dans les marchés comme une marchandise ordinaire et qu'on l'y échange facilement pour l'argent du Japon.

1631, 12 septembre. — George Willoughby écrit que les marchandises anglaises sont très demandées au Pégou, dans l'Arakan, et au Tenasserim.

1633, 15 janvier. — Grosses difficultés entre l'East-India Company et ses agents sur la côte de Coromandel, Henry Sill et Christopher Reade. Sill, au détriment de la Compagnie, avait acheté du drap pour le Pégou, l'Arakan et le Tenasserim.

Comme on le voit, c'est encore peu de chose.

Lors de la création définitive en 1702-8-9, de la United Company of Merchants Trading to the East-Indies, désignée depuis sous le nom de « the Honourable East-India Company », les comptoirs anglais dans l'Indo-Chine et la Péninsule malaise, étaient marqués de la sorte : « Siam, Cochin-China, *Pegu*,

Patany or Patania, Quedah, Johore, Cambodia, Ligore. »

Les rois de Birmanie de la dynastie de Tàungu qui régnaient à Ava voyaient leur puissance décliner de jour en jour : l'incapacité des souverains, plus que les attaques d'adversaires redoutables, devait amener la chute de cette dynastie. Le Manipour, puis le Pégou, secouèrent un joug qui n'était plus que nominal. En 1685, l'East-India Company, à la suite de difficultés avec le nabab du Bengale, avait chargé l'amiral Nicholson, de s'emparer de Chittagong, mais la nécessité d'agir au Bengale même, à Húgli, bombardé par le commandant anglais, retarda jusqu'au xviiie siècle l'intervention anglaise dans cette région. Ce n'est en effet qu'en 1760, que Chittagong, cette portion si importante de la partie orientale de l'estuaire du Bramapoutre, fut cédé à l'East-India Company, qui trouvait ainsi un moyen de contourner le golfe du Bengale jusqu'à l'Arakan.

Pendant le xviie siècle, Syriam, ou Than-Lyin, sur la rive gauche de la rivière de Pégou, était le seul port ouvert au commerce étranger. Les Portugais, puis les Hollandais, y eurent des comptoirs, et puis plus tard, on ne sait pas à quelle époque, les Anglais s'y installèrent également. En 1687, les Anglais envoyèrent un certain Weldon à l'île de Négrais ; d'ailleurs les choses de l'Inde n'avaient pas à cette époque pour les Anglais l'importance qu'elles eurent un siècle plus tard et ce fut en 1688, à la suite d'une lettre adressée par le gouverneur birman de Syriam au gouverneur anglais du fort St-George, Madras, que la Compagnie des Indes se décida à reprendre ses relations commerciales avec le Pégou. En 1695, N. Higginson, gouverneur de Madras, envoya Edward Fleetwood en

ambassade au roi d'Ava avec une lettre demandant la
permission d'envoyer un agent à Syriam la mousson
suivante. A la suite de cette mission, les autorités
installèrent à Syriam un agent, Bowyear. Nouvelle
mission anglaise à Ava en 1709 : l'agent était Roger
Allanson, porteur d'une lettre du gouverneur de
Madras, Thomas Pitt, grand'père de Lord Chatham.

Les Anglais, en réalité, n'ont commencé leur action
continue dans la portion occidentale de la presqu'île
indo-chinoise, que lorsqu'il y avait déjà suprématie
d'une race, la race birmane, et qu'un conquérant eut
réduit à néant ses principaux adversaires, les Pégouans, et les petits princes, leurs satellites.

Ce conquérant, c'est Alompra, et depuis 1753, sa
dynastie a régné sans interruption jusqu'en 1885-86,
époque de la conquête de ce qui restait de la Birmanie
indépendante. La dynastie d'Alompra comprend dix
princes depuis son fondateur : Naungdoagyî (1760),
Hsenghpyusheng (1763), Singgu Meng (1775), Maung
Maung, Badoun Meng, Bodoahprâ (1781), Sagaing
Meng ou Phagyîdoa (1819), Tharâwadi Meng (1837),
Pugân Meng (1846), Mengdoun Meng (1853), Thibau
(1878). Alompra (Alaunghprà) était né vers 1711,
dans le village de Mozzobo, non loin de l'Irawadi, environ 80 kilomètres au nord d'Ava. La ville d'Ava
avait été fondée en 1364 par Tha-do-meng bya et
elle fut prise en 1751 par les Talaing (Pégou) ; le roi
d'Ava, Mahâ Dhammâ Râjâ Dibati, le onzième et
dernier de la dynastie Tàungu, fondée en 1599 par
Ngyaung Râm Meng, fait prisonnier, fut conduit au
Pégou et mis à mort. Sans entrer dans le détail de la
vie d'Alompra, disons qu'il organisa la résistance des
Birmans contre les Pégouans, dont il envahit le ter-

ritoire et qu'il rebâtit dans l'estuaire de l'Irawadi, sur la rive gauche de la rivière Hlaing, la ville à laquelle il donna le nom devenu célèbre de Rangoun, qui veut dire *fin de la guerre*. Alompra mourut le 15 mai 1760, après avoir porté la guerre jusqu'au Siam.

C'est de l'époque d'Alompra que datent nos difficultés avec la Birmanie. La fondation de la loge de Balassor en 1684, celle de Chandernagor par DESLANDES en 1690, avait poussé, presque à la même époque, la Compagnie des Indes Orientales à chercher à créer entre le Bengale et le Siam un établissement dans le Pégou ; elle obtint l'autorisation d'établir un comptoir à Syriam. C'était du Pégou que nous tirions le bois de teck nécessaire à nos constructions ; le bon marché de la main-d'œuvre fit même choisir par DUPLEIX cette ville pour y établir les ateliers de construction de la Compagnie ; c'est de ces chantiers que furent lancés un certain nombre des navires utilisés par la Compagnie dans l'Océan Indien. « La Compagnie, dit DARRAC, le chef de la loge de Dacca, dans son histoire manuscrite des établissements français en Asie, conservée dans les Archives du département des Affaires étrangères, la Compagnie fit construire à Syriam des grands magasins à chaux et sable ; elle introduisit même dans le pays, au moyen des ouvriers qu'elle y envoya de la côte de Coromandel, la manière de faire les briques, inconnue chez ces peuples. C'est dans ces ateliers que furent construits les vaisseaux que M. Dupleix employa dans le commerce d'Inde en Inde, de la Mer Rouge et de Manille. C'est aussi de ces chantiers qu'elle tirait les bois tout taillés pour des bâtiments qu'elle voulait faire construire à Chandernagor. On peut voir à ce sujet

la lettre de M. Brunau, résidant au Pégou, à la date
du 5 septembre 1753, par laquelle il annonçait au
Conseil de Chandernagor l'envoi du Boot l'*Oiseau*
chargé de boisages et doublages, en prévenant le
Conseil par la même lettre qu'il venait de faire lancer
à l'eau le vaisseau la *Favorite*. Une autre lettre du
même Brunau au Conseil de Chandernagor en date du
10 décembre 1755, par laquelle il annonçait l'envoi
du boisage préparé pour le vaisseau le *Fleury*, chargé
sur le *Diligent* qui venait d'être construit au Pégou.
La prise de Chandernagor qui suivit de près l'époque
de cette dernière lettre, dut sans doute influer sur le
sort de l'Établissement du Pégou tant que Pondichéry
était au pouvoir de la Compagnie ; mais une autre
cause survenue quelque temps après la prise de Chandernagor, changea la destinée de l'Etablissement de
Syriam. » Dans ces querelles entre Pégouans et Birmans, Français et Hollandais paraissent avoir pris
parti pour les premiers, tandis que les Anglais sem-
blent avoir été favorables aux Birmans. Il résultait de
cet état de choses que suivant que l'un des deux
peuples était vainqueur, les factoreries étrangères hos-
tiles étaient pillées ; c'est dire qu'elles le furent toutes
tour à tour. En 1743, les Pégouans brûlèrent l'établissement anglais et le résident fut rappelé l'année
suivante ; en revanche, en 1756, Alompra fit massacrer l'évêque barnabite de Syriam. Cette mort porta
un coup terrible à cette mission si florissante depuis 1722 ; cette dernière fut transportée d'ailleurs
en 1760, dans la ville de Rangoun. Le vicariat apostolique d'Ava et de Pégou, qui avait été créé, comme
nous venons de le dire en 1722, était un rameau du
diocèse de Saint-Thomas de Méliapour, qui comprenait la côte de Coromandel, l'Orissa, l'Arakan et le

Pégou ; c'est ce vicariat qui, à son tour, en 1866, forma trois vicariats birmans. Les Barnabites ont disparu et ils sont remplacés par les prêtres des Missions Etrangères de Paris et de Milan.

Darrac raconte ainsi la ruine de nos espérances au Pégou : « Les Français établis à Syriam prirent parti dans ces affaires et se déclarèrent en faveur du roi du Pégou, mais étant trop faibles pour pouvoir agir par eux-mêmes, ils demandèrent du secours à Pondichéry. Pondichéry à cette époque, 1759, était dans la pénurie de troupes ; la guerre contre les Anglais absorbait toutes ses ressources en hommes et en argent. Cependant le Conseil de Pondichéry voulant sauver les Français établis au Pégou, envoya une gabarre et un vaisseau de transport pour en cas de non-succès pouvoir ramener les Français. Ces deux bâtiments arrivèrent la même année au Pégou, au bas de la rivière de Rangoun, mais ils trouvèrent les Birmans établis dans la ville de ce nom. Ceux-ci députèrent auprès du commandant de ces bâtiments un de leurs chefs avec des présents pour prier le commandant de rester neutre dans cette guerre ; le commandant, soit qu'il eût des ordres d'agir, soit qu'il les prit sur lui, renvoya les députés et les présents et fut s'embosser près la ville de Rangoun où il jeta quelques boulets. »

« Les Birmans n'ayant point de moyens de défense contre le canon dont ils ne connaissaient même pas l'usage firent à la hâte des radeaux chargés de goudron et autres matières inflammables et les firent dériver sur les bâtiments français qui prirent feu. Les équipages dont les secours furent inutiles durent se jeter dans des bateaux et gagner à la nage la rive la plus proche. La totalité de l'état-major et une partie de l'équipage furent massacrées. La partie qui échappa à la mort fut faite esclave et conduite à Ava où le roi birman se retira après avoir soumis tout le pays. Les chantiers et magasins des Français dans Syriam furent détruits. Les Hollandais qui à cette époque avaient aussi un Etablissement au Pégou et dont la conduite parut suspecte aux Birmans, en furent chassés et n'ont point cherché depuis à s'y établir. »

« A la prise de possession des Etablissements de l'Inde en 1766, le Conseil supérieur de Pondichéry envoya le sieur LEFÈVRE au Pégou avec ordre de demander en arrivant dans ce pays de parler au Roi, faire les diligences à ce sujet auprès des Grands, et remettre au roi les lettres et présents dont il était porteur, et lorsqu'il parviendrait auprès du Roi lui proposer en premier lieu : de relâcher tous les prisonniers français détenus au Pégou ; secondement, de faire un traité de commerce sur l'ancien pied et avec les mêmes privilèges dont les Français jouissaient au Pégou, sans être assujettis à aucun droit à l'exception des présents d'usage selon les circonstances ; le sieur Lefèvre devait aussi, si ce qu'il demandait lui était accordé, faire en sorte d'obtenir la permission de planter le pavillon français sur un terrain qui lui serait accordé, etc., etc. »

« La mission du sieur Lefèvre eut en grande partie un heureux succès. On en voit les résultats dans la lettre que le sieur Lefèvre écrivit au Conseil de Pondichéry sous la date du 28 avril 1768 par laquelle il disait avoir été bien accueilli par le Roi et que celui-ci avait répondu à ses demandes : « Qu'à la vérité les Français jouissaient autrefois du droit de franchise, mais que ce droit ne leur avait pas été accordé dans le temps du règne des Birmans ; mais que pour le terrain demandé il donna des ordres : 1° Pour qu'il en fût donné un à la pointe de Rangoun de 80 bamboux de long sur 50 de large (le bambou contient 12 de nos pieds) ; 2° Que je pouvais arborer le pavillon français, avantage qui n'a point été accordé à aucune nation, excepté la nôtre, depuis la conquête des Birmans ; 3° Que notre nation serait libre de construire des vaisseaux sur son terrain sans payer les coutumes auxquelles les autres nations sont soumises ; 4° qu'il accordait les prisonniers français, et qu'ils étaient libres du moment de ma demande ; 5° qu'il permettait à la nation d'avoir sur son territoire trente maisons de chrétiens sans payer les droits usités (c'est-à-dire gratis). L'ordre me fut délivré par le premier ministre, concernant les 5 articles que le Roi accordait à la nation, lequel est demeuré en dépôt au bureau du sieur Grégoire, dépositaire de tout ce que le Roi accorde aux nations étrangères. J'espère que, si le Conseil a lieu d'être satisfait de moi, il voudra bien me renvoyer au Pégou, pour y être résidant de la Compagnie ; je me propose, Messieurs, moyennant cent fusils par an, d'obtenir les vaisseaux sans être assujettis à aucun droit (les vaisseaux paient 10 0/0 de leur valeur aux douanes). »

« Malgré l'état malheureux auquel le traité de 1763 avait réduit la Compagnie, celle-ci crut devoir relever des magasins et des chantiers au Pégou, mais les vexations, les entraves que son commerce éprouva au Bengale, par suite des entreprises des Anglais et de la souveraineté qu'ils avaient usurpée dans ce royaume, furent des causes qui durent nécessairement porter atteinte à la prospérité de l'établissement du Pégou, dont la principale utilité était l'article des boisages et des constructions. Cette utilité dut suivre la marche du commerce de la Compagnie qui, comme on l'a vu, fut chaque jour en déclinant. Cependant, quoique l'Etablissement du Pégou ne fût pas dans un état d'activité égal à celui dans lequel il avait été avant la guerre, il fut néanmoins utile à la Compagnie. Parmi les constructions qui y furent faites on cite le vaisseau le *Lauriston*, de 1,500 tonneaux, que M. CHEVALIER y fit construire. Ce vaisseau fut en grande partie gréé à Chandernagor où il remonta. Il était en bois de teck, ainsi que sa mâture, et percé pour 50 canons. Il fut construit à deux fins, pour le commerce et pour la guerre. Aussi pendant la guerre de 1778, ce bâtiment armé se mit en ligne en rade de Pondichéry. Il combattit avec l'escadre commandée par M. DE TRONJOLY et soutint le feu avec beaucoup plus d'avantage qu'aucun des autres bâtiments, quoique celui-ci eût été le plus exposé ; il était commandé par M. Lefèvre, de Saint-Malo. »

« La guerre de 1778 paralysa l'établissement du Pégou. Il dut même être abandonné faute d'utilité après que les Etablissements français de l'Inde furent tombés aux mains des Anglais. »

« Cet établissement ne fut point réoccupé à la reprise de possession de 1785. Depuis cette époque le temps a tout détruit et il n'existe plus aujourd'hui que quelques traces de cet établissement. Le seul objet qui soit resté sur pied est le monument qui fut élevé par les Français envoyés en 1766 sur l'emplacement où furent égorgés l'état-major et partie de l'équipage des deux bâtiments envoyés de Pondichéry au secours du roi de Pégou en 1759. Ce monument élevé à la mémoire de ces victimes se voit encore aujourd'hui, 1822, à l'entrée de la rivière de Rangoun. »

Les Anglais allaient donc se trouver sur un terrain libre d'action ; malgré une lettre adressée par Alompra au roi d'Angleterre en 1757, et remise à un certain DYER, à Rangoun, malgré un traité signé la même année au mois de juin par le lieutenant NEWTON ou plutôt l'enseigne LISTER, traité qui n'eut aucune suite,ils eurent eux-mêmes beaucoup de désagrément: en 1759, les agents de Negrais se retirèrent et ceux qui restèrent furent massacrés en octobre par les Birmans. L'année suivante, le gouverneur de Madras envoya le capitaine ALVES pour obtenir satisfaction de cet attentat et porter en même temps des présents qui devaient faciliter les négociations. Mais Alompra était mort dans sa campagne de Siam, son fils Naung-doagyî assiégeait Ava qui était en révolte et Alves dut s'en retourner, mal traité, mécontent, sans bagages, car tout avait été pillé.

D'ailleurs les Birmans continuaient leurs conquêtes : une nouvelle guerre contre les Siamois en 1771 fut suivie d'une autre en 1786 et la paix qui fut signée en 1793 laissa entre les mains des Birmans toute la côte de Tenasserim et les ports de Mergui et de Tavoy. Auparavant, ils avaient conquis en 1783 l'Arakan: la chose était assez grave, car de l'Arakan, ils pénétrèrent dans le Chittagong qui appartenait aux Anglais depuis 1760, ce qui motiva l'envoi d'une mission spéciale en Birmanie.

Michael SYMES, capitaine, puis major au 76e régiment de Sa Majesté Britannique, fut nommé par Sir John Shore, Gouverneur général des Indes, agent plénipotentiaire pour, d'une part traiter avec le roi d'Ava, alors Badoun-Meng, fils d'Alompra, fondateur d'Amarapoura, de l'autre se rendre compte de la situation des sujets anglais dans les contrées qu'il

devait visiter. Il s'embarqua le 21 février 1795, à
Calcutta, à bord du *Sea-Horse*, croiseur armé appartenant à l'East-India Company, commandé par le
Capitaine THOMAS, secondé par un secrétaire, WOOD,
et un chirurgien, le docteur BUCHANAN. Une escorte
de quatorze cipayes, avec un sergent et un caporal
indigènes, un Pandit et quelques subalternes com-
posaient une mission de plus de soixante-dix personnes. Sans entrer dans le détail de la mission de
Symes, dont le récit est extrêmement intéressant,
nous pouvons dire que l'envoyé anglais, reçu avec une
politesse plus ou moins sincère, signa ou crut signer,
avec le roi d'Ava, un traité en septembre 1795, qui
devait procurer à la Compagnie des Indes plusieurs
avantages commerciaux.

Cependant le Gouverneur général Sir John SHORE,
ne voulant pas perdre les avantages du voyage de
Symes, s'empressa en 1796, d'envoyer comme résident à Rangoun, le capitaine Hiram Cox, de l'infanterie indigène du Bengale. Cox était arrivé à Rangoun
le 8 octobre 1796, et fut bien reçu par le roi Badoun-
Meng au mois de février 1797. Le voyage de Cox est
curieux et, comme il le dit lui-même dans son récit,
il était resté absent onze mois moins quatre jours en
se rendant de Rangoun à Amarapoura. En 1798, le
Comte DE MORNINGTON (Marquis de Wellesley),
avait remplacé Sir John Shore, comme Gouverneur
général des Indes : Cox, revenu de Rangoun, fut
chargé d'une seconde mission par le nouveau Gouverneur général : il devait se rendre à Chittagong
pour secourir les nombreux réfugiés chassés de l'Arakan par la tyrannie des Birmans. Cox mourut à
trente-neuf ans, à la suite des fatigues de cette seconde mission.

D'année en année, les difficultés continuent avec le gouvernement birman, WELLESLEY envoie Symes, devenu colonel, une seconde fois en 1802 à la cour de Badoun-Meng. Malgré une escorte de cent cipayes, la mission du colonel Symes échoua piteusement et il est probable que c'est la raison pour laquelle on n'en a pas écrit la relation. Les guerres des Anglais avec la France et surtout leurs inquiétudes en Asie, les entraînèrent à des démarches qui, dans cette période, n'obtinrent aucun succès tant en Chine qu'en Birmanie. En 1802 et en 1808 les Chinois les empêchèrent de débarquer à Macao ; en mai 1805 et en 1809, CANNING, lieutenant, puis capitaine, agent à Rangoun, fut obligé la première fois de quitter son poste six mois après son arrivée, la seconde, il fut reçu à Amarapoura, ce qui ne l'empêcha pas d'être chargé pour le Gouverneur général des Indes de deux lettres fort impertinentes.

Mais ce sont les difficultés avec l'Arakan, difficultés commencées en 1811, qui déterminèrent un conflit direct entre la Birmanie et l'Angleterre. Le gouvernement du Comte DE MINTO (1807-1813) avait été marqué par des ambassades en Perse et dans l'Afghanistan ; celui de son successeur, le marquis de Hastings, le fut par la conquête du Nepaul (1814-1815) et par la dernière guerre des Mahrattes (1817-1818). La fin des guerres de l'Empire avait permis à l'Angleterre de reprendre sa politique indienne. Elle envoya en 1816 une ambassade à Péking dirigée par William Pitt, lord AMHERST. Cette ambassade échoua entièrement, mais Amherst eut sa revanche, car ce fut lui qui remplaça HASTINGS comme Gouverneur général des Indes (1823-1828) et ce fut lui qui eut la chance de faire la première guerre birmane.

Lord Amherst qui mourut le 18 mars 1857, fut à la suite de cette expédition heureuse que nous allons raconter, créé comte Amherst de Arakan : c'est un précédent pour le titre de marquis de Dufferin et Ava.

L'attaque du gouverneur birman d'Arakan, sur la frontière sud-est du Bengale, amena l'intervention anglaise. Au commencement de 1824, il fut décidé qu'une armée de 5 à 6,000 hommes, tirés des Présidences de Fort-William (Bengale) et de Fort Saint-George (Madras) se réuniraient à Port Cornwallis dans la grande Andaman, sous les ordres du major général Sir Archibald CAMPBELL, pour s'emparer de Rangoun, la ville la plus importante de l'estuaire de l'Irawadi, dans l'ancien royaume de Pégou. La guerre fut déclarée le 5 mai 1824. Du 2 au 4 mai, la plus grosse partie des troupes de l'expédition était réunie à Port Cornwallis, et le 10 mai, sans que la cour d'Ava s'y attendit, la flotte anglaise, à la tête de laquelle marchait le *Liffy*, Commodore GRANT, franchissait la barre de la rivière de Rangoun. Rien ne pouvait empêcher l'occupation de la ville, qui eut lieu le 11 mai.

Naturellement, les Birmans s'étaient donné beaucoup de mal pour rassembler toutes leurs forces militaires, et leur premier contact avec les Anglais eut lieu le 28 mai. Deux envoyés birmans arrivèrent à Rangoun, mais ne purent s'entendre avec les Anglais, aussi après une attaque des Birmans le 1er juillet, leurs adversaires s'emparèrent-ils le 8, du fort de Kameroot.

Au lieu de rester stationnaires, les Anglais envoyèrent vers le Sud un petit corps composé du 89e régiment de Sa Majesté et du 7e régiment d'infanterie indigène de Madras, sous les ordres du lieutenant-colonel MILES : Tavoy capitula, et Mergui fut emporté d'assaut.

Pendant trois mois, les Birmans étaient défaits. Mahâ Bandoula, qui commandait dans l'Arakan, fut rappelé avec son contingent. Les voisins des Birmans, les Siamois, suivaient d'un œil intéressé les opérations anglaises ; c'était pour eux une excellente occasion de reconquérir le Tenasserim. Sans compter sur le succès des Anglais, ils espéraient, à la faveur des difficultés que rencontreraient les Birmans, pouvoir reprendre possession de leur territoire perdu. Aussi s'agitaient-ils, tout en assurant les Anglais de leur bonne volonté.

Les Anglais ne furent pas dupes de ces protestations ; pour couper court aux projets futurs des Siamois, ils envoyèrent de Rangoun, le 13 octobre, pour Martaban, sous les ordres du lieutenant-colonel GODWIN, une troupe composée d'une partie du 41e régiment de la Reine et du 3e régiment d'infanterie légère indigène de Madras. Malgré des vents contraires, et la résistance du gouverneur Maha Oudnah, Yeh, qui est à l'Est de Martaban et de Tavoy, tomba entre leurs mains. Cependant la saison des pluies avait cessé : Mahâ Bandoula s'avançait avec toute son armée contre Rangoun, et du 1er au 7 décembre, une lutte terrible s'engagea, qui amena le 15 l'attaque du fort de Kokien et la retraite des troupes de Bandoula à Donoobew.

L'expédition, organisée à nouveau pour faire campagne, remonta à Tonghoo et établit ses quartiers d'hiver sur l'Irawadi, à Prome. A la suite de négociations restées infructueuses, la campagne reprit ; l'attaque des Birmans dont l'armée était composée de trois divisions, fut repoussée devant cette ville le

10 novembre ; ils furent obligés de se retirer à Mellonne. Le 29 décembre, les Anglais arrivaient sur l'Irawadi, en face de Mellonne, et un traité de paix préliminaire était signé. Le roi refusa de le ratifier, et le feu recommença. Le 18 janvier, les Birmans étaient repoussés de Mellonne, et le 25, les Anglais continuaient leur route sur la capitale, Ava.

Une dernière défaite à Prahangniou força le roi d'Ava, à envoyer à Yandabou, à une quinzaine de lieues de la capitale, de nouveaux plénipotentiaires. Ils étaient accompagnés d'Adoniram Judson, missionnaire américain, et de sa femme, d'un négociant anglais Gouger, et de quelques autres qui avaient été faits prisonniers pendant la guerre.

On peut comparer ce qui s'est passé pendant la marche des Anglais entre Prome et Ava, aux événements qui eurent lieu lors de la marche des troupes anglo-françaises sur Peking, le long du Pei Ho : négociations à T'ien Tsin, à Yang tsoun, à Ho Si Wo, etc. Ils eurent la chance de ne pas avoir le guet-apens de T'oung-tcheou.

Le traité de Yandabou se compose de onze articles ; il fut signé le 24 février 1826 au nom de l'honourable East-India Company, par le Major General Sir Archibald Campbell, K. C. B., and K. C. T. S., commandant l'expédition, principal Commissaire au Pégou et à Ava ; Thomas Campbell Robertson, Commissaire civil au Pégou et à Ava, et Henry Ducie Chads, capitaine commandant les forces navales de Sa Majesté Britannique et de l'Honourable Company sur la rivière de l'Irawadi ; au nom du roi d'Ava, par Mengyee-Maha-men-hlah kyan-ten Wongyee, seigneur de Lay-Kaing, et Mengyee Maha-men-hlah-thu-hah-thoo Atwen-woon, l'un des ministres

de l'intérieur chargé des finances. Il se compose de
onze articles, dont les principales clauses sont la ces-
sion à la Grande-Bretagne de l'Assam, de l'Arakan,
de Yeh, de Tavoy, Mergui, Tenasserim, avec les îles
qui en dépendent ; les Birmans devaient s'abstenir
de toute ingérence dans le Manipour, le Kachâr, le
Jyntia ; la clause 10 concerne le roi de Siam qui
comme allié fidèle de l'Angleterre, est considéré
partie au présent traité. Un article additionnel marque qu'après exécution du traité et le paiement de
25 lakh de roupies, c'est-à-dire un quart de l'indemnité totale, les troupes anglaises se retireraient à
Rangoun ; le paiement du second quart de l'indemnité devait amener le retrait de toutes les troupes
britanniques ; enfin, la dernière moitié devait être
payée en deux versements annuels à partir de la date
du traité.

Comme on le voit, le traité de Yandabou isolait
complètement la Birmanie du Nord-Est de l'Inde et
de l'embouchure de la Salouen ; la côte occidentale
de l'Indo-Chine, c'est-à-dire l'Arakan, leur étant également enlevée, les rois d'Ava restaient établis sur
les deux rives de l'Irawadi, ils pouvaient étendre leur
influence, discutée d'ailleurs sur les principautés de
la haute Salouen et de la rive droite du Me-Kong ;
leur seul littoral était celui de l'ancien royaume de
Pégou, c'est-à-dire l'estuaire de l'Irawadi avec Rangoun, dont la conquête lors de la seconde guerre anglaise, devait priver la Birmanie de toute communication directe avec la mer.

John CRAWFURD écrit lui-même à la date du 1er septembre 1826 qu'il était depuis six mois Commissaire
civil du gouvernement britannique à Rangoun lorsqu'il reçut l'ordre de se rendre en mission spéciale à

Ava. Il devait être accompagné comme second par le lieutenant Chester ; d'un médecin, le Dr. Steward, d'une escorte commandée par le lieutenant Cox ; du lieutenant de Montmorency et enfin d'un interprète, le missionnaire américain Judson. En outre, un naturaliste, le Dr. Wallich, Directeur du Jardin Botanique de Calcutta, devait étudier les essences forestières de la Salouen et de l'Irawadi. Un petit vapeur l'*Indiana*, accompagné de cinq bâtiments birmans, devait porter les membres de la mission, vingt-huit grenadiers anglais et quinze cipayes. Le secrétaire du Gouvernement des Indes, George Swinton, avait adressé à Crawfurd de Fort William, à la date du 30 juin 1826, les instructions relatives à sa mission, qui avait en réalité pour but de conclure un traité de commerce avec la cour d'Ava et d'adoucir certaines questions irritantes, par exemple, celle de la frontière orientale de l'Assam, de l'établissement d'un fonctionnaire anglais principal à Rangoun, des affaires du Manipour, de l'acquisition de l'île de Negrais à l'entrée de la rivière de Bassein, de la frontière de Martaban, etc. Dans une lettre officielle adressée au même secrétaire, de Saugor, le 22 février 1827, Crawfurd écrivait qu'il avait conclu avec le Gouvernement birman un traité de commerce le 23 novembre précédent. Le roi d'Ava était le même Sagaing Meng ou Phagyiadoa qui avait signé le traité de Yandabou. La promesse faite par ce traité commercial, que les négociants anglais de Rangoun ne pourraient être l'objet de mesures spéciales, fiscales ou tyranniques, ne fut pas plus observée en Birmanie qu'en Chine avant le traité de Nanking de 1842. Dans l'Extrême-Orient, la force seule a fait obtenir et... observer les traités. Un Commissaire anglais, le Major

Burney, s'était installé à la cour d'Ava en 1830 ; sept ans plus tard, le roi Sagaing-Meng fut, après dix-huit années de régne, détrôné en mai 1837 par son frère Tharâwadi-Meng. Ava ou Awâ, en pali Ratanapoura ou ville des pierres précieuses, avait été fondée en 1364 sur l'Irawadi, près de l'embouchure de la Mytnge, par Thado-menge-bya. La chute de Sagaing Meng fit transférer la capitale en 1838 à Amarapoura. Amarapoura était d'origine plus récente ; elle avait été bâtie sur la rive gauche de l'Irawadi, à environ une lieue et demie au N.-E. d'Ava par Badoun-Meng (Bodoahprâ), fils d'Alomprâ, le sixième roi de la dynastie fondée par ce conquérant. Ce prince occupa le palais de la nouvelle ville le 10 mai 1783. Depuis 1838 jusqu'en 1860, époque du transfert du gouvernement à Mandalay, par Mengdoun-Meng, Amarapoura resta la capitale birmane.

Le Major Henry Burney qui s'était installé, ainsi que nous l'avons dit plus haut, comme résident anglais à Ava en avril 1830, fut, après un séjour extrêmement pénible, obligé, grâce à la révolution de 1837, de se retirer à Rangoun, puis à Calcutta et enfin en Angleterre. En 1838, Lord Auckland envoya le colonel Banson, comme nouveau résident à la cour d'Ava, mais il échoua comme son prédécesseur et repartit en mars 1839 pour le Bengale. Son second, le capitaine Mac-Leod, se retira à Rangoun, où il resta jusqu'en janvier 1840, époque à laquelle les Anglais quittèrent cette ville pour n'y reparaître qu'à la guerre de 1852. Mac-Leod avait voyagé dans le Laos birman, et l'on a décoré du titre pompeux de traité un arrangement qu'il avait pris avec un des chefs.

Mais l'attention des Anglais, pendant l'administration de Lord Auckland, sous laquelle eut lieu le désastre si grand de la première campagne afghane, pendant celles de Lord ELLENBOROUGH (1842-1844) et de Lord HARDINGE (1844-1848), fut attirée d'une façon presque absolue vers le nord-ouest de l'Inde. Lord DALHOUSIE, tout en terminant les entreprises de ses prédécesseurs, allait reprendre à nouveau la question birmane.

Lord Dalhousie est peut-être le plus grand des Gouverneurs généraux des Indes Orientales depuis Lord Clive : il compléta l'œuvre de son prédécesseur, lord Hardinge, en se battant une seconde fois contre les Sikhs, et en annexant le Pendjab, et celle de Lord Amherst, en luttant contre la Birmanie et en s'emparant du royaume de Pégou, c'est-à-dire de l'estuaire de l'Irawadi. Si l'on ajoute à ces territoires, le royaume d'Oudh (1856) et quelques autres pays de moindre importance, on verra que lorsque Lord Dalhousie remit en 1856 après huit années d'administration, le pouvoir à son ami Lord CANNING, il avait bien mérité un repos que ses fatigues ne lui permirent de trouver que dans la mort (1860).

Des difficultés de toute sorte, soulevées par le gouvernement birman, des entraves mises au commerce britannique, les mauvais traitements subis par les marchands anglais, amenèrent le gouvernement des Indes à écrire une lettre de remontrances à la cour d'Ava pour obtenir satisfaction. La guerre n'en éclata pas moins ; les Birmans ouvrirent le feu à Rangoun, le 10 janvier 1852 ; un vigoureux combat, à l'entrée de l'Irawadi, le 12 et le 14 avril 1852, amena la prise de Rangoun ; le 19 mai suivant, Bassein tombait également au pouvoir des Anglais. En juin 1852, une première attaque eut lieu sous les

ordres du Major Cotton et du Commandant Tar-
leton, contre la ville de Pégou, enfin le 20 décembre
1852, Lord Dalhousie lançait une proclamation par
laquelle il déclarait le royaume de Pégou annexé aux
autres possessions anglaises. Ce qui de la Birmanie
restait indépendant était complètement isolé du reste
du monde. Sur ces entrefaites, le roi Pugan-Meng,
qui régnait depuis 1846, était détrôné à Amarapoura
par son demi-frère Mengdoun-Meng, en février 1853.
Dalhousie eut la sagesse de ne pas vouloir imposer un
traité à ce nouveau prince que ses sujets auraient
certainement chassé s'il avait reconnu la nouvelle
conquête anglaise. L'occupation du Pégou et sa prise
de possession *ipso facto* est un des précédents en Asie
qu'on aurait pu faire valoir dans des circonstances
plus récentes, lorsqu'on montrait une trop grande
hâte pour signer des traités. Il ne faut pas oublier
qu'en Asie, les Occidentaux n'y sont que par la force
du canon ; il faut prendre d'abord, traiter ensuite ; si
c'est impossible, ne pas traiter, mais continuer l'occupation. Je ne défends pas la théorie, mais la pratique. On ne fait pas un empire colonial comme celui
de l'Angleterre avec de la théorie, mais avec beaucoup de pratique.

Mengdoun abandonna Amarapoura définitivement en 1860, pour transférer la capitale à Mandalay
qu'il avait fait construire. Ce prince s'aperçut de
quelle grande importance était pour lui le maintien
de bonnes relations avec les conquérants étrangers
de l'Inde. Il comprit qu'il n'y avait rien à faire contre
le fait acquis et les Anglais se rendirent compte
qu'exiger la signature d'un traité pouvait amener des
complications graves, un soulèvement populaire,
peut-être une guerre nationale comme celle d'Alom-

pra : ils tenaient le gage, il leur suffisait, et un gouverneur de Pégou fut nommé : le Major Arthur Phayre.

Montrant sa faiblesse en même temps que sa bonne volonté, au commencement de 1855, Mengdoun-Meng envoya une mission particulière à Lord Dalhousie, pour présenter ses compliments au Gouverneur général des Indes. Aussi, dès le 1er août 1855, une ambassade spéciale quittait-elle Rangoun pour rendre au roi d'Ava la politesse qu'il avait faite à Lord Dalhousie. Le chef de la mission était Sir Arthur Phayre, le secrétaire qui en fut aussi l'historien, Henry Yule, alors capitaine ; les autres membres étaient le Dr John Forsyth, le Major Grant Allan, le géologue Oldham, le lieut. Heathcote, M. Ogilvie, de la marine indienne, le capitaine Willis, commandant l'escorte, le capitaine Tripe (photographe), Colesworthy Grant (dessinateur), R. Edwards (interprète) ; l'escorte qui se composait d'une petite troupe, avait comme officiers, en dehors du capitaine Willis, les lieutenants Mackenzie et Hardy, l'enseigne Woolhouse et le Docteur Cholmeley. Cette ambassade nous a valu un superbe volume [1] dû à Yule : nous y trouvons le journal de la mission de la frontière anglaise à Pagán-myo, la description des ruines de Pagán, le voyage de cette ville à la capitale Amarapoura qui est décrite ainsi que ses environs, enfin le journal de retour à Rangoun ; en outre des chapitres complémentaires nous donnent des détails circonstanciés sur la géographie, l'histoire, l'adminis-

---

1. A. Narrative of the Mission sent by the Governor-General of India to the Court of Ava, in 1855, with Notices of the Country, Government, and People. By Captain Henry Yule, Bengal Engineers. London, Smith Elder, 1858, in-4.

tration et la religion des Birmans ; nous rencontrons
encore des descendants de cette famille velue décrite
longtemps auparavant par Crawfurd et dont plusieurs
membres ont visité depuis l'Europe. La mission de
Phayre avait pour but, d'après la lettre de Dalhousie
au Roi, du 3 juillet 1855, de « confirmer l'alliance
amicale qui est souhaitée par les chefs des deux grands
Etats ; d'écarter toutes les causes de discorde possible entre eux, et d'encourager et d'augmenter le
commerce, qui doit être également utile à l'un et à
l'autre ». Si l'occasion s'était trouvée de signer un
traité, les Anglais en eussent profité, mais l'occasion
ne se présenta pas.

La prise de possession du royaume de Pégou devait
nécessairement amener les Anglais à chercher des
débouchés commerciaux vers les provinces sud-ouest
de la Chine, et en particulier vers le Yun Nan. Ce fut
le Capitaine Richard SPRYE qui émit le premier
l'idée, en 1858, d'une ligne de chemin de fer qui se
rendrait de Rangoun au Yun Nan avec des embran-
chements sur le Siam, le Cambodge, le Tong King et
l'Annam. En 1867, un traité de commerce fut signé
entre la Birmanie et l'Angleterre, et dès l'année suivante, une exploration organisée sous les ordres du
Major E.-B. SLADEN, agent à Mandalay. Sladen était
accompagné du docteur Clément WILLIAMS, du capitaine A. BOWERS, agent commercial, du docteur
F. ANDERSON, naturaliste, etc. On remarquera que,
la commission d'exploration du Me Kong, dirigée
par DOUDART DE LAGRÉE (5 juin 1866) était depuis
longtemps partie de Saigon. Sladen quittait Mandalay le 13 janvier 1868, il était à trois cents milles plus
loin, à Bhamo le 21 janvier, qu'il laissait le 26 février.
Un séjour de sept semaines à Momein, une visite à

Ta-li, où il précédait Francis GARNIER, le second de Doudart de Lagrée, ne l'empêchèrent pas d'être de retour à Mandalay, le 20 septembre de la même année. Cependant les circonstances avaient singulièrement changé dans le Yun Nan : la puissance musulmane avait été détruite par les troupes impériales de la Chine ; Ta-li s'était rendue aux vainqueurs le 8 janvier 1874, il était nécessaire de reconnaître la nouvelle situation faite aux intérêts anglais dans le pays. Sur la demande de l'honorable ASHLEY-EDEN, Commissaire en chef de la Birmanie anglaise, Lord Salisbury, d'accord avec le gouvernement des Indes et la Légation britannique à Péking, chargea le Colonel Horace BROWNE d'une mission semblable à celle du Capitaine Sladen ; la mission était rejointe à Bhamo, le 17 janvier 1875, par l'interprète Augustus Raymond MARGARY, parti par terre de Chang haï, le 23 août 1874. Le colonel Browne quittait Bhamo en février et traversait la frontière birmane le 17 ; on entendait des bruits sinistres ; Margary retraversait seul la frontière le 19, pour se rendre compte de l'état des esprits qu'il avait trouvés si calmes quelques jours auparavant : le 21, il était assassiné à Manwyne, et le colonel Browne était attaqué par les Chinois. Browne, grâce à son contingent birman et sikh, réussit à battre en retraite, et ce guet-apens amena de longues négociations qui n'aboutirent que le 13 septembre 1876, par la signature d'une convention à Tchefou. Cet incident n'aurait pu amener qu'un rapprochement entre la cour birmane et l'Angleterre, si Mengdoun-Meng n'était mort le 1er octobre 1878 ; il fut remplacé par son fils, le prince Thibau, qui s'empressa de faire massacrer, en février 1879, la plus grande partie de ses parents. Le résident à Mandalay,

à la suite de ce massacre, était alors M. R. B. Shaw,
mort en juin 1879 dans cette même ville ; il fut remplacé successivement par le colonel Browne, et par
M. H. L. St.-Barbe, qui, suivant les instructions qu'il
avait reçues du Commissaire en chef, lui annonça
par une lettre en octobre 1879, qu'il se retirait de
Mandalay avec tout son personnel.

Mengdoun-Meng, malgré toutes ses fautes, avait
réussi à vivre en termes suffisamment médiocres
avec l'Angleterre pour ne pas amener une intervention armée de son redoutable voisin ; les cruautés de
Thibau seraient probablement passées inaperçues si
ce prince n'avait pas marqué vis-à-vis du gouvernement indien une hostilité qui parut plus grande
encore, par suite d'un rapprochement vers la France.
Le 24 janvier 1873, notre ministre des affaires étrangères, M. Charles DE RÉMUSAT, avait signé à Paris,
un traité d'amitié et de commerce avec l'ambassadeur
birman, Mengyee-Maha - Saythoo - Kenwoon - Mengyee. M. Jules FERRY signait à Paris, le 5 avril 1884,
une Déclaration avec Mingghie-Min-Maha-Zaya-
Gian-Myothit-Myozah-Atwin-Wom-Min. Enfin, une
convention supplémentaire de commerce était conclue,
entre la France et la Birmanie le 15 janvier 1885.
D'autre part, notre vice-consul à Mandalay, M. HAAS,
ayant été mis en disponibilité pour raisons de santé,
par décret du 14 novembre 1885, et le consul de
deuxième classe, chargé du consulat de France à Philadelphie, Pierre - Guillaume - Marie - Joseph - Eustache
DE BOUTEILLER, nommé à sa place, on peut supposer
que les Anglais devinrent inquiets de l'influence française dans la presqu'île indo-chinoise.

Quelques dates rappelleront en effet l'importance
des événements à cette époque : le 23 juin 1884, avait

lieu l'affaire de Bac-Lé ; le 23 août, l'amiral Courbet bombardait l'arsenal de Fou-Tcheou ; Lang So'n était pris le 13 février 1885, et les Pescadores le 29 mars ; le 4 avril était signé le protocole Billot-Campbell. On croit aisément que ces événements ne pouvaient laisser l'Angleterre indifférente. Ses commissaires en Birmanie étaient gens habiles et bien renseignés et lorsqu'en 1862, la conquête de Lord Dalhousie devint province, on vit tour à tour comme commissaires en chef Sir Arthur Purves-Phayre, puis le lieutenant-général A. Fytche (1867), Ashley Eden (1871), à l'époque du colonel Browne, A. Rivers Thompson (1875), C. U. Aitchison (1878), C. Bernard (1880), C. H. T. Crossthwaite, intérimaire (1882) et de nouveau C. Bernard (1884). C'est sous l'administration de ce dernier que le feu allait être mis aux poudres.

L'œuvre de conquête, commencée par Lord Amherst, continuée par Lord Dalhousie, allait être terminée par un nouveau venu, le comte de Dufferin, qui avait remplacé en 1884, le marquis de Ripon comme vice-roi des Indes. Le comte, maintenant marquis de Dufferin et Ava, est aujourd'hui (décembre 1893) ambassadeur extraordinaire de Sa Gracieuse Majesté, auprès du Gouvernement de la République française, et les pourparlers qu'il a engagés avec l'administration en vue des affaires de Siam sont d'autant plus importants que s'ils réussissaient complètement, la destruction de la Birmanie au profit de l'Angleterre pourrait être suivie de la dislocation du Siam. D'origine irlandaise, Frederick Hamilton Temple Blackwood, est né à Florence en 1826 ; c'est un homme de carrière ; créé baron de Clandeboye en 1850, il fut fait comte de Dufferin, sous l'administration de M. GLADSTONE en 1871 ; le gouvernement du marquis DE SALISBURY le fit, en 1888, marquis de Dufferin et Ava ; il est grand'croix du Bain, chevalier de St-Patrick, grand'croix de l'Etoile des Indes, etc... Rien ne manque à ses honneurs ; il n'a plus qu'à chercher à augmenter le patrimoine britannique de la péninsule indo-chinoise. Pour ceux qui savent ce qu'on appelle Outre-Manche, *imperial policy*, cet Irlandais est un grand Anglais ; nous, nous devons le redouter et l'admirer tout à la fois, car c'est un homme heureux : sous-secrétaire d'Etat aux Indes, à la Guerre, Gouverneur-général du Canada, ambassadeur à Saint-Pétersbourg, à Constantinople, vice-roi des Indes, ambassadeur à Rome, puis, en remplacement de Lord LYTTON, à Paris, partout il a réussi [1].

Le 1er décembre 1885, il adressait d'Agra au très honorable Lord Randolph CHURCHILL, Secrétaire d'Etat des Indes, une lettre dans laquelle il mandait que l'attitude hostile du roi Thibau lui faisait donner l'ordre au commissaire anglais en Birmanie, C. Bernard, de transmettre les trois demandes suivantes : 1º qu'un envoyé du vice-roi et Gouverneur-général fût reçu convenablement à Mandalay et que les diffi-

---

1. Quand j'écrivis ces lignes, j'avais oublié les paroles de Solon à Crésus : « Je ne puis vous dire heureux avant de savoir si vous avez fini vos jours dans la prospérité. » La perte de son fils aîné, Lord Ava, tué dans la guerre des Boers, les embarras d'entreprises financières mal conduites assombrirent les derniers jours de Lord Dufferin qui mourut le 12 février 1902 après une vie particulièrement heureuse jusqu'à ces deux dernières années. — Voir dans le *T'oung pao*, Mai 1906, pp. 301-303, notre compte rendu de l'ouvrage de Sir Alfred C. LYALL : *The Life of the Marquis of Dufferin and Ava*. London, John Murray, 1905, 2 vol. in-8.

cultés présentes fussent réglées par son intermédiaire ; 2º que tout procès contre la Compagnie de
Commerce fût arrêté, jusqu'à l'arrivée de l'envoyé ;
3º qu'à l'avenir, un agent diplomatique du vice-roi
eût la permission de résider à Mandalay, avec des
garanties suffisantes pour sa sécurité et que le gouvernement birman le traitât suivant son rang.

Les réponses du roi furent considérées comme
insuffisantes ; en conséquence, le major-général, Sir
Harry PRENDERGAST, reçut les instructions nécessaires pour franchir la frontière birmane et marcher
sur Mandalay. Cette campagne, commencée en novembre 1885, était terminée en quelques semaines.
Mandalay était pris, le roi Thibau fait prisonnier,
était envoyé aux Indes. Le 1er janvier 1886, Lord
Dufferin lançait la proclamation suivante que je
traduis *littéralement* : « Par commandement de l'Im-
pératrice-Reine, il est donné notice par la présente,
que les territoires jadis gouvernés par le roi Thibau
ne seront plus désormais gouvernés sous son autorité, mais sont devenus portion des possessions de
Sa Majesté ; et seront, suivant le bon plaisir de Sa
Majesté, administrés par les officiers que le vice-roi
et Gouverneur-général de l'Inde pourra nommer de
temps en temps ».

Il n'y avait plus de Birmanie indépendante.

Depuis lors, de nombreuses explorations ou missions ont augmenté les connaissances de l'Angleterre sur les frontières Est de la Birmanie, les con-
duisant de la sorte jusqu'au royaume de Siam et
jusqu'à la rive droite du MeKong dans la sphère
d'influence de la France, qui avait réalisé sur la côte
orientale de l'Indo-Chine, les mêmes conquêtes que
la Grande-Bretagne dans les parties occidentales :

le but commun poursuivi étant l'ouverture au commerce des vastes provinces du sud-ouest de l'empire chinois.

M. C. E. W. Stringer, élève interprète de la légation d'Angleterre à Bangkok, était parti de cette ville le 11 novembre 1887, avec un négociant anglais de cette ville, M. F. S. Clarke, et se rendit à Nan, où il arriva le 13 décembre au soir ; il y resta jusqu'au 27 ; alla ensuite à Phrë, puis rentra à Bangkok le 23 janvier 1887. Ce voyage sert donc de préface aux explorations de M. Archer : M. Stringer nous conduit à Nan, M. Archer de Nan à Chieng-toung.

En 1887, M. J. W. Archer, profitant d'un congé qui lui avait été accordé par M. E. M. Satow, ministre résident et consul général à Bangkok, parcourut en février et mars, quelques-unes des cinq provinces dans les limites de Chieng-maï, ou Zimmé, sur le Me-Ping, siège d'un vice-consulat britannique. Parti de Chieng-maï le 2 février, il se dirigea vers le nord et le nord-est jusqu'à Me-ki sur la route de Chieng-sen, puis remontant vers le nord jusqu'au Me-sai, affluent du Me-khok qui se jette lui-même dans le Nam-khay, il arriva au fort qui forme là, la limite nord de l'occupation siamoise, puis il revint à Chieng-sen dans une plaine sur la rive droite du Cambodge appelé ici Nam-khong, près de son confluent du Me-chan, puis au village de Me-khi, près du Me-chan, affluent de gauche du Me-kong, d'où il redescendit à Chieng-haï. C'est à Me-khi que la grande route de Chieng-haï coupe la route de Chieng-sen pour continuer jusqu'à Chieng-toung. La route de Chieng-maï à Chieng-haï avait déjà été notée par M. E. B. Gould, consul anglais à Bangkok, nous verrons que M. Archer a visité Chieng-toung. De Chieng-haï, il se rendit à

Nan qu'il ne connaissait pas et qui est à un quart de
mille sur la rive droite du Nam-Nan sur la route de
Luang-Prabang. Puis, revenant sur ses pas, il traversa le Me-yom, arriva à Lakhon et il était de retour à Chieng-maï le 23 mars après un voyage de sept
semaines. Chieng-sen qui dépendait autrefois de la
Birmanie, a été prise et détruite par les Laotiens en
1804, aussi est-ce une ville pauvre, presque sans commerce, qui est toutefois appelée à un meilleur avenir.

Chieng-haï qui a été créé il y a environ quarante-
cinq ans, est la capitale d'une province très monta-
gneuse, qui n'est fertile que dans la plaine, à l'est et
au sud de la ville. Comme le fait remarquer M. Archer : « La ville de Chieng-haï paraît destinée à devenir un important centre commercial, si le commerce
du nord du Siam prend jamais un grand développement. Elle est placée sur le Me-khok, affluent du
Me-Lao qui se jette lui-même dans le Me-kong, sur
la route directe de Chieng-toung à Chieng-maï,
Lakhon et Phrë, ou, ce qui peut être de plus grande
importance, de Yun-nan à Siam ; ainsi que sur la
route encore peu fréquentée de Chieng-maï à Luang
Prabang. La ville de Nan, plus petite que Chieng-maï,
est murée et sert principalement de résidence aux
chefs et aux prêtres, tandis que la grande partie de la
population demeure à environ un mille au nord, dans
un faubourg, Mieng-kao, jadis la capitale, aban-
donnée il y a une quarantaine d'années. Le rapport
de M. Archer renferme en outre un grand nombre de
renseignements sur les habitants et leur appellation :
par exemple le nom de Thaï, *libre*, des Siamois, est
pris également par différentes branches de la famille,
que le nom de *Lao* que leur donnent les Siamois ne
paraît guère flatter.

M. Stringer qui avait visité Nan quelque temps auparavant dit « qu'au coin N.-E. de la muraille, il y a une rangée d'abris en bambou de chaque côté de la route qui conduit vers le nord. Les Shans et autres habitants y vendent des draps indigènes et des marchandises européennes. Ce sont les seules boutiques de Nan. Il y a environ dix Chinois habitant la ville ou autour et peu d'affaires paraissent leur passer par les mains.

L'année suivante, M. J. W. Archer visitait Chieng-toung. Il partait le 1er mai 1888 de Chieng-maï pour Chieng-haï, puis, presque en ligne droite vers le nord, traversait le village Me-ki, arrivait au fort siamois (13 mai) sur la rive sud du Me-saï et atteignait Chieng-toung le 20 mai après avoir constaté le peu de commerce sur la route depuis le fort siamois, l'insécurité et la sauvagerie du pays. De là il se dirigeait (24 mai) vers le Me-Len, affluent du Me-kong, et en suivant la vallée jusqu'à Muang-Len, district le plus prospère de Chieng-toung. Il fit la rencontre de gens de Muang-Len à neuf jours N.-N.-O. de Chieng-toung qui avaient été cinq années en guerre avec Chieng-toung. Muang-Len comme Chiang-houng, plus au nord sur la rive droite du Me kong, payait tribut également à la Chine et à la Birmanie, quoique les Birmans n'y soient jamais parvenus. Puis M. Archer reprit la route dans une direction Sud-Ouest, et retourna au fort siamois, d'ailleurs sans garnison, d'où il repartit pour Me-ki et Chieng-haï, où il arriva le 9 juin, après un voyage de dix-sept jours depuis Chieng-toung. Chieng-toung est une ville murée au sud d'un plateau dénudé à 2.700 pieds environ d'altitude, entourée de montagnes de tous côtés sauf au nord ; misérable à côté de Chieng-maï ; la principale culture est le riz, puis le coton, l'opium et le thé (mièng) ; on y importe surtout les cotonnades qui viennent de Moulmein, le sel, la soie, etc. ; on y envoie de Chieng-haï et de Chieng-tchang les noix de betel et de coco qui n'y poussent pas. Il est bon de retenir que les habitants ne paraissent guère connaître la langue birmane dans la région.

D'autre part, Lord LAMINGTON, poursuivant une série de voyages importants, réunissait des renseignements nombreux qui en ont fait avec l'honorable Curzon, un des « Questionneurs » les plus redoutables de la Chambre des Communes. Le côté pratique n'échappait pas davantage aux Anglais : M. Hallett avait fait un projet de chemin de fer par le Laos, qui devait mettre en communication l'embouchure de la Salouen avec Se-mao en Chine. Sans attendre la mise à exécution de ce projet, les Anglais ont poussé dans la vallée de l'Irawadi un chemin de fer de Rangoun à Prome, l'ancienne capitale et Allanmyo, et un autre de Rangoun à Mandalay et à Wuntho, qui se continue en ce moment même jusqu'à Bhamo.

La commission de délimitation avec la Chine menait assez rapidement sa besogne et avec un succès qui paraît avoir été assez grand aux dernières nouvelles, puisque l'agent anglais, M. William WARRY, est invité par les deux commissaires chinois à visiter avec eux la province de Yun-nan.

J'ai en ce moment devant moi la dernière carte anglaise de l'Indo-Chine *(Farther India)* ; elle a paru cette semaine (décembre 1893) : c'est celle du *Hand-Atlas of India*, de Constable. La frontière des possessions anglaises commence au Sud à l'isthme de Kra, touchant presque le versant oriental de la péninsule malaise par le 12ᵉ parallèle, comprenant tout le Tenasserim ; elle remonte à la Salouen, qui lui sert de limite pendant un court espace de temps, puis à la hauteur de Zimmè qu'elle laisse sur la droite, elle remonte vers le nord-est jusqu'au Me-kong, au-dessus de Chieng-sen ; la rive droite du Me-kong y compris Chieng-toung est donc marquée comme zone anglaise. La zone française est bornée par la rive gauche du Me-kong, presque au nord de M. Pang jusqu'à Stoung Streng; là, la frontière retourne vers l'Ouest, vers le Ton-lé sap. La délimitation du Cambodge au Sud du Ton-lé sap est assez curieuse, car si l'on nous abandonne le cap Samit, il reste sur le littoral une longue bande, au-delà de laquelle on laisse en dehors de notre influence en remontant vers Bangkok, Chantaboun et l'île Samit. Comme on le voit, il n'y a pas trace d'Etat-tampon *(Buffer State)*.

Dans ce rapide aperçu, ce qui frappera le lecteur, c'est la précision et la netteté avec lesquelles les Anglais envisagent le côté pratique des questions, leur grand esprit de suite et leur ténacité quand ils exécutent un plan arrêté en conseil, enfin leur vigueur à conduire les opérations si un grand coup doit être frappé. Politique générale, projets particuliers, manière de les réaliser, tout est prévu d'avance. Il faut avouer que le savoir-faire de nos voisins d'Outre-Manche fait un singulier contraste avec notre ligne de conduite presque toujours flottante et avec notre guerre par envois de petits paquets. Souhaitons que notre nouvelle commission, qui se rend à Luang-Prabang, soit suffisamment soutenue par le sentiment national, le Parlement et le Gouvernement, pour qu'elle puisse accomplir, se sentant fortement ap-

puyée, son œuvre d'une façon absolument complète.
Tout en respectant les intérêts de nos rivaux, il est
juste que nous fassions valoir les nôtres. Il n'est pas
douteux d'ailleurs qu'une entente cordiale entre
les trois grandes puissances : Chine, Grande-Bretagne
et France, ne vienne régler à la grande satisfaction
de tous une question qui n'a rien d'insoluble.

Paris, Décembre 1893.

LA

PREMIÈRE LÉGATION DE FRANCE

EN CHINE (1847)

DOCUMENTS INÉDITS [1]

Pendant longtemps, la France eut comme unique représentant de ses intérêts en Chine un simple consul à Canton, d'ailleurs le seul port ouvert au commerce étranger avant 1842 ; cet agent lors de l'arrivée de M. DE LAGRENÉ à Macao, le 13 août 1844, était M. LEFEBVRE DE BÉCOUR.

La mission confiée par le gouvernement du roi LOUIS-PHILIPPE dans les instructions de M. GUIZOT, ministre des Affaires étrangères, du 9 novembre 1843, à M. T. de Lagrené [2] comme Envoyé extraordinaire

1. Extrait du *T'oung pao*.
2. *Théodose Marie Melchior Joseph* de Lagrené, né en Picardie le 14 mars 1800 ; † le 27 avril 1862 ; entré en 1822 aux Affaires étrangères sous le ministère de Mathieu de Montmorency ; successivement Secrétaire d'Ambassade en Russie (où il se maria) ; ministre plénipotentiaire en Grèce ; chargé de sa grande mission de Chine ; à son retour créé Pair de France, juillet 1846 ; siégea au Luxembourg jusqu'en 1848 ; élu en 1849 représentant de la

17

et Ministre Plénipotentiaire en Chine, n'avait qu'un caractère temporaire et un but déterminé : obtenir par un traité les mêmes avantages que la Grande-Bretagne et les Etats-Unis avaient arrachés à la Chine à Nan-king et à Wang-hia et chercher dans les mers d'Extrême-Orient un point où la France pourrait fonder un établissement militaire pour sa marine et un entrepôt pour son commerce. M. de Lagrené signa un traité à Whampoa le 24 oct. 1844, et quitta Macao le 11 janvier 1846, laissant M. de Bécour à Canton.

Le 4 octobre 1844, M. Lefebvre de Bécour [1] écrivait de Macao à la Direction Politique du Ministère des Affaires étrangères :

« J'ai eu l'honneur d'être présenté hier au Commissaire Impérial par M. de Lagrené, en qualité de Consul de première classe, chargé par intérim du Consulat de France en Chine. M. de Lagrené a dit au Commissaire Impérial que j'avais désiré ne me présenter que sous les auspices du Ministre de

Somme à l'assemblée législative ; rentré dans la vie privée après le coup d'état du 2 déc., il devint l'un des membres du Conseil d'administration du Chemin de fer du Nord.

1. *Charles* Lefebvre de Bécour, né à Abbeville, le 25 sept. 1811 ; surnuméraire aux archives des Affaires étrangères, 21 fév. 1834 ; à la division politique, 23 sept. 1834 ; attaché au cabinet de Molé, 1836 ; rédacteur à la division politique, mars 1839 ; chargé d'affaires à Buenos-Ayres, 1840 ; rédacteur à la division politique, 1842 ; consul de 1re classe à Manille ; gérant le consulat général, 18 mars 1843 ; consul général, 18 déc. 1846 ; rappelé le 14 avril 1848 ; à Calcutta, 3 mars 1849 ; sous-directeur à la division politique, 16 janvier 1852 ; ministre plénipotentiaire près la République argentine, 2 fév. 1856 ; admis à la retraite, 7 nov. 1866 ; Commandeur de la Légion d'honneur, 11 août 1862 ; collaborateur de la *Revue des Deux Mondes*, du *Journal des Débats*, L. de B. a publié divers travaux d'histoire contemporaine.

France, et que j'avais attendu son arrivée pour me faire reconnaître. J'ai pris ensuite la parole, et j'ai fait répéter à peu près la même chose en d'autres termes. Le Commissaire Impérial a paru me voir avec plaisir.

« Monsieur de Lagrené vous rendra compte de cette présentation et de tout ce qui s'est passé à cet égard entre lui et moi... »

Mais la signature des traités étrangers devait avoir pour conséquence le remaniement des postes d'Extrême-Orient.

Cinq ports : Canton, Amoy, Fou-tcheou, Ning-po et Chang-haï, étaient ouverts au commerce étranger, au lieu du seul port de Canton. Sir John Francis Davis avait remplacé (février 1844) Sir Henry Pottinger comme « Chief Superintendent » du commerce anglais en Chine et comme gouverneur de Hong kong ; les Américains avaient nommé (13 mars 1845) un Commissaire, Alexander H. Everett ; déjà le capitaine G. Balfour [1] nommé consul anglais, arriva à Chang-haï le 5 nov. 1843 et déclara ce port ouvert au commerce le 17.

La France se décida à supprimer ses consulats de Manille et de Canton, et à créer une légation permanente en Chine et un vice-consulat à Chang-haï dont le premier titulaire fut M. de Montigny [2].

En conséquence, le 16 janvier 1847, M. Guizot, ministre des Affaires étrangères, adressait au Roi le rapport suivant :

1. Depuis le général Sir George Balfour, † à Londres dans sa 85ᵉ année, le 12 mars 1894.

2. *Louis-Charles-Nicolas-Maximilien* de Montigny, né à Hambourg le 4 août 1805 ; chancelier de l'ambassade T. de Lagrené ; agent consulaire à Chang-haï le 20 janvier 1847 ; consul de 1ʳᵉ classe le 24 octobre 1855 ; chargé de mission au Siam de 1855

Sire,

Les nouveaux rapports que les évènemens ont amenés entre la Chine et les nations chrétiennes me font un devoir de proposer à Votre Majesté d'envoyer en Chine un Résident politique, comme l'ont fait déjà l'Angleterre et les Etats-Unis. La présence d'un agent diplomatique dans ce pays est indispensable pour assurer l'exécution du traité de Whampoa et pour faire jouir nos nationaux, missionnaires ou commerçants, des garanties qui ont été stipulées en leur faveur. Un agent de la carrière consulaire, eut-il le titre de Consul Général, ne suffirait pas pour remplir ce but. Placé dans la catégorie des Agens commerciaux, il ne pourrait d'après les distinctions admises dans les derniers traités, correspondre sur le pied d'égalité qu'avec les autorités chinoises en sous ordre ; pour s'adresser aux hauts fonctionnaires, il serait obligé de recourir à la forme d'*exposé* et de recevoir les réponses sous forme de *déclaration*. Cette position aurait le double inconvénient de rabaisser le caractère de l'Agent français et de rendre son action inefficace.

La nécessité de l'envoi d'un Agent diplomatique une fois reconnue, il restait à examiner de quel titre il conviendrait de le revêtir.

Au dessus des Consuls ou Agens commerciaux de différentes classes, les Chinois ne connaissent que

à 1857 ; consul général le 5 juillet 1858 ; à Canton le 2 février 1859 ; en disponibilité le 16 août 1862 ; mort 14 septembre 1868 ; Commandeur de la Légion d'honneur le 11 août 1862. Auteur de : *Manuel du négociant français en Chine ou Commerce de la Chine considéré au point de vue français.* Paris, 1846, in-8.

deux sortes de fonctionnaires, savoir les *kin-chai* [1], *Commissaires impériaux*, ou Ambassadeurs proprement dits, et les *Koŭn-che* [2], *Envoyés diplomatiques*. Les représentants de l'Angleterre et des États-Unis se sont contentés de ce dernier titre. La France n'a pas intérêt à ce que son représentant soit classé dans la catégorie supérieure, mais en se renfermant dans la seconde, on peut réclamer le rang de *Koŭn-che*, soit pour un Ministre Plénipotentiaire, soit pour un Chargé d'Affaires. — Votre Majesté jugera sans doute qu'un Chargé d'Affaires suffit, quant à présent, pour la protection des intérêts français ; seulement, pour que son rang soit mieux compris en Chine, je crois devoir proposer à Votre Majesté de lui donner le titre d'*Envoyé et Chargé d'Affaires*, qui correspond plus exactement à celui de *Koŭn-che*.

Le traitement à affecter à ce poste ne me parait pas pouvoir être fixé au-dessous du chiffre de 60.000 fr. ; cette somme se trouverait d'ailleurs immédiatement disponible au moyen de la suppression du consulat de Canton, dont le traitement est de 40.000 fr., et de la réduction de 20.000 fr., récemment opérée sur le traitement du Consulat Général de Manille, que Votre Majesté vient de transformer en Consulat de 1re classe.

Si le Roi daigne approuver l'ensemble de ces propositions, je signalerai au choix de Sa Majesté M. Forth-Rouen, Secrétaire de la Légation de France à Lisbonne, qui a rempli longtemps avec distinction dans cette Capitale les fonctions de Chargé d'Affaires.

1. *K'in Tch'ai* 欽差.
2. *Kong che* 公使 ; depuis abandonné par le gouvernement chinois.

J'ai l'honneur de soumettre à la signature du Roi deux projets d'ordonnances destinés à réaliser cette combinaison.

Je suis avec respect

Sire

de Votre Majesté

Le très humble et très obéissant serviteur et fidèle sujet

Le Ministre Secrétaire d'Etat au Dépt.
des Affaires Etrangères

(sig.) GUIZOT.

Paris, le 16 janvier 1847.

Les deux ordonnances signées le 19 janvier 1847 portaient, la première, que « le Consulat établi en Chine est remplacé par une mission politique, à la résidence de Canton » et que « un traitement annuel de 60.000 fr. est affecté à ce projet », la seconde que « le Sr Forth Rouen [1] Secrétaire de notre Légation à Lisbonne est nommé notre Envoyé et Chargé d'Affaires en Chine. »

Quatre jours plus tard, le Ministre des Affaires étrangères donnait avis à M. Lefcbvre de Bécour de la nomination de M. Alexandre Forth Rouen et de la suppression du consulat de Canton.

---

1. *Sophie-Elie-Alexandre*, baron Forth-Rouen, né en mai 1809 ; surnuméraire à la direction politique, 19 avril 1830 ; attaché à Londres, 15 juin 1831 ; commis à la direction politique, 1er mai 1833 ; attaché payé au cabinet, 1839 ; secrétaire à Lisbonne, 15 décembre 1841 ; envoyé chargé d'affaires en Chine, 19 janvier 1847 ; ministre plénipotentiaire à Lisbonne, 20 février 1851, mais nommé à Athènes 2 avril 1851 ; à Dresde, 29 novembre 1854 ; en disponibilité en 1868 ; mort à Paris, 13 décembre 1886 ; grand-officier de la Légion d'honneur depuis 1869.

23 Janvier 1847.

Monsieur,

J'ai l'honneur de vous annoncer que, par ordre du 19 de ce mois, le Roi a nommé M. Forth Rouen, précédemment Secrétaire de la Légation de France à Lisbonne, son Envoyé et Chargé d'Affaires en Chine. M. Forth Rouen ne tardera pas à partir pour cette destination. Vous voudrez bien attendre son arrivée et lui faire la remise des Archives du Consulat de France en Chine, remplacé par la nouvelle mission politique, avant de vous rendre vous-même au nouveau poste que S. M. vient de vous confier.

Recevez, etc.

Une question importante se posait immédiatement : celle d'un interprète de la nouvelle mission politique ; M. Callery qui avait servi d'interprète à M. de Lagrené, était rentré à Paris et rendait d'utiles services au Département des Affaires étrangères ; la note suivante indique le parti auquel on s'arrêta :

Paris, ce 3 mars 1847[1].

La création d'une mission en Chine et d'une agence consulaire à Chang-Haï nécessite la nomination d'un interprète pour chacune de ces deux résidences.

Pour le poste de Canton, il serait difficile de faire dès à présent un choix définitif ; l'interprète pour ce poste ne peut être pris que sur les lieux faute de candidat en Europe et si sa désignation avait lieu à Paris même, il se pourrait qu'à l'arrivée de la mission, la personne désignée ne fut pas en état de remplir ses fonctions, la distance qui sépare la Chine de la France occasionnerait dans ce cas des retards très-préjudiciables au service. On propose en conséquence d'auto-

----

1. Minute. — Approuvé par le Ministre.

riser M. Forth Rouen, Envoyé du Roi en Chine, à choisir sur les lieux, dès qu'il y sera parvenu, un interprète provisoire.

Le choix de M. Forth Rouen s'arrêtera sans doute sur M. José Martinho MARQUES [1], Portugais, actuellement deuxième interprète du Sénat de Macao. M. Marques, établi en Chine depuis 30 ans, sait à la fois et la langue mandarine qu'on emploie dans les relations officielles, et la langue cantonnaise parlée par la population indigène. Il a eu occasion de servir à plusieurs reprises par ses connaissances spéciales la mission dirigée par M. de Lagrené.

Le traitement à allouer à l'interprète de la Mission du Roi à Canton ne pourrait être au-dessous de 6.000 fr. M. Marques a déclaré pouvoir se contenter de cette somme, parce qu'il est déjà établi dans le pays, mais il parait qu'elle serait insuffisante pour tout autre qui ne serait pas dans la même position.

Quant à Chang-Haï, on pourrait désigner pour les fonctions d'interprète dans cette résidence, M. KLECZKOWSKI [2], jeune Polonais qui a été admis à se perfectionner dans la langue chinoise sous M. Callery et qui parait avoir fait de rapides progrès, un travail soutenu le mettra en état de seconder M. de Montigny après quelques mois de séjour sur les lieux. M. Kleczkowski est d'ailleurs intelligent et zélé, il sait l'anglais, le russe, et d'autres langues européennes ; il a été recommandé au Département par M. DESMOUISSEAUX de GIVRÉ, Député [3].

1. Voir Henri Cordier, *Exp. de Chine de* 1857-58, p. 118 *n.* et *pass.*

2. *Michel-Alexandre*, comte Kleczkowski, né le 27 février 1818, au château de Kleczkow, en Gallicie ; attaché au consulat de Chang-haï, 19 mars 1847 ; naturalisé français en 1850 ; attaché payé à la légation de France, Peking 1854 ; chargé d'affaires, 1er juin 1862 au 11 avril 1863, puis à Paris, secrétaire interprète pour la langue chinoise à Paris. Chargé d'un cours libre de chinois pratique, il fut nommé professeur à l'Ecole des Langues orientales vivantes à la fin de 1871 ; il est mort le 23 mars 1886.

3. *Bernard Jean* Echard, Baron Desmousseaux de Givré, né

Il serait impossible de trouver en Europe un interprète déjà instruit pour la résidence de Chang-Haï, et si on voulait le choisir sur les lieux, les mêmes obstacles se présenteraient, à moins de s'adresser à un Anglais, ce qui pourrait avoir des inconvéniens.

Le traitement alloué à l'interprète de l'agence consulaire de Chang-Haï, ne parait pas pouvoir être inférieur à 4.000 fr., encore serait-ce à la charge par le Vice-Consul de loger l'interprète. Si cette condition n'est pas remplie, il faudrait augmenter ce traitement d'au moins 1.000 fr.

En l'absence de fonds libres pour subvenir aux traitements des interprètes de Canton et de Chang-Haï, ils devront être pris sur les frais de missions extraordinaires.

Autre point capital au début de la nouvelle mission : la constitution d'un fonds d'archives :

M. Forth Rouen demande que l'on forme pour composer les archives de la mission de France en Chine, une collection de la correspondance de M. de Lagrené, au moyen des numéros qui existent, en double, sous le timbre politique et sous le timbre commercial, et cette mesure parait en effet nécessaire.

Le nombre et la longueur des dépêches de M. de Lagrené, rendent presque impossible de les faire copier toutes, dans le court espace de tems qui doit s'écouler jusqu'au départ de la mission de Chine ; à peine M. Forth Rouen pourra-t-il faire faire des expéditions des lettres qui ne se trouvent pas en double, car les numéros en duplicata ne représentent, environ, qu'une moitié de la correspondance totale.

On propose de réunir une suite complète de tout ce qui a

à Vernouillet (Eure-et-Loir) le 1er janvier 1794 ; † à Paris, le 26 août 1854 ; attaché d'ambassade à Londres ; secrétaire à Rome ; démissionnaire ; reprend du service, 1830 ; premier secrétaire d'ambassade à Londres en 1837 ; député d'Eure-et-Loir, 4 nov. 1837 ; réélu le 2 mars 1839 et le 9 juillet 1842.

été écrit par M. de Lagrené, tant sous le timbre politique, que sous le timbre commercial, et de remettre à M. Forth Rouen tout ce qui se trouvera, en double, sous l'un et l'autre des deux timbres. Il ne parait pas qu'il y ait d'inconvénient à se dessaisir de ces duplicata, parce que les nombreuses lacunes qui existent, notamment dans les dépêches commerciales, rendraient impossible de former pour le Département deux collections complètes pour chacune des deux Directions.

Son Excellence est priée de vouloir bien faire connaître sa décision[1].

Le cérémonial à observer dans les relations avec les Chinois a une importance capitale, et pour guider le nouvel envoyé, le Département a recours aux lumières d'un homme expérimenté, CALLERY, prêtre défroqué des Missions étrangères de Paris, interprète de la mission Lagrené :

Paris, ce 18 mars 1847.

M., les questions de cérémonial et d'étiquette ont en Chine une importance beaucoup plus grande que partout ailleurs, et il pourrait y avoir, surtout au début d'une mission, des inconvéniens sérieux à en ignorer les règles. Il est donc à désirer que M. Forth Rouen avant son départ ait des notions exactes sur la manière dont il devra, à son arrivée à Canton, se mettre en rapport avec les autorités chinoises et sur les formes à observer dans ses relations officielles avec elles. Votre long séjour en Chine, la connaissance que vous avez des usages de ce pays et les communications fréquentes que vous avez eues avec les hauts fonctionnaires chinois, vous mettent plus que personne, M., en état de donner à cet égard les renseignements les plus complets. Vous voudrez bien en conséquence rédiger à cet effet une note contenant tous les détails

---

1. Note pour le Ministre, 15 mars 1847. — Approuvé G.[uizot].

nécessaires, et me l'adresser le plus tôt qu'il vous sera possible [1].

M. Callery [2] s'empresse de répondre à la confiance qui lui est témoignée par la lettre suivante [3] qui offre le plus vif intérêt :

Paris, le 26 mars 1847 [4].

MONSIEUR LE DIRECTEUR,

J'ai reçu la lettre que vous m'avez fait l'honneur de m'adresser en date du 18 du courant, par laquelle vous me chargez de rédiger un rapport qui puisse éclairer M. Forth Rouen sur les formalités à remplir dans les débuts de sa mission en Chine.

Dans un pays aussi scrupuleux que la Chine pour tout ce qui tient aux formes, il est en effet très important de bien commencer, et d'adopter, tout en y arrivant, une ligne de conduite extérieure telle, qu'on ne soit pas forcé de s'en écarter dans la suite.

Deux écueils dangereux attendent tous les diplomates qui

1. Direction politique à M. Callery.
2. *Joseph Gaëtan Pierre Marie* Calleri ou Callery, né à Turin en 1810 ; agrégé du diocèse de Chambéry ; parti du Havre pour Macao à la fin de mars 1835, à destination de Corée où il n'est jamais allé ; quitta la Société des Missions étrangères ; † à Paris, 8 juin 1862.
3. L. autog. signée.
4. Lettre à M. Desages, Directeur de la Direction politique. — Benoit-Victor-*Emile* Desages, né le 7 juillet 1793 ; mort à Paris, le 25 nov. 1850. — Accompagne comme secrétaire le ministre Bignon à Varsovie, en sept. 1811 ; élève diplomatique, 8 déc. 1813 ; attaché à la division politique, 1er sept. 1814 ; 2e secrétaire de légation à Rio de Janeiro, 9 nov. 1819 ; 2e secrétaire d'ambassade à Constantinople, 28 oct. 1821 ; 1er secrétaire, même poste, 24 mai 1826 ; chargé d'affaires en l'absence de l'ambassadeur ; directeur politique, 1er nov. 1830 ; admis à la retraite, 24 fév. 1848 ; chevalier de la Légion d'honneur, 31 oct. 1827 ; officier, 30 avril 1831.

abordent l'empire chimois, sans le connaître, savoir, trop d'exigence ou trop de condescendance. Ces deux écueils sont, pour ainsi dire, inhérents au sol du pays, et les hauts fonctionnaires chinois eux-mêmes s'y heurtent sans cesse, parce que la politique de leur gouvernement ne connait, dans les temps prospères, que le *stat pro ratione voluntas*, et ne peut opposer dans les temps difficiles, qu'une prompte et humiliante retraite. Mais s'il est indifférent, pour les Chinois, de donner aujourd'hui dans un excès de fermeté, demain dans un excès de faiblesse, il n'en est pas de même à l'égard des Européens, dont la politique ne peut triompher en Chine que par la raison et le bon droit. Lord NAPIER [1] a été tué par l'exigence : M. ELLIOT [2] qui vint après a succombé devant l'excès contraire. Sir Henry POTTINGER a réussi en se tenant dans un juste milieu qui lui a captivé les sympathies, même des Plénipotentiaires chinois auxquels il dicta le traité de Nan-king. Et remarquez, Monsieur le Directeur, que ces différentes manières de traiter avec les agents du Cabinet de Pe-king n'ont pas été le résultat du caractère personnel des individus. C'étaient des systèmes politiques formés de toutes pièces, qui comptaient, et qui comptent encore aujourd'hui, des défenseurs chaleureux parmi les étrangers qui ont vieilli en Chine. Le Ministère a peut-être eu connaissance des efforts qui ont été faits auprès de M. de Lagrené pour entrainer la Légation dans un de ces deux abimes. Si elle y était tombée, c'en était fait de ses négociations, car les missions de Lord Napier et du Capitaine Elliot, qui ont toutes deux échoué, s'étaient présentées dans le Céleste Empire avec un bien plus grand appareil que la nôtre.

Ce serait donc, à mes yeux, une égale faute, soit de pousser trop loin ses prétentions, lorsque l'objet n'a pas une grande

---

1. Envoyé à Canton par Guillaume IV comme « superintendant » du commerce anglais en 1834 ; † d'épuisement à Macao, le 11 oct. 1834.

2. Le Cap. Elliot remplaça en déc. 1836 Sir G. Robinson comme « Chief Superintendant ».

importance dans l'esprit des Chinois, soit de les abandonner trop facilement, lorsque cette condescendance pourrait servir de précédent, pour établir nos rapports sur un pied qui ne serait pas convenable.

Dans le cas dont je dois m'occuper, que convient-il de faire pour la dignité de nos nouvelles relations avec la Chine? A mon avis, il serait bon, d'abord, que le Département donnât ordre à M. Lefebvre de Bécour d'annoncer officiellement au Commissaire Impérial la prochaine arrivée d'un nouvel envoyé diplomatique français ; mais il faudrait bien recommander au dit Consul de désigner M. Forth Rouen par le titre de *Kuñ-xe* 公使, le seul que le Gouvernement chinois soit appelé à lui reconnaître. S'il entrait dans les habitudes du ministère de dicter quelquefois à ses agents à l'étranger les dépêches qu'ils doivent adresser au gouvernement local, il y aurait des raisons graves pour qu'on envoyât à M. Lefebvre la minute de la dépêche qu'il serait chargé de transmettre à Kɪ-ɪň [1] sous le sceau du consulat. Je pourrai, Monsieur le Directeur, vous donner verbalement plusieurs raisons à l'appui de cette idée.

Deux ou trois mois après que le Gouvernement chinois aura été informé des mesures prises par le ministère pour le rétablissement des relations permanentes avec lui, la corvette qui transporte M. Rouen arrivera à Macao. Pourquoi, me demandera-t-on, n'irait-elle pas à Hong-kong, ou ne se rendrait-elle pas en droiture à Canton, lieu de la résidence officielle de notre envoyé ? Je réponds, d'abord, pour ce qui regarde Hong-kong, qu'en abordant ainsi le Céleste Empire à l'ombre du Pavillon Britannique, le représentant de la France aurait l'air de s'inféoder à la politique anglaise, et deviendrait l'objet d'une juste défiance de la part des Chinois, comme cela est un peu arrivé lorsque M. de Lagrené, après un an de séjour en Chine, est allé rendre visite au Ministre

1. Kɪ-ʏɪɴɢ 耆英 ; cf. Henri Cordier, *Exp. de Chine* 1857-1858, *pass.*

Plénipotentiaire Davis [1], Gouverneur de Hong-kong. Les Anglais s'empressèrent de lui décerner toute espèce d'honneurs, plus, peut-être, que son rang n'en comportait ; c'était un piège : heureusement il était peu dangereux dans l'état avancé où nos négociations se trouvaient alors ; mais au début, il aurait pu avoir des conséquences fâcheuses, et je conseillerais à M. Rouen de suivre l'exemple de l'habile ministre actuel des Etats-Unis, M. Everett [2], qui s'est abstenu, jusqu'à présent, d'aller à Hong-kong recueillir des salves et des toasts.

Quant à se rendre immédiatement à Canton en arrivant, sans mettre pied à terre ailleurs, je crois la chose impraticable pour plusieurs motifs qu'il est inutile de mentionner ici : puis, il y aurait peut-être des inconvénients graves, à ce que l'Envoyé de France reçût les félicitations des autorités chinoises dans la maison d'un marchand anglais ou américain, où, cependant, il serait forcé de descendre, en attendant qu'il pût se procurer un logement et y installer la légation.

La corvette mouillera donc en rade de Macao. La première chose que M. Rouen ait à faire en descendant à terre, ou même avant de descendre, c'est de faire appeler l'interprète présumé de la Légation, M. Martin Marques, et lui donner à traduire une lettre que M. Rouen aura pu rédiger d'avance pendant le voyage, et par laquelle il annoncera au gouvernement chinois la nature de sa mission, son arrivée à Macao et son projet de se rendre à Canton, à peu près à telle époque... Si M. Guizot jugeait convenable de donner à M. Rouen une dépêche pour *Ki-iñ*, M. Rouen ferait bien d'annoncer aussi

1. *John Francis* Davis, né le 16 juillet 1795 ; † 13 nov. 1890 à Hollywood Tower, Westbury-on-Trim. — Cf. H. Cordier, *Half a Decade of Chinese Studies*, pp. 4-6.

2. *Alexander H.* Everett, de Massachussets ; commissaire 13 mars 1845 ; ne termina pas son voyage pour rejoindre son poste, mais retourna à Boston, 3 oct. 1845, ayant (8 août) remis ses pouvoirs *p. i.* au Commodore Biddle. Everett gagna son poste le 5 oct. 1846 et mourut en Chine le 28 juin 1847.

cette lettre, se réservant de la remettre lui-même à Son Altesse, afin de témoigner et d'inspirer plus de respect pour le Ministre des Affaires étrangères.

Quant aux formes à observer dans cette dépêche, et les suivantes, M. Marques, qui est depuis plus de vingt ans dans la diplomatie chinoise, saura parfaitement ce qu'il y aura à faire : je crois, cependant, pour plus grande sûreté, devoir recommander les points suivants, comme plus essentiels que le reste :

1º La première dépêche doit être adressée conjointement à *Ki-iñ* et à *Huañ* [1], comme le sera dans la suite toute la correspondance officielle, à moins qu'il ne survienne un changement dans le personnel qui constitue le Commissariat Impérial. Il vaut mieux entrer ainsi de soi-même dans la ligne à suivre, que de se faire redresser par les Chinois, ainsi que l'aurait éprouvé M. de Lagrené, s'il n'avait, dès l'arrivée de *Huañ* au pouvoir, fait valoir le prétexte qu'ayant entamé ses négociations avec *Ki-iñ* seul, il ne convenait pas qu'il les finît autrement. *Huañ* céda bénévolement aux conseils que je lui donnai pour le maintien amical de nos relations ; mais, dans le fonds, il aurait eu droit de se faire reconnaître officiellement par M. de Lagrené, car il était en possession du décret impérial qui l'avait nommé Commissaire Impérial adjoint, et il était reconnu pour tel par tous les ministres étrangers.

2º On donnera aux dépêches la qualification chinoise de *chao-huei* [2] consacrée par le traité de Wañ-pu pour les relations officielles entre fonctionnaires d'un rang supérieur.

3º Puisque M. Rouen reçoit en Chinois un titre destiné à le faire passer pour l'égal des Commissaires Impériaux, les enveloppes des dépêches porteront son nom *sur le même côté*, et à *la même hauteur du papier* que les noms des diplomates chinois : mais dans le corps des dépêches, il vaudra mieux,

---

1. Houand Ngen-t'oung 黃恩彤, gouverneur du Kouang-toung.

2. 照會 *Tchao houei.*

qu'au lieu de se désigner, comme le fait *Ki-iñ* par l'expression de *Pen-ta-tchen* [1] *(Moi grand fonctionnaire)* il s'appelle *Pen-kuñ-xe* [2] *(Moi Envoyé diplomatique)*. C'est la locution employée par les ministres plénipotentiaires anglais et américain, lesquels cependant, traitent le Commissaire Impérial de *Kuéi-tâ-tchen* [3] *(Le noble grand fonctionnaire, ou Votre noble grandeur)*. Si on élevait, à cet égard, plus de prétentions que Sir Davis et M. Everett, on diminuerait dans l'esprit des Chinois et des Européens d'autant qu'on aurait voulu s'agrandir.

4° Aucun gouvernement étranger n'adresse de dépêches au gouvernement chinois en d'autre langue qu'en chinois ; d'abord, parce que toute traduction non revêtue du sceau n'est pas regardée comme officielle ; et ensuite, parce qu'il est reconnu que la Chancellerie chinoise se dessaisit facilement des textes européens, et qu'ainsi les secrets sont promptement trahis. M. Rouen sera donc obligé de suivre, à cet égard, l'exemple de ses collègues, et pourra, à son gré, expédier ses dépêches revêtues du sceau de son office seulement, comme le font les Chinois, ou y ajouter sa signature, comme M. de Lagrené avait choisi de faire.

5° Il ne faudra jamais perdre de vue, que le Roi doit être désigné par les mêmes expressions que l'Empereur de Chine, savoir *Ta-huan-ti* [4], et que dans toutes les locutions figurées qui se rapportent à lui, il faudra l'assimiler en tout à l'Empereur de Chine. C'est un point délicat sur lequel M. Rouen et le Ministère devront toujours avoir l'œil ouvert.

Aussitôt que la dépêche de M. Rouen aura été traduite et mise au net (ce qui pourra être fait en moins de deux heures), qu'elle sera revêtue du sceau et placée dans une enveloppe munie du même sceau sur les bords cachetés, M. Marques ira la porter lui-même au mandarin de Macao, afin que

1. 本 大 臣.
2. 本 公 使.
3. 貴 大 臣.
4. 大 皇 帝.

celui-ci l'expédie à Canton. Si tout autre personne la portait chez ce fonctionnaire, probablement il ne la recevrait pas, et alors, il y aurait des inconvénients à subir pour passer par un autre canal.

La réponse du Commissaire Impérial ne se fera pas attendre plus de cinq ou six jours, et il est possible qu'elle soit apportée à Macao par un Mandarin chargé de faire personnellement les compliments de Son Altesse à M. Rouen. Si c'est un mandarin à globule *bleu,* ou même *blanc,* M. Rouen pourra le recevoir, mais sans apparat. Si au contraire c'était un mandarin de bas étage à globule d'*or* ou même de *cristal,* il faudrait le faire recevoir par le premier secrétaire et l'interprète qui connaît très bien ces usages.

Pour l'effet moral, il convient que M. Rouen ne descende pas ailleurs que dans sa propre maison, soit à Macao, soit à Canton. A Macao, une heure suffira pour qu'il puisse voir les maisons disponibles et choisir celle qui lui conviendra le mieux. Si l'emménagement éprouvait quelques retards, il vaudrait mieux loger à bord que de recevoir l'hospitalité de qui-que-ce-soit, *même du consul.* Il faut éviter également de mettre le pied dans d'autres embarcations, que celles de la corvette, lors-même qu'elles porteraient pavillon français, ou qu'elles seraient honorées de la présence du Consul.

Une fois installé à Macao, on a toutes les facilités désirables pour se procurer une maison à Canton. La personne qu'il y aurait le moins d'inconvénient, à employer pour cet effet, serait, selon moi, M. Louis Bovet [1], homme riche, serviable, estimé de tout le monde, et indépendant de toutes les coteries qui s'efforcent de capter l'esprit des autorités françaises à leur débarquement en Chine.

Quand son installation de plaisance à Macao permettra à M. Rouen d'aller faire son entrée à Canton (et il faudrait que ce fût dans la quinzaine qui suivit son arrivée en Chine), il en préviendra de nouveau le Commissariat Impérial, et remon-

---

1. De nationalité suisse.

tera la rivière du Tigre jusqu'à *Wan-pu* [1], à bord de la corvette qui l'aura porté dans ces parages lointains. Il est probable que les Chinois enverront un Mandarin au devant de lui avec des cartes de visite et des félicitations. Ils ne sont, cependant, pas tenus de faire cette politesse non plus que d'envoyer à Macao le message dont je discutais tout-à-l'heure l'hypothèse, et dans le cas où personne ne paraitrait, M. Rouen ne devrait jamais faire semblant de s'en être aperçu.

Arrivé à Canton, il faudra adopter immédiatement, par l'entremise de M. Marques et de concert avec les autorités chinoises, un linguiste officiel, qui seul sera chargé de porter la correspondance de la Légation dans l'intérieur de la ville murée, et d'en rapporter les réponses du Commissaire Impérial. On s'est servi, autrefois, pour cet objet, d'un nommé *Achin*, homme assez probe, pour un Chinois, et pouvant dire quelques mots de français.

Dès qu'on aura un linguiste, ou pour mieux dire, un courrier, il faudra demander une entrevue personnelle aux Commissaires Impériaux, leur laissant le soin de régler, d'après les indications astrologiques de leur almanach, le jour et l'heure les plus propices. L'entrevue aura probablement lieu dans la maison de campagne de *Pan-se-chen* ; par conséquent, *Ki-iñ* et Huаǎ ne pourront pas s'y rendre tous les deux, parce qu'il faut que l'un reste dans la ville murée quand l'autre en sort. Ki-iñ sera accompagné de *Pan-se-chen* et *Chao Chan-lin*, ses adjoints dans l'administration des affaires extérieures. M. Rouen pourra conduire, outre les membres de sa légation, une partie des officiers supérieurs de l'escadre ; mais pas de négociants, pas de bourgeois, et *surtout*, pas de missionnaires.

Mon rapport, ce me semble, doit s'arrêter ici, car, j'aime à croire qu'une fois entré en relations avec les hauts fonctionnaires chinois, M. Rouen trouvera en lui-même toutes les ressources nécessaires pour représenter dignement la France,

---

1. Whampoa, Houang-pou 黃埔.

et lui conserver les sympathies qu'elle s'est acquises dans le plus vaste empire de l'univers.

Agréez, Monsieur le Directeur, etc., etc.

(sig.) J. M. CALLERY.

P.-S. Il me parait très-utile, pour ne pas dire nécessaire, que M. Rouen envoye au Ministère les copies chinoises certifiées, des dépêches qui seront échangées entre sa Légation et le Commissaire Impérial afin que le Département ait la certitude que toutes les formes voulues ont été observées de part et d'autre, et que, du côté des Chinois surtout, aucune tentative indirecte n'est en œuvre pour restituer insensiblement à leurs relations avec l'étranger le caractère de suprématie qu'ils leur donnaient naguère. Ce sera, d'ailleurs, pour M. Rouen lui-même une garantie officielle dont il doit sentir tout le prix.

Enfin, le 15 avril 1847, M. Forth Rouen recevait ses instructions :

Paris, ce 15 avril 1847.

Monsieur,

Le Traité conclu en 1844 à Whampoa accorde aux Français la faculté de résider à Canton ainsi que dans quatre autres villes du littoral de la Chine déjà ouvertes aux Anglais et aux Américains par des traités antérieurs. Cette Convention pourra avoir pour effet d'établir des relations plus actives entre la France et la Chine. La nécessité d'assurer à nos nationaux une protection efficace, et en même temps le désir de donner à la Cour Impériale un gage de sympathie ont été les motifs qui ont déterminé le Gouvernement du Roi à vous envoyer en qualité de Chargé d'Affaires à Canton. Les usages diplomatiques de la Chine et les exigences d'une étiquette incompatible avec la dignité de la France, ne vous permettant pas d'approcher de l'Empereur, vous n'aurez de rapports qu'avec les Commissaires Impériaux.

- Le principal objet de votre sollicitude, celui qui a le plus particulièrement déterminé l'envoi d'une mission permanente, sera l'exécution des édits qui ont autorisé sur notre demande le libre exercice de la religion chrétienne dans l'Empire. La nécessité d'une grande réserve en cette matière vous est naturellement indiquée par la manière dont cette négociation a été primitivement conduite. L'absence calculée de toute stipulation internationale vous permettra difficilement d'adresser à ce sujet aux Commissaires Impériaux des communications officielles. Cependant, bien qu'en thèse générale nous n'ayons pas à surveiller par voie diplomatique l'exécution d'édits impériaux portant une concession aux sujets de l'Empereur, ces édits ayant été rendus à notre instigation et nous ayant été officiellement communiqués, vous pourrez si la nécessité vous en était démontrée, intervenir dans une juste mesure à l'effet de rappeler au Gouvernement chinois ses promesses.

Nous tenons d'autant plus à la stricte exécution de ces édits que, même indépendamment des grands intérêts de la liberté religieuse, ils doivent avoir un jour pour effet de faciliter les relations et les échanges, d'ouvrir en un mot plus complètement, plus efficacement l'Empire chinois à la civilisation occidentale.

Cela posé, vous apporteriez, le cas échéant, tous vos soins à ménager la susceptibilité du Gouvernement Impérial et vous n'interviendrez dans ces questions délicates qu'au nom des intérêts bien entendus et de la dignité même du Cabinet de Pe-king ; il vous serait facile, en effet, en rappelant les circonstances qui ont déterminé les concessions impériales, de faire sentir aux représentants de l'Empereur, qu'autant ils se sont acquis notre bienveillance en se montrant cléments pour nos coreligionnaires, autant ils courraient risque de s'aliéner nos sympathies, en revenant sur des concessions notifiées, et dont nous avons pris acte.

Vous n'oublierez pas d'ailleurs que les plaintes qui pourront vous être portées de l'inexécution des édits dans certaines parties de la Chine n'auront pas un caractère d'authenticité suffisant pour être opposées aux rapports des autorités provinciales, si elles sont faites par de simples sujets chinois ; et, si elles émanaient d'Européens, elles seraient entachées d'illégalité puisque leurs auteurs se seraient mis en contradiction au traité de Whampoa et aux lois locales en pénétrant dans l'intérieur de l'Empire.

Votre langage et votre action auront d'autant plus de force que vous maintiendrez de votre côté plus scrupuleusement la stricte observation des clauses du traité de Whampoa qui règlent les devoirs des Français en Chine. La différence qui existe sur ce point entre la position des Anglais et la nôtre, nous impose l'obligation de la plus rigoureuse surveillance sur nos nationaux. En effet le Consul anglais, auquel est remis, en vertu du traité, un sujet britannique coupable de transgression de limites doit lui infliger des punitions réglées d'avance, et augmentant graduellement s'il y a récidive, tandis qu'aucune pénalité n'est instituée pour les Français qui commettraient un délit analogue.

La stipulation qui oblige de ramener à nos agents les Français qui seraient sortis des limites, pourrait exciter la défiance du Gouvernement chinois contre ces agents eux-mêmes, s'ils n'empêchaient autant qu'il sera en leur pouvoir, leurs nationaux d'outrepasser les privilèges qui leur sont assurés.

En conséquence, tout en maintenant avec énergie les droits qui nous sont conférés par l'article 13 du traité, notamment en ce qui touche aux égards et aux bons procédés dont nos nationaux, arrêtés en dehors des limites, doivent être l'objet de la part de l'autorité chinoise, vous aurez à prouver par vos actes et vos paroles une ferme volonté de respecter et de faire respecter les droits que s'est réservés le Gouvernement Impérial. Vous aurez soin surtout de vous opposer à ce qu'aucune assistance ne soit donnée par les bâtiments de l'Etat, à des entreprises notoirement contraires au traité.

Pour assurer de part et d'autre la loyale exécution des Conventions et prévenir des malentendus ou des erreurs, un des points que vous devrez d'abord régler, sera la fixation des limites qu'il sera défendu aux Français de franchir. Il est probable que le meilleur parti à prendre à cet égard, sera d'adopter pour notre compte les délimitations déjà acceptées par le Gouvernement de S. M. B. et celui des Etats-Unis. Le nombre considérable d'Anglais établis en Chine, l'importance des affaires qu'ils y traitent, l'expérience qu'ils ont acquise par le contact avec les gens du pays, doivent faire présumer qu'ils n'ont rien négligé pour obtenir toutes les facilités compatibles avec les exigences locales, cependant avant de fixer pour nous les limites telles que les ont acceptées les Plénipotentiaires anglais et américain, il sera convenable de s'informer auprès des fonctionnaires de ces deux nations qui résident en Chine, si l'expérience n'a pas démontré quelques inconvénients dans la pratique, et la nécessité de quelques modifications. S'il en était ainsi, vous devriez vous attacher à obtenir les améliorations qui vous seraient signalées, et dont par suite du principe qui leur assure le traitement de la nation la plus favorisée, les Anglais et les Américains devraient profiter après nous.

Il est un point, dans la question des limites qui n'a pas été résolu encore entre les autorités anglaises et les autorités chinoises : c'est celui de la libre entrée dans la ville murée de Canton. Sur cette question grave qui touche si profondément aux préjugés nationaux du pays, il convient encore d'user de la plus grande circonspection. Vous examinerez, Monsieur, tout ce qui s'y rattache, et quel que soit le parti auquel s'arrête le représentant de S. M. B. vous ne vous engagerez pas sans avoir provoqué en connaissance de cause et reçu des instructions spéciales et précises de mon Département.

Bien que le traité conclu entre la France et le Céleste Empire en 1844 ait eu pour but d'assurer à notre commerce l'entrée des principaux ports de la Chine, et la faculté de s'exercer dans des conditions favorables, il s'écoulera sans doute un certain temps avant qu'il puisse se développer dans des proportions considérables. Vous aurez donc à remplir avant tout, au point de vue commercial, un rôle d'observation et de préparation. Vous recueillerez sur les besoins, les goûts, et les habitudes du pays, sur les prix et la nature des marchandises usuelles des renseignements qui vous per-

mettent de juger quels sont ceux de nos produits qui pourraient être avantageusement apportés en Chine, et quels
produits du pays pourraient former des cargaisons de retour.
Vous vous efforcerez d'acquérir des notions précises sur les
procédés indigènes de fabrication et particulièrement sur la
partie chimique des arts industriels qui a été poussée par les
Chinois à un haut degré de perfection. Le personnel dont vous
disposerez, vous permettra d'étendre vos recherches par des
explorations dans les différents centres commerciaux ouverts
aux Français par le Traité de Whampoa.

Il a paru suffisant, pour le moment, de placer un vice-
consul à Chang-Haï, mais il serait possible que les circonstances rendissent nécessaire la création d'agences consulaires
dans quelqu'autre des cinq ports, notamment à Amoy. Vous
pourrez en ce cas présenter à mon agrément les personnes qui
vous sembleront offrir le plus de garanties pour remplir ces
fonctions.

Le traité de Whampoa attribue aux Consulats du Roi une
juridiction civile et criminelle sur les Français établis en
Chine. Pour rendre applicables les stipulations qui ne se trouveraient pas en rapport avec notre législation consulaire,
j'ai dû faire préparer un projet de loi spécial qui sera prochainement soumis aux Chambres. J'aurai soin que les Vice-
Consuls soient compris dans ce projet de loi.

Je n'ai pas cru devoir désigner d'avance, vu l'absence de
tout candidat convenable en Europe et la difficulté de faire
à une si grande distance un choix sur les lieux mêmes, l'interprète qui devra concourir aux travaux de votre mission.
Votre premier soin en arrivant à Canton devra donc être
de choisir un interprète provisoire que je pourrai plus tard
confirmer dans son titre, quand sa capacité et sa discrétion
auront été suffisamment éprouvées, et je vous autorise à lui
compter un traitement annuel de 6.000 fr. que vous porterez
au compte des frais de service de votre mission.

L'observation scrupuleuse des règles de l'étiquette a dans
le pays où vous allez résider la plus grande importance. Afin
de prévenir les inconvénients qui pourraient résulter de

l'ignorance de quelques usages, j'ai fait rédiger par M. Callery dont l'expérience à cet égard ne saurait être mise en doute, une note détaillée que vous trouverez ci-jointe et que vous pourrez consulter avec fruit.

Tels sont, M., les points principaux que je crois devoir signaler à votre attention ; il est impossible, en présence d'une situation si nouvelle, si exceptionnelle à tant d'égards, de prévoir tous les cas qui pourraient se présenter. J'ai la ferme conviction que vous saurez apprécier sur les lieux la conduite que vous aurez à tenir pour maintenir en toute occasion, soit aux yeux des Chinois eux-mêmes, soit aux yeux des autres populations européennes qui communiqueront avec le Céleste Empire, la dignité et l'autorité du nom français, et pour consolider, pour étendre même, les rapports qui tendent si heureusement à s'établir, dans l'intérêt de la civilisation universelle, entre les régions les plus reculées de l'Extrême Orient et les nations chrétiennes de l'Europe occidentale.

M. Forth Rouen s'embarqua à Cherbourg sur la corvette la *Bayonnaise* ; elle devait être prête le 15 avril ; elle ne mit à la voile que le 24 avril 1847 [1].

1. Voir Henri Cordier, *Mélanges Américains*, Paris, Maisonneuve, 1913 : *Bahia en 1847*, p. 113.

L'EXPULSION DE MM. HUC ET GABET

DU TIBET (1846)

DOCUMENTS INÉDITS [1]

Lorsque parurent, en 1850, en 2 vol. in-8, à la librairie A. Le Clère et Cie, Paris, les *Souvenirs d'un voyage dans la Tartarie et le Thibet pendant les années 1844, 1845 et 1846*, par M. Huc, le succès de l'ouvrage fut considérable ; les éditions françaises furent nombreuses et la popularité de ce récit de voyage fut attestée par des traductions en anglais, en allemand, en hollandais, en espagnol, en italien, en suédois, en russe. Depuis Thomas Manning (1811-1812), aucun Européen n'avait visité Lhasa, la capitale du Tibet, et encore le voyageur anglais n'avait-il laissé aucune relation, en dehors de ses notes de route restées manuscrites.

Le voyage de Huc a été mis en doute par le célèbre explorateur russe Prjevalsky, injuste pour ses devanciers ; la cause du lazariste français a été victorieusement défendue par le col. Henry Yule [2] et par le prince Henri d'Orléans [3]. Les notes suivantes

1. Ext. du *Bulletin de Géographie historique et descriptive*, No 2. — 1909.

2. Préface de la traduction anglaise de l'ouvrage de Prjevalsky : *Mongolia*, London, 1876.

3. *Le Père Huc et ses critiques*, par Henri Ph. d'Orléans. Paris, Calmann Lévy, 1893, in-12, pp. 65 + 1 f. n. c.

compléteront leurs observations et jetteront du jour
sur ce que l'on savait des circonstances du retour
de Huc de Lhasa.

Les détracteurs de Huc oublient ou ignorent qu'il
avait un compagnon de route, Français comme lui,
GABET, et que ce compagnon confirme son récit ; ils
ignorent aussi, sans doute, qu'avant l'apparition des
Souvenirs, des lettres des deux missionnaires avaient
été insérées dans les *Annales de la Propagation de
la Foi* [1] et dans les *Annales de la Congrégation de
la Mission* [2].

Evariste-Régis Huc est né à Caylus (Tarn-et-
Garonne), le 1er juin 1813 ; il fut admis au séminaire
interne de la Congrégation de la Mission (Lazaristes)
le 5 septembre 1836, et il prononça ses vœux le
15 octobre 1838 ; envoyé dans l'Extrême-Orient
en 1839, il arriva à Macao, d'où il se rendit en Mongolie.

Joseph GABET est né le 4 décembre 1808 au diocèse
de Saint-Claude ; il fut admis au séminaire interne
des Lazaristes le 22 février 1834.

En 1844, Mgr. Martial MOULY [3], vicaire apostolique
de la Tartarie mongole, chargea MM. Gabet et Huc
« d'aller explorer la Tartarie mongole et étudier avec
soin les mœurs et le caractère de ces peuples nomades
qu'[ils avaient] mission d'évangéliser... Le 3 du mois
d'août 1844 [ils] quittèrent la vallée des *Eaux noires*

---

1. XIX, 1847, pp. 269-308 ; XX, 1848, pp. 5-33 ; 118-126 ; XXI,
1849, pp. 38-70, 73-135, 361-434.

2. XII, 1847, pp. 118-182 ; XIII, 1848, pp. 227-294, 345-425.

3. Joseph-Martial MOULY, né à Figeac le 2 août 1807 ; entré
dans la Congrégation de la Mission ; évêque de Fussulan, vic ap.
du Pe Tche-li sept. ; + à Peking, 4 déc. 1868.

[*He Choui*, 黑 水], chrétienté située à près de cent
lieues au nord de Pékin [1] », ayant pour seul compagnon de voyage un jeune lama. Les missionnaires se
rendirent à Dolon-nor, Kouei-houa tch'eng, au pays
des Ordos, Ning-hia, l'Ala-chan, la Grande Muraille,
Si-ning, et enfin au célèbre monastère de Kounboum ;
puis, par le Kou-kou-nor, se joignaient le 15 octobre
à une ambassade tibétaine venue de Pe-king qui, par
le Tsaïdam, les monts Bayen kara, arrivèrent le
29 janvier 1846 à Lhasa après un voyage de dix-huit
mois.

Le Père Huc a raconté son séjour à Lhasa dans une
autre lettre adressée à M. Etienne [2]. Les deux missionnaires paraissent avoir été bien traités dans la
capitale tibétaine ; malheureusement ils y trouvèrent
le mandchou Ki-chan, ancien gouverneur général du
Tche-li, qui, après avoir conduit à Canton les négociations avec le capitaine anglais Charles Elliot,
avait été dégradé, condamné à mort et embarqué
le 12 mars 1842 à Canton sous bonne garde pour être
conduit à Pe-king ; depuis il avait été envoyé au
Tibet comme Commissaire impérial pendant la minorité du Grand Lama. Il exigea l'expulsion des deux
Français. Le 26 février 1846, Huc et Gabet quittaient
Lhasa avec une escorte chinoise et furent conduits à
Ta-tsien-lou, dans le Se-tch'ouan, où ils furent bien
accueillis par le vice-roi à Tch'eng-tou ; leur voyage
à travers le Hou-pé et le Kiang-si fut pénible ; ils

---

1. Lettre de M. Huc à M. Etienne, supérieur général de la
Congrégation de la Mission, Macao, 20 déc. 1846. (*Annales Propag.
de la Foi*, XIX, 1847, p. 269.)

2. *Ibid.*, XXI, 1849, pp. 38 et seq., pp. 73 et seq.

arrivèrent enfin à Canton à la fin de septembre
1846 [1].

Malgré les stipulations formelles du traité signé
en 1844 par notre ambassadeur, M. DE LAGRENÉ, les
édits en faveur du libre exercice de la religion chrétienne restaient lettre morte. Notre consul à Canton,
M. LEFEBVRE DE BÉCOUR [2], écrivait au Ministre des
Affaires étrangères :

« Macao, 19 juin 1846. — Le Lazariste Laurent CARAYON
a été arrêté dans la province de Tche-li, en décembre 1845,
au moment où il passait la Grande Muraille à Tchang kia
k'eou pour se rendre en Mongolie ; conduit à Pao-ting fou,
se déclare Français et prêtre catholique ; après deux mois
d'hésitation, on l'expédie à Macao pour être, aux termes
du traité, remis à notre consul ; il arrive à Macao le
27 mai au soir, après un voyage de cent deux jours ».

La situation s'aggrave et M. de Bécour écrit une
nouvelle lettre au ministère :

Les édits en faveur du libre exercice de la religion chrétienne en Chine n'ont été publiés que dans un très petit nombre de provinces. On peut même dire qu'ils ne l'ont été qu'à
Canton, dans le Fou-kien, à Ning-po et probablement à
Chang-haï, quoique cela ne soit pas sûr ; c'est-à-dire qu'ils
ont été publiés dans les lieux où c'était le moins nécessaire,

---

1. Gabet a raconté ce voyage dans un rapport daté de Paris,
décembre 1847. (*Annales de la Propagation de la Foi*, XX, 1848,
pp. 118-126.) On trouvera une relation plus étendue écrite par le
même missionnaire, *ibid.*, pp. 223 et seq., 241 et seq.

2. Charles Lefebvre de Bécour, né à Abbeville, le 25 sept. 1811,
consul de 1re classe à Manille, gérant le consulat général, 18 mars
1843. — Cf. Henri Cordier, *La première légation de France en
Chine* (1847), pp. 1-5. Voir supra, p. 258.

et uniquement pour en imposer aux Européens par une fausse apparence de fidélité aux engagements pris. Je puis citer le Se-tch'ouan, le Kiang-si, le Ho-nan, le Hou-Pé, la grande et populeuse province du Chan-toung, comme autant de provinces où la publication n'a pas eu lieu ; et on croit généralement (je dirai tout à l'heure d'après quelles autorités je parle) qu'il en est ainsi de toutes les autres, sauf les exceptions mentionnées plus haut. Il est de plus à remarquer que pour plusieurs provinces, on sait que l'Empereur *a défendu* aux Vice-Rois de publier, ce qui équivaut, avec un peu de mauvaise volonté de leur part, à leur défendre de les reconnaître ou d'en tenir compte dans la pratique. Et c'est précisément ce qui arrive. Les chrétiens sont persécutés comme tels, dans le Se-tch'ouan, dans le Hou-Pé, dans le Ho-nan ; et quand ils présentent aux magistrats les copies des édits dont les missionnaires ont eu soin de les munir, les magistrats les rejettent et s'en moquent comme de papiers sans valeur et sans authenticité. Il paraît d'ailleurs, M. le Ministre, mais je n'ai pas caractère pour en juger, que ces édits, dans leur forme actuelle, ne réuniraient pas encore, fussent-ils même publiés de bonne foi, tout ce qui commande en Chine le respect et l'obéissance des peuples, une certaine couleur, certains caractères sacramentels en quelque sorte, enfin tous les minutieux détails de mise en scène qui doivent accompagner la manifestation de la volonté impériale, quand l'Empereur veut réellement la faire connaître à ses sujets.

Notre consul signale également l'expulsion du franciscain espagnol Michel Navarro [1] du Hou-Pé, conduit à Canton et à Macao.

Le P. Gabet, en passant dans cette partie de la Chine, écrivait : « Dans la province du Hou-Pé, qui

---

1. Michel Navarro, des mineurs réformés ou Alcantarins, né à Grenade (Espagne), 4 juin 1809 ; arriva à Hong-Kong, 1841 ; vic. ap. du Hou-nan, 1856 ; † à Heng-tcheou fou, 9 sept. 1877.

forme le vicariat apostolique de Mgr. RIZZOLATI, la persécution régnait de toutes parts à l'époque de notre passage ; et il n'y avait que peu de jours qu'un religieux espagnol, M. NAVARRO, venait de tomber entre les mains des satellites [1]. »

M. Lefebvre de Bécour annonçait enfin l'arrestation de MM. Huc et Gabet :

Ce n'est pas tout encore ; et voici quelque chose de plus grave, et qui nous touche de plus près. Deux missionnaires lazaristes français, MM. Huc et Gabet, ont été saisis, il y a quelques mois, à l'Hassa, capitale du Thibet, par ordre du résident chinois, et malgré la faveur déclarée des autorités thibétaines, qui malheureusement ont dû céder, après une longue lutte, aux injonctions du Commissaire impérial. Or il paraît que ce personnage n'est autre que l'ancien vice-roi de Canton YSHAN [2], qui, si je ne me trompe, a fait autrefois à M. l'amiral CÉCILE tant de protestations d'attachement et de bon vouloir pour la France. Nos deux compatriotes n'en ont pas moins été chassés du Thibet ; on me les renvoie à travers toute la Chine, et je les attends au premier jour à Macao, parce qu'ils ont passé par la capitale du Se-tch'ouan, il y a déjà assez longtemps. Ces deux missionnaires, hommes de talent, dit-on, n'avaient pas donné de leurs nouvelles depuis près de deux ans, et ils étaient à l'Hassa, capitale spirituelle d'une des plus grandes religions de l'Asie, prêchant avec la permission des magistrats et fort écoutés, quand le représentant de l'Empereur de la Chine dans ce pays, qui a perdu de son ancienne indépendance, les y a fait arrêter. Ils seront depuis l'ambassade anglaise de M. TURNER [3] (qui même n'alla point jusqu'à l'Hassa), les seuls Européens, à l'exception

1. *Annales Prop. Foi*, XX, 1848, p. 250.
2. Lire *Ki chan* ou *Ki chen* ; il avait été chargé de négocier à Canton, mais il était vice roi du Tche-li.
3. Voir *supra* T. Manning ; Samuel Turner s'est rendu à la cour du Teshoo Lama.

peut-être du savant Transylvain [1], qui aient pénétré dans un des pays les plus intéressants et les plus singuliers de l'Asie centrale ; et, comme je le disais au commencement de cette dépêche, même au point de vue purement humain, c'est un malheur qu'il ne leur ait pas été donné d'étudier plus longtemps une civilisation et un état social extraordinaires, une langue et une littérature encore peu connues, qui recèlent tous les secrets du bouddhisme, et une race que les anciens missionnaires ont représentée comme très favorablement disposée pour recevoir la lumière évangélique.

Ce fut le consul de Hollande qui accueillit les deux lazaristes à leur arrivée à Canton, qu'il annonce par la lettre suivante :

Canton, 27 septembre 1846 [2].

Monsieur le Ministre des Affaires étrangères, Paris.

Monseigneur,

Je prends la liberté de vous remettre pour Mess. les Directeurs de la Société des Lazaristes, dont je ne connais pas l'adresse. Je leur donne part de l'heureuse arrivée de deux de leurs MM. qui ont été conduits par la police à Canton de la Tartarie. Mon nom vous sera peut-être connu, par plusieurs Français, entre autres M. Laplace [3], qui logeait chez moi, il y a longtemps déjà, et par les secours que j'ai rendus si souvent aux naufragés français, tels que ceux du *Navigateur Euphémi* (?) *Ville d'Oléron* et autres que j'ai eus chez moi pendant plusieurs semaines.

---

1. Csoma de Körös, né le 4 avril 1784, à Körös, comté de Háromzék, Transylvanie ; + à Dardjiling, 11 avril 1842.
2. Lettre autographe signée. — Transmise, le 7 décembre.
3. Alors capitaine de frégate commandant la corvette *la Favorite* dans son voyage autour du monde exécuté pendant les années 1830, 1831 et 1832.

Les MM. français, actuellement en prison à Canton, m'ayant demandé mes secours, je le leur prette avec plaisir et espère les avoir relâchés demain.

J'ai l'honneur, etc.

M. J. Senn Van Basel [1].

Consul hollandais à Canton.

De son côté, M. L. de Bécour prévenait le Ministre des Affaires étrangères par cette lettre [2] :

Macao, 24 octobre 1846.

Monsieur le Ministre,

Les deux missionnaires lazaristes attendus du Thibet sont arrivés à Canton dans les derniers jours de septembre, et sur la demande du Consul des Pays-Bas ont été aussitôt mis en liberté, à condition de se présenter devant moi dès qu'ils se seraient reposés des fatigues de leur voyage. Le 4 octobre ils étaient à Macao. Ces messieurs m'ont confirmé sur les diverses circonstances de leur séjour au Thibet et de leur expulsion, la plupart des détails que j'ai eu l'honneur de vous communiquer dans ma précédente dépêche, mais je me suis trompé en vous disant que le Résident actuel de l'Empereur de la Chine était l'ancien vice-roi de Canton, Y-shan. C'est un autre personnage appelé Kishen, qui a exercé aussi à Canton les fonctions de Commissaire impérial et y a conclu en cette qualité, avec le capitaine Elliot, la fausse paix du mois de janvier 1841. C'est Kishen qui a exigé l'expulsion de nos deux compatriotes et, non content de les faire expulser, s'est opposé avec force à ce qu'ils sortissent du pays par la frontière du sud ou du sud-ouest, comme ils le demandaient, pour se rendre à Calcutta. La crainte de l'Angleterre paraît

---

1. Cf. William C. Hunter, *Bits of Old China*, London, 1885, pp. 33-35.

2. Let. a. s.

être un des principaux motifs de la jalouse surveillance que
le cabinet de Pe-king exerce sur le Thibet et des abus de
pouvoir qu'il se permet à l'Hassa. Néanmoins, s'il faut en
croire nos deux missionnaires, ce joug pèse singulièrement à
la régence du Thibet, malgré le détachement des intérêts
temporels qui caractérise non seulement le gouvernement,
mais encore le peuple de ce pays vraiment extraordinaire ;
et là, comme ailleurs, se manifeste un certain affaiblissement
du prestige que les victoires, l'activité politique et les grandes
qualités personnelles des illustres Empereurs Khang-hi et
Khien-long avaient conquis pour le nom chinois dans la moitié
de l'Asie. MM. Huc et Gabet ont été bien traités pendant tout
leur voyage et ont su partout se faire respecter par la fermeté
de leur langage et de leur attitude. Il est à désirer qu'après
avoir recouvré le sang-froid nécessaire pour un pareil travail,
et pris connaissance de ce que l'on a publié sur le Thibet, ils
rédigent une relation de leur voyage et de leur séjour qui ne
pourra manquer d'avoir un grand intérêt pour le monde
savant.

Je n'avais pas l'intention d'entrer en correspondance avec
le Commissaire impérial sur l'expulsion des missionnaires
catholiques, ni sur l'exécution des édits obtenus par M. de
Lagrené pour le libre exercice de la Religion chrétienne en
Chine, mais provoqué par la lettre ci-jointe de Ki-yng, il
m'a été impossible de ne pas relever le gant, et je crois qu'il
était tout aussi impossible de lui répondre avec plus de
ménagement dans l'état actuel des choses...

Ki-Ying, 耆 英, Commissaire impérial à Canton,
eut la maladresse d'envoyer à notre consul le document suivant :

Ky, Haut Commissaire Impérial de la grande dynastie de
Ts'ing, second Tuteur du Prince, Vice-Ministre du Palais,
Président du Conseil de guerre, Gouverneur général des
Provinces de Kouang-toung et Kouang-si, et membre de la
Maison Impériale,

Et Hoang, par Commission Impériale, Vice-Président du Conseil de guerre, et Sous-Vice-Roi de la province de Kouang-toung, adressent l'office suivant au Consul de France pour sa connaissance et pour sa gouverne, (ou : pour qu'il le sache et l'exécute).

Ayant reçu un office du Sous-Vice-Roi du Kiang-si, nous transmettant les offices des gouverneurs des différentes provinces par où ont passé deux missionnaires français Gabet et Huc, ensemble les personnes desdits deux missionnaires qui sont allés en plusieurs lieux de l'intérieur, prêchant la Religion, nous avons immédiatement délégué le quam-choo-foo et autres employés pour leur faire les questions requises, et ils ont dit « qu'ils étaient venus en Chine à différentes époques pour prêcher la Religion chrétienne ; qu'ayant passé par Canton, le Fou-Kien, le Kiang-si, le Hou-Pé, le Ho-nan, le Chan-toung, le Tche-li (Pe Tche-li), ils se sont rendus de la capitale de la Chine à Moukden, où ils se sont réunis ; que de là ils sont allés à Lan-tcheou, capitale du Kan-Sou, d'où ils ont passé ensemble au Thibet ; et que les magistrats du Thibet, les ayant renvoyés au Se-tch'ouan, ils ont été de là reconduits à Canton. Ils ont ensuite déclaré qu'étant fatigués du voyage et malades, et désirant se rétablir à Canton, le Consul hollandais, leur connaissance et ami, les recevrait avec plaisir dans sa factorerie pour les guérir. En outre, le Consul hollandais nous ayant fait la même déclaration, il nous a donné un reçu dans lequel il disait, « qu'aussitôt que les deux missionnaires seraient rétablis, il les remettrait au consul français. »

Ayant vu tout cela, nous avons à lui faire observer : que selon le traité, les Français, résidant, ou de passage dans les cinq ports, pourront se promener dans les environs, mais ne pourront pas dépasser les limites fixées et quand il arrivera que quelqu'un viole cet article en s'introduisant dans l'intérieur de l'Empire, il sera permis aux magistrats chinois de le faire remettre au consul français du port le plus prochain ; d'un autre côté, quand il a été convenu antérieurement qu'on ne punirait pas les Chinois qui embrasseraient la religion chrétienne dans le but de pratiquer le bien, il a été également convenu que les Étrangers ne pourraient d'aucune façon entrer dans l'Empire pour prêcher la religion. Maintenant ces missionnaires, en s'introduisant dans l'intérieur pour propager le christianisme, n'ont pas observé le traité et ainsi il convient de les livrer à leur consul. Mais comme ils ont représenté qu'ils étaient malades, et qu'ils voulaient se soigner à Canton, et que le Consul hollandais les a reçus volontiers pour qu'ils se guérissent chez lui, il était juste que nous accédassions à leur requête, pour leur témoigner notre compassion, et manifester la bonne harmonie qui règne entre les deux nations. En conséquence, outre que nous ordonnons que lesdits missionnaires soient immédiatement remis au Consul hollandais, en lui demandant le reçu nécessaire pour la constatation du fait et en lui recommandant de veiller à leur prompte guérison pour qu'ils soient remis au Consul français, nous lui adressons le présent office, afin que ledit consul sache ce qui s'est passé, et qu'aussitôt qu'il aura reçu du Consul hollandais lesdits missionnaires, il nous envoie la réponse en nous accusant réception de leurs personnes pour notre gouverne. Office Impérial.

Est jointe à cet office une copie du reçu délivré par le Consul hollandais. Quant à une caisse de bois pour papiers qui a été remise avec lesdits missionnaires, on la garde pour l'examiner, et ensuite on la lui enverra avec un autre office pour qu'il la remette auxdits missionnaires, ce que nous lui communiquons également.

Adressé au Consul français de Bécour.

10e jour de la 8e lune de la 26e année de Tao-Kouang (29 sept. 1846).

Le Consul hollandais passe ce reçu et déclare qu'il a reçu les deux missionnaires Huc et Gabet, lesquels se trouvent dans sa factorerie pour se guérir, et aussitôt qu'ils seront rétablis, ils seront conduits à Macao et livrés au Consul français de Becour. En foi de quoi il a signé le présent.

Fait dans la 8ᵉ lune de la 26ᵉ année de Tao-Kouang par le Consul hollandais.

Traduit par moi soussigné Joze Marinho MARQUEZ.

Pour traduction du Portugais :

Le Consul, gérant le Consulat de France en Chine,

Ch. LEFEBVRE DE BÉCOUR.

Macao, 3 octobre 1846.

Le Consul de France répondit aussitôt au Commissaire impérial :

Macao, 11 octobre 1846.

MONSIEUR LE COMMISSAIRE IMPÉRIAL,

J'ai reçu la lettre que V. E. m'a fait l'honneur de m'adresser en date du 10ᵉ jour de la 8ᵉ lune, conjointement avec S. E. HOANG, etc., pour m'annoncer que deux missionnaires français venus du Thibet ont été remis par vos ordres au consul du Roi des Pays-Bas. Depuis, ces missionnaires sont arrivés à Macao, après avoir pris quelques jours de repos à Canton, et je m'empresse de vous annoncer qu'ils se sont présentés devant moi, et que, par conséquent, la responsabilité du Consul des Pays-Bas à leur égard a cessé d'exister. Comme S. M. le Roi des Français prend un vif intérêt à tout ce qui concerne la Chine et les affaires de la Religion chrétienne dans cet Empire, je lui rendrai compte de l'événement au sujet duquel V. E. m'a fait l'honneur de m'écrire ; et peut-être S. M. apprendra-t-elle avec un certain étonnement, que depuis quelque temps les missionnaires ses sujets soient recherchés et poursuivis avec tant de rigueur, surtout si S. M. considère la condition particulière du pays où ces deux derniers ont été arrêtés, à la demande et sur les vives instances du Résident chinois, et malgré la bienveillante protection des magistrats thibétains.

J'ai vu avec plaisir dans la lettre de V. E. qu'elle n'a pas oublié ce qui a été réglé au sujet des Chrétiens en Chine, qui doivent pratiquer leur religion avec une entière liberté. Car plusieurs faits dont j'ai eu connaissance, et dont j'ai également rendu compte au gouvernement de S. M. le Roi des Français, m'avaient permis de craindre que dans plusieurs provinces les Chrétiens ne fussent pas admis à jouir de la liberté qui leur avait été solennellement accordée, à la demande du Roi des Français par l'intermédiaire de son Envoyé. Cela est arrivé sans doute par suite des anciennes habitudes ; mais je supplie V. E. qui désire ne rien épargner pour maintenir la bonne harmonie entre les deux nations, de se rappeler combien le Roi des Français a porté d'intérêt à cette affaire et de veiller à ce que les édits soient exécutés fidèlement, en punissant les magistrats qui oseraient y contrevenir et qui persécuteraient les Chrétiens.

J'espère que les papiers appartenant aux deux missionnaires venus du Thibet, et qui ont été retenus par vos ordres pour être examinés, leur seront promptement rendus ; ce sont des documents d'une grande importance pour eux, et où V. E. ne trouvera certainement rien de coupable.

Je ne terminerai pas cette lettre sans remercier V. E. d'avoir bien voulu permettre à ces hommes respectables et qui ne prêchent que la vertu, de se reposer quelques jours à Canton chez le Consul des Pays-Bas, avant de se rendre au lieu où je réside.

Daignez, etc.

Pour copie conforme :

Le Consul, gérant le Consulat de France en Chine,
Ch. Lefebvre de Bécour.

Nouvelle note de Ki-ying :

Ky, Haut Commissaire Impérial, etc., adresse la réponse suivante au Consul français Bécour.

Le susnommé Consul nous ayant écrit un office portant : « Que les deux missionnaires N. et N. lui ont été livrés par le Consul hollandais ; et ayant ensuite exposé les fréquentes et rigoureuses recherches qui se sont faites des missionnaires français, et que les Chrétiens en Chine devant pratiquer librement la Religion, comme il a été réglé, il craignait que dans quelques provinces de la Chine, les Chrétiens ne jouissent pas d'une entière liberté, et qu'en conséquence il désirait que les édits fussent exécutés dans toute leur étendue, en punissant les magistrats qui par hasard oseraient y contrevenir et persécuter les Chrétiens ; et quant à la boîte (des deux missionnaires) qu'il espérait qu'elle lui serait remise pour être rendue à ses maîtres », je viens lui dire :

Que selon le traité, l'employé chinois est autorisé à remettre au Consul français tout sujet du Royaume de France qui, transgressant les défenses, pénétrerait dans l'intérieur de la Chine ; et que selon ce qui a été réglé antérieurement, est exempt de punition tout sujet chinois qui embrasse la Religion chrétienne en vue de faire le bien, sans que les magistrats du district puissent jamais procéder arbitrairement contre lui ; mais que, quant aux étrangers, il leur est extrêmement défendu d'entrer dans l'intérieur pour prêcher la Religion. Maintenant les deux missionnaires, ayant passé de Canton et du Fou-kien dans les provinces de Kiang-si, Hou-Pé, Ho-nan, Chan-toung, Tcheli et ensuite de la capitale de Peking à Cuentang *(sic)* et Kan-Sou, pour prêcher la Religion chrétienne, ils ont (en ce faisant) pénétré dans l'intérieur de la Chine, et n'ont pas agi conformément à ce qui a été réglé ; en même temps, s'ils ont été découverts, reconduits à Canton, et livrés au susdit consul, ce n'a été que pour exécuter le traité, et avec l'intention de garder la foi, et conserver la bonne harmonie. Quant à la boîte appartenant auxdits missionnaires, il convient qu'elle leur soit rendue.

En conséquence, la présente réponse est adressée au Consul susdit pour son information, et on lui envoie la boîte pour être remise aux missionnaires N. et N. Réponse spéciale.

Adressée au Consul français de Bécour avec une boîte en bois.

6e jour de la 9e lune de la 26e année de Tao-Kouang (25 oct. 1846).

Traduit par moi soussigné Joze M. MARQUEZ.

Pour traduction du portugais :

Le Consul, gérant le Consulat de France en Chine,

Ch. LEFEBVRE DE BÉCOUR.

Macao, 2 novembre 1846.

Ces documents officiels, jusqu'ici inédits, ne peuvent laisser aucun doute sur la réalité du voyage de Huc et Gabet ; ce dernier mourut au Brésil le 3 mars 1853.

Huc quitta la Congrégation de la Mission le 26 décembre 1853 ; il est mort à Paris en mars 1860. J'ai raconté ailleurs le rôle considérable qu'il a joué dans les événements qui ont amené l'intervention de la France en Cochinchine en 1858.

LES FRANÇAIS
AUX ILES LIEOU K'IEOU [1]

Le Journal de la Société asiatique de Chang-haï, en 1905 [2], et le magazine *East of Asia*, en 1904 [3], renfermaient des articles intéressants, par M. LEAVENWORTH, sur l'histoire des îles Lieou K'ieou, qui ont été depuis réimprimés en un volume séparé [4]. Toutefois le rôle joué par la France dans ces îles ayant été passé sous silence, je crois utile de le rappeler, d'après des documents dont les derniers sont inédits.

On sait l'activité que la France et les Etats-Unis déployèrent dans les mers d'Extrême-Orient après la guerre d'opium et la signature par les Anglais du traité de Nan-king (1842). Déjà le Japon attirait l'attention des puissances occidentales, et les îles

1. Ext. du *Bulletin de Géographie historique et descriptive*, No. 3. — 1910.
2. The History of the Loochoo Islands, by Charles S. LEAVENWORTH. *(Journal China Branch Royal Asiatic Society*, XXXVI, 1905, pp. 103-119).
3. The Loochoo Islands, by Charles S. LEAVENWORTH, M. A. *(East of Asia*, vol. 3, 1904, n° 3, sept., pp. 282-302 ; n° 4, déc., pp. 371-386).
4. The Loochoo Islands, by Charles S. LEAVENWORTH, M. A. Professor of History, Imperial Nanyang College, Shanghai. — Shanghai : « North-China Herald » Office, 1905, in-8°, 3 ff. n. ch. + pp. 186, ill. et carte.

Lieou K'ieou paraissaient désignées pour ménager les approches du grand archipel de l'Asie orientale.

A défaut de l'amiral CÉCILLE et de la *Cléopâtre*, retenus sur les côtes de Chine par la mission LAGRENÉ, ce fut la corvette *Alcmène*, commandée par M. FORNIER-DUPLAN, récemment promu au grade de capitaine de vaisseau, qui fut choisie pour se rendre aux îles Lieou K'ieou ; le 4 avril 1844, le commandant Fornier-Duplan appareilla de la rade de Macao, emmenant avec lui un prêtre des Missions étrangères, l'abbé FORCADE, et un catéchiste chinois, Augustin Ko ; les vents et les courants contraires ne permirent à l'*Alcmène* de gagner la baie de Nafa que le 28 avril. Après des pourparlers, la lettre suivante était remise, le 3 mai, par les autorités locales à l'abbé Forcade pour le commandant Fornier-Duplan :

L'ordre d'un grand empire étant à craindre, nous prions qu'on daigne recevoir l'hommage du petit royaume. Nous demandons, en conséquence, qu'on nous fasse la miséricorde de ne pas établir le commerce.

D'après le rapport du gouverneur de la ville de Nafa, nommé Chang Leang-pi, un grand commandant français a ordonné de faire amitié et d'établir le commerce avec le royaume de Lieou K'ieou, puis de donner réponse après beaucoup de réflexions. Il est tout à fait conforme à la raison que nous fassions connaître les motifs de cette réponse.

Or, en réfléchissant humblement en nous-mêmes sur la volonté où vous êtes de faire le commerce, nous avons pensé qu'elle ne partait pas d'une autre source que de l'amitié. Mais notre royaume est un pays de très petite importance : ses îles sont stériles, elles ne produisent qu'un peu de riz ; elles n'ont ni or, ni argent, ni cuivre, ni fer. Le peuple tout entier peut à peine subvenir à sa nourriture quotidienne : il manque généralement d'ustensiles. Or, de toute antiquité, nous échangeons le riz et les autres productions de notre royaume avec les îles voisines, et c'est ainsi que nous subvenons un peu à nos besoins. Mais survient-il de la sécheresse ou des orages, alors il y a une grande disette de produits, et nous ne pouvons faire le commerce avec ces îles, comme nous le voudrions. Que si maintenant nous faisons le commerce avec votre royaume, il est vrai que votre royaume n'y suffira pas.

D'un autre côté, notre royaume reçoit toujours de l'empire chinois la dignité royale, quoique la couronne y soit héréditaire, et il paye tribut à la dynastie régnante. Or, tout ce qui est de grande importance, nous ne le décidons pas de nous-mêmes. C'est pourquoi, dans les années 1803, 1827 et 1832, les royaumes *mongiali, iamilikami* (américain), *inigiti* (anglais) voulant établir le commerce, nous leur avons donné la même réponse et en même temps nous les avons priés de nous excuser.

Nous prions donc le grand commandant d'examiner avec soin nos véritables motifs, de nous faire l'insigne grâce d'avoir pitié de nous et de nous dispenser de l'alliance et du commerce. Nous le conjurons de vouloir bien, à son retour dans sa patrie, se faire notre intercesseur auprès de l'Empereur et nous obtenir ce que nous demandons, et alors tous les mandarins et les grands du royaume allumant des bâtonnets, nous lui rendrons un culte immortel.

Du règne de Tao-Kouang, la 24e année, le 16e jour de la 3e lune (4 mai 1844).

Le gouverneur général de Chang-Lang, ville de premier ordre, au royaume de Lieou K'ieou.

HIANG-NANG-PAO

Le grand capitaine veut que deux interprètes soient laissés à terre. Nous avons examiné. Or, jamais auparavant, des hommes d'un pays étranger n'étaient descendus à terre pour y rester. Et parce que le pays est malsain, nous craignons beaucoup que ces deux hommes, en restant, ne contractent quelque infirmité, par suite de la mauvaise température.

C'est un grand inconvénient, nous prions qu'on y fasse attention.

Cette lettre, nous dit le commandant Fornier-Duplan, était accompagnée de présents à l'intention du Commandant, du P. Forcade et de M. Augustin, consistant en un bœuf, deux cochons, deux chevreaux, deux jarres de vin de riz, des pièces de cotonnade grossière et des éventails en papier [1].

Le 4 mai, le commandant se rendait à terre pour visiter la ville de Nafa et le village de Po-tsoung ; il était accompagné du P. Forcade et d'Augustin. Avant de se rembarquer, il remettait la lettre suivante, écrite en caractères chinois et adressée au gouverneur :

Le capitaine de vaisseau FORNIER-DUPLAN, etc., écrit ceci :

J'ai reçu votre lettre, datée de la 24e année du règne de Tao-Kouang, 3e mois, 16e jour, et je l'ai lue avec attention ; j'ai aussi reçu vos présents et je vous en rends grâce.

Vous avez pensé avec raison que la proposition d'établir le commerce ne venait point d'une autre source que notre amitié pour vous. Pour que le commerce s'établisse entre deux nations, il faut qu'il y ait avantage pour l'une et pour l'autre et qu'elles y consentent mutuellement. Cela est conforme à la justice, dont nous ne voulons en aucune manière enfreindre les lois.

Je ferai donc savoir à notre *Empereur* que vous ne pouvez faire le commerce avec nous, et je le prierai de daigner accepter vos excuses. Je lui dirai aussi que vous nous avez fait très bon accueil et que vous avez subvenu à tous nos besoins avec une générosité sans exemple, ne voulant accep-

---

1. Campagne de l'*Alcmène.* (*Bull. Soc. Géogr. Rochefort*, n° 1, 1908, p. 31).

ter aucun argent pour nos dépenses. Je suis assuré que Sa Majesté ordonnera aux capitaines de ses navires de se conduire toujours avec vous avec bienveillance et amitié.

Je suis heureux que vous ne m'ayez pas refusé de recevoir les deux interprètes : ayant l'ordre de les laisser dans votre pays, j'aurais été contraint de le faire nonobstant un refus de votre part, et le déplaisir que je vous aurais ainsi causé m'aurait fait beaucoup de peine à moi-même.

Vos observations touchant le climat et la crainte où vous êtes sur la santé de ces deux personnes témoignent de votre bon cœur ; mais vous saurez que les Français, quand ils ont reçu un ordre, l'exécutent même au péril de leur vie. Je débarquerai donc à terre, demain, ces deux interprètes, avec leurs effets, en les recommandant de nouveau à vos bons soins.

Je partirai après-demain, si, comme je l'espère, le temps le permet. Ne sachant s'il me sera donné de vous voir avant mon départ, je vous prie de recevoir mes adieux, etc. [1].

Le commandant Fornier-Duplan complète ainsi le récit de son séjour aux Lieou K'ieou :

« Cette formalité accomplie, lorsque je veux prendre congé, les mandarins m'offrent d'entendre quelques chants du pays pour me faire honneur ; leurs airs ressemblent assez à nos chants d'église, et ils marquent la mesure en frappant les mains. Enfin je leur fais mes adieux ; leur interprète m'annonce qu'il viendra à bord le lendemain, me prier d'écrire mon nom et ceux des officiers sur mon éventail.

« 5 mai 1844. — Ces braves gens nous avaient donné une pièce de bois, six bœufs, des cochons, etc., et ne voulaient point en recevoir le payement. J'étais fort embarrassé ; mais, heureusement, ils avaient

---

1. Campagne de l'*Alcmène, loc. cit.*, p. 33.

paru désirer une longue-vue. M. Le Brec vint à mon aide en m'offrant la sienne, qui était très bonne et toute neuve. Je profitai de la proposition, me réservant de demander au Ministre de la Marine d'en donner une autre à cet officier, dont j'avais eu à signaler déjà les capacités, le zèle et le dévouement, et que je comptais recommander particulièrement pour la Légion d'honneur.

« A dix heures arrivèrent les mandarins. J'avais fait remettre à neuf un certain nombre de pièces de monnaie à l'effigie du roi Louis-Philippe. Je donnai une pièce d'or au jeune interprète et je distribuai des pièces d'argent aux autres mandarins. Ce ne fut pas sans de grandes difficultés qu'ils les acceptèrent, et alors, prenant à deux mains l'effigie du Roi, chacun éleva la pièce plusieurs fois au-dessus de son front, dans une salutation solennelle. Sur leur demande, je fis écrire les noms des officiers de l'état-major sur un éventail, et, l'interprète ayant écrit un quatrain chinois sur le sien, nous en fîmes l'échange. Je lui remis ensuite la longue-vue offerte pour son chef, avec ma carte de visite ; il me fut promis qu'elles lui seraient remises le soir même.

« A leur départ, les mandarins ne cessèrent de m'assurer que le nom de l'*Alcmène* resterait éternellement gravé dans leur mémoire ; ils me demandèrent de les bien recommander au grand chef qui devait venir et me firent promettre aussi que, si MM. Forcade et Augustin venaient à tomber malades, ils remettraient aux autorités locales un certificat constatant la manière dont ils auraient été traités.

« Le 6 mai, à six heures et demie du matin, MM. Forcade et Augustin se rendirent à terre, accompagnés de MM. Le Brec et Bolloré. Ils furent bien reçus par les mandarins, et les adieux ne se firent pas sans attendrissement de part et d'autre [1]. »

De l'archipel des Lieou K'ieou, l'*Alcmène* se rendit aux Chousan.

Quand les missionnaires eurent débarqué, au milieu d'une foule considérable de curieux, ils furent conduits tout droit à la bonzerie de Tou-maï (le vrai nom de Po-tsoung), qui fut la demeure ou plutôt la prison affectée désormais à leur résidence ; d'abord traités avec beaucoup d'attentions, ils ne tardèrent pas à être l'objet d'une surveillance tracassière. Deux frégates anglaises, le *Samarang* en juin 1845, et le *Royalist* en août, firent une courte apparition aux Lieou K'ieou.

Rappelons que c'est au début de l'apostolat de M. Forcade qu'arriva à Nafa le docteur Bettelheim, fondateur de la mission protestante, qui débarqua le 2 mai 1846, venant de Hong-kong.

Le 1er mai 1846 arrivait le navire de guerre la *Sabine*, commandant Guérin, avec un nouveau missionnaire, M. Le Turdu, qui, suivant les instructions de l'amiral Cécille, ne devait être débarqué que sur la réquisition de M. Forcade ; celui-ci écrivit en conséquence au commandant de la *Sabine* :

« Bien que je ne puisse encore considérer comme certain le séjour définitif de M. Le Turdu dans ce royaume, plein de confiance dans l'habileté connue de M. l'amiral Cécille et dans son dévouement à la cause de nos missions, rassuré d'ailleurs par ses récents

---

1. Campagne de l'*Alcmène* en Extrême-Orient (1843, 1844, 1845 et 1846). D'après le Journal du commandant Fornier-Duplan. *(Bull. Soc. Géogr. Rochefort*, 1908, janv.-mars, pp. 20 à 34.)

succès en Chine, j'ose prendre sur moi de vous demander dès aujourd'hui le débarquement de mon cher confrère [1]. »

Cependant la nécessité d'avoir un interprète à bord fit rester M. Le Turdu sur la *Sabine*, qui appareilla, de Nafa pour Port-Melville, le 30 mai 1846 ; le 4 juin, la *Victorieuse*, commandée par M. Rigault de Genouilly, passait en route pour le même port ; enfin, le lendemain 5 juin, l'amiral Cécille arrivait avec la *Cléôpâtre* et emmenait M. Forcade à Port-Melville, où les négociations devaient être conduites pour l'obtention d'un traité d'amitié et de l'autorisation de la résidence des deux missionnaires dans l'archipel.

« Les négociations traînèrent. C'est un système très oriental. On en vit la fin au bout de six semaines. Le gouvernement de Lieou K'ieou supplia qu'on lui fît grâce du traité d'amitié. M. l'amiral Cécille répondit que ce refus inattendu lui imposait la nécessité d'en référer à son empereur ; qu'il reviendrait ou enverrait dans un an porter la réponse ; mais qu'en attendant il devait laisser dans le pays MM. Forcade et Le Turdu afin qu'ils apprissent parfaitement la langue et fussent très bien en état de servir ensuite d'interprètes. Cette déclaration fit faire la grimace. Mais enfin, après avoir épuisé l'arsenal des subterfuges, on accorda les points suivants : les missionnaires resteront dans l'île ; on leur procurera des livres pour étudier la langue ; la bonzerie de Tu-maï leur sera entièrement livrée, sauf indemnité ; ils n'auront point de gardes ; ils seront en tout soumis au droit commun [2]. »

---

1. *Premier missionnaire catholique du Japon...*, par Forcade, p. 55.

2. Marbot, *Vie de Mgr. Forcade*, Aix, 1886, p. 124.

Le 17 juillet 1846, l'amiral Cécille reprenait la mer avec la *Cléopâtre* et ses deux corvettes *Sabine* et *Victorieuse*, pour se rendre au Japon ; il emmenait avec lui MM. Forcade, qui devait revenir plus tard aux Lieou K'ieou, et Augustin qui, au contraire, n'y devait pas retourner ; M. Le Turdu restait donc seul dans l'archipel. L'amiral devait visiter le Japon et la Corée ; à ce dernier pays il devait demander compte du martyre de Mgr. Imbert, évêque de Capse, vicaire apostolique de Corée, décapité en 1839 à Saï-nam-to, près de Séoul, ainsi que les PP. Maubant et Chastan. Le 29 juillet 1846, la division navale arrivait à Nagasaki, qu'elle quittait le 31, sans que personne ait pu débarquer ; elle se dirigea ensuite vers la Corée ; l'amiral entra en relations avec les indigènes de Wai-ian-do et retourna enfin aux Chousan le 19 août.

L'arrivée du prêtre des Missions étrangères Adnet changea les plans de M. Forcade ; le pape Grégoire XVI avait décidé la création d'un vicariat apostolique du Japon, et le P. Adnet apportait l'acte consistorial du 25 mars, désignant pour ce poste le P. Forcade, qui devait être consacré, par suite, évêque de Samos et vicaire apostolique. M. Forcade, en conséquence, partit le 7 septembre sur la *Cléopâtre*, qui arriva le 29 septembre à Manille ; de là, il se rendit à Hong-kong, où, le 21 février 1847, il recevait la consécration des mains de Mgr. Rizzolati [1], franciscain. Le P. Adnet, de son côté, partait le 8 septembre sur la *Victorieuse* pour se rendre à Nafa, où il prenait la place de Mgr Forcade. Nous ne suivrons pas

---

1. Giuseppe Maria Rizzolati, de la province de Venise, vicaire apostolique de Hou-kouang, évêque d'Arada, 30 août 1839 ; mort à Rome en 1862.

celui-ci dans sa brillante carrière : le commandant
LAPIERRE avait succédé à l'amiral Cécille dans le
commandement de la division navale avec la *Victorieuse* et la *Gloire*, frégate remplaçant la *Cléopâtre* ;
M. Forcade s'embarqua sur la *Gloire*, assista le
13 avril à l'affaire de Tourane ; le soir même, Lapierre
reprenait la route de Hong-kong, d'où Mgr. Forcade
partit pour Paris ; il retourna à Hong-kong en 1848 ;
malade, il rentra en Europe en 1852 ; nommé évêque
de la Guadeloupe le 6 avril 1853, puis de Nevers, il
devint archevêque d'Aix-en-Provence où il mourut
du choléra le 12 septembre 1885 ; il était né à Versailles le 2 mars 1816.

Le départ de l'amiral Cécille, qui avait quitté
(juillet 1846) les îles Lieou K'ieou en y laissant les
abbés LE TURDU et ADNET en qualité d'interprètes
à la place de M. Forcade, ne laissa pas d'inquiéter
les autorités de Choui en méfiance contre les nouveaux
venus ; elles adressèrent leurs doléances à la cour de
Pe-king ; elles furent entendues ; sur la demande de
KI-YING, vice-roi des deux Kouang, l'amiral français
promit que la division navale, devant se rendre prochainement à Nafa, en ramènerait à Macao les deux
missionnaires, objets de l'inquiétude des autorités
loutchouanes. La mission de se rendre aux Lieou
K'ieou fut donnée aux commandants LAPIERRE et
RIGAULT DE GENOUILLY, qui venaient avec la *Gloire*
et la *Victorieuse* de détruire la flotte du roi d'Annam,
Thiêu-tri, dans la baie de Tourane (15 avril 1847) ;
malheureusement ces deux navires se perdirent le
10 août suivant, sur la côte de Corée, et, par suite,
notre visite aux Lieou K'ieou fut retardée.

L'année suivante, la corvette la *Bayonnaise*, commandée par M. JURIEN DE LA GRAVIÈRE, qui avait

emmené en Chine notre premier envoyé et chargé
d'affaires le baron FORTH-ROUEN [1], fut chargée d'accomplir la mission et elle arriva en vue de la terre le
25 août 1848. Depuis un mois, le P. Adnet était mort,
à 35 ans, d'une affection de poitrine [2] ; à côté de lui
avait été enterré le second chirurgien de la corvette
Victorieuse, mort en 1846 en rade de Nafa. Le P. Le
Turdu [3] restait donc seul.

Les missionnaires habitaient le village de Tou-maï,
non loin de Nafa et à 2 milles environ de la ville de
Choui ; par suite des demandes de l'amiral Cécille, les
missionnaires avaient le droit de circuler librement
dans l'île ; mais, par suite des agissements des Japonais que redoutaient les gens de Nafa, ce privilège
avait été supprimé en pratique. Le 17 octobre 1847,
jour des funérailles du roi du pays, les PP. Le Turdu
et Adnet, ainsi que le missionnaire protestant, docteur Bettelheim, voulurent se rendre à Choui, mais ils
furent attaqués par la populace.

L'arrivée de la *Bayonnaise* plongea dans la conster-
nation les gens du pays, qui montrèrent la plus grande
humilité. Le maire de Choui rendit visite à notre commandant et présenta ses excuses pour ce qui était
arrivé ; l'attaque de nos missionnaires n'était qu'un
malentendu causé par des gens grossiers, et les autorités locales n'en étaient pas responsables, etc.

---

1. *La première légation de France en Chine* (1847). Documents
inédits, publiés par Henri CORDIER. Leide, E.-J. Brill, 1906;
br. in-8º. Voir *supra*, pp. 257-280.

2. Mathieu ADNET, du diocèse de Verdun, des Missions étrangères de Paris, parti le 27 février 1846 ; † à Nafa, le 1er juillet 1848.

3. Pierre-Marie LE TURDU, du diocèse de Saint-Brieuc, agrégé
à Versailles, des Missions étrangères de Paris, parti le 10 mars
1845 ; missionnaire aux Lieou K'ieou et au Kouang toung, où il
fut pro-préfet ; † à Canton le 15 juillet 1860, à 40 ans.

« MM. Le Turdu et Adnet n'étaient point, en effet, des missionnaires ordinaires ; ils avaient été conduits à Nafa par une frégate française, et laissés dans l'île du consentement des mandarins : on les avait acceptés comme des agents officiels, on s'était engagé à les traiter avec plus d'égard qu'on n'en avait témoigné à Mgr. Forcade, et, loin de remplir ces promesses, on avait failli, pour les empêcher d'user d'un droit jusqu'alors reconnu, les faire périr sous les coups des agents de police. Il y avait, sans aucun doute, dans ce concours de circonstances, des motifs plus que suffisants pour exiger une réparation, ou pour apprendre par quelque mesure sévère à ce peuple, qui semblait cacher une finesse cauteleuse sous sa feinte douceur, le respect des engagements pris envers la France [1]. »

Etait-il nécessaire ou utile de tirer une réparation de la conduite des Lou-tchouans? Assurément non.

Il fut convenu avec le P. Le Turdu que, « sans user de notre droit de représailles, sans même demander la punition des satellites qui avaient maltraité nos missionnaires, nous bornerions notre vengeance à inquiéter, par une extrême froideur et un brusque départ, les autorités, qui n'avaient fait probablement qu'obéir à cette pression morale du Japon, contre laquelle leurs habitudes d'asservissement ne leur avaient point permis de protester [2]. »

Le P. Le Turdu s'embarqua donc sur la *Bayonnaise*, qui se rendit le 12 septembre dans la baie de Manille, puis rentra à Macao [3].

---

1. Jurien de la Gravière, I, p. 220.
2. Idem, *ibid.*, I, p. 221.
3. *Voyage en Chine... pendant les années* 1847, 1848, 1849, 1850,

Depuis longtemps, les grands intérêts commerciaux des Etats-Unis dans l'Extrême-Orient, le développement rapide de la Californie, le besoin de créer une ligne de navires de San Francisco à la Chine, faisaient désirer au gouvernement de Washington d'établir des relations avec le Japon. A la suite de la délivrance de matelots naufragés par le Commodore GLYNN, qui eut une conférence avec le président FILLMORE, pour étudier la question de l'envoi d'une forte escadre au Japon, afin de réclamer pour les matelots américains en détresse un traitement convenable, et obtenir des modifications aux règlements existants pour les relations et le commerce, le Commodore AULICK, porteur d'une lettre du Président à l'Empereur du Japon, datée du 10 juin 1851, de pleins pouvoirs pour négocier un traité et d'instructions de M. WEBSTER, fut nommé au commandement de la station des Indes Orientales. A peine était-il arrivé en Chine, qu'il fut rappelé et remplacé par le Commodore Matthew Calbraith PERRY. Ce dernier arriva en juillet 1853 à Uraga, à l'entrée de la baie de Yedo, porteur de ses instructions. Il visita après les îles Lieou-K'ieou et la Chine, et, l'année suivante, malgré l'hostilité du prince de Mito et les ennemis des Chôgouns de la maison de Toku-gawa, le *bakufu*, c'est-à-dire le gouvernement Chôgounal, consentit à signer un traité à Kanagawa, le 31 mars 1854. Ce traité, signé pour les Etats-Unis par le Commodore M. C. PERRY, l'était pour le Japon par HAYASHI, Daigaku-no-kami, IDO, Prince de Tsoushima, IZA-WA,

par le vice-amiral JURIEN DE LA GRAVIÈRE, 2e éd., Paris, 1864, 2 vol. in-12. Vol. I, chap. XI. — Les îles Lou-tchou. — Retour de la *Bayonnaise* à Macao.

Prince de Mimasaka, et Udono, membre du Ministère des Finances, et comprend douze articles, dont
le plus important est le dixième qui ouvrait aux
Américains les ports de Shimoda dans la province
d'Idzu, et d'Hakodate, dans l'île de Yeso. Ratifié
par le Président des Etats-Unis en 1854, les ratifica-
tions de ce traité furent échangées à Shimoda le
21 février 1855.

Les gouvernements anglais et français se montrèrent inquiets des agissements des Américains,
d'autant plus que l'on faisait courir le bruit que le
Commodore Perry avait obtenu des avantages particuliers du gouvernement des îles Lieou-K'ieou. La
lettre suivante du Ministre de la Marine et des Colonies au Ministre des Affaires Etrangères témoigne de
cette préoccupation :

Paris, le 25 janvier 1854 [1].

Monsieur le Ministre et cher Collègue, j'ai reçu la lettre que
vous m'avez fait l'honneur de m'écrire le 13 de ce mois, pour
me transmettre divers renseignements sur l'expédition dirigée dans les mers de Chine & et du Japon par le Gouvernement des Etats-Unis d'Amérique, ainsi que sur les concessions
que le Commodore Perry aurait obtenues du Gouvernement
de Napa-Kiang (îles Liéou-Khiéou), avantages qui ne ten-
draient à rien moins qu'à créer, pour les Américains, un établissement permanent sur cette île, comme au Port Lloyd
(île Bonin).

Ces îles, considérées comme point de relâche et de ravitaillement, relient naturellement, par Honolulu, les côtes
d'Amérique avec le Céleste Empire et le Japon ; elles ont

---

1. Ce document ainsi que les suivants et le texte du traité sont
inédits.

donc une importance réelle, au point de vue des intérêts de
nos établissements en Océanie et de notre commerce en
général ; aussi me suis-je empressé d'adresser des instructions à M. le Contre-Amiral LAGUERRE, Commandant en chef
la Division de la Réunion et de l'Indo-Chine, afin qu'il fît
les démarches nécessaires pour obtenir des avantages analogues à ceux que le Commodore Perry aurait pu faire stipuler
en faveur de ses compatriotes.

(Sig.) Théodore Ducos.

Le Gouvernement britannique suggérait même
l'idée d'une entente avec le gouvernement des Etats-
Unis pour l'occupation des îles Bonin : la lettre suivante du Ministre de la Marine au Ministre des Affaires étrangères explique la situation :

Paris, le 21 juin 1854.

Monsieur le Ministre et cher Collègue, j'ai reçu la dépêche
que vous m'avez fait l'honneur de m'écrire le 6 mai dernier,
au sujet d'une proposition du Gouvernement de S. M. Britannique, qui serait disposé à s'entendre à l'amiable avec la
France et les Etats-Unis d'Amérique, afin d'occuper les îles
Bonin et d'y établir des ports de refuge et de ravitaillement
pour les navires de toutes les nations.

Avant de répondre à cette communication, qui faisait
suite, d'ailleurs, à celle que vous m'aviez précédemment
adressée (le 12 janvier dernier) sur les avantages obtenus par
le Commodore PERRY aux îles Licou-Khieou et Bonin, j'ai
voulu me rendre un compte exact de l'importance que
pourrait avoir la création d'établissement dans ces dernières,
eu égard au nombre de baleiniers qui fréquentent cette partie
de l'Océan Pacifique. Il résulte de renseignements recueillis
près de nos Officiers et des Capitaines au long cours qui ont
séjourné aux îles Bonin, que les navires baleiniers français se
rendent généralement dans l'une d'elles pour y réparer leurs

avaries et y faire de l'eau, qu'ils s'y procurent du bois et des rafraîchissements ; mais qu'il serait trés avantageux pour eux d'y pouvoir trouver les objets d'approvisionnements et les ressources que ne manquerait pas de leur offrir l'établissement qu'on se propose d'y créer.

D'un autre côté, comme point de relâche et de ravitaillement pour les paquebots qui doivent, dans un avenir rapproché, relier par Honolulu les côtes d'Amérique avec le Céleste Empire et le Japon, ce groupe, comme les îles Lieou-Khieou, a une importance véritable, et, au point de vue de nos établissements en Océanie, de notre commerce en général, il ne peut y avoir qu'un intérêt réel à y former des établissements permanents. C'est dans cette pensée que j'ai donné déjà des instructions au Commandant en chef de notre Station navale dans les mers de l'Inde et de la Chine, ainsi que je vous en ai informé le 25 janvier de cette année, afin qu'il eût à faire stipuler en faveur de la France des avantages analogues à ceux que le Commodore Perry avait su obtenir des chefs des îles Lieou-Khieou.

En résumé, et dans mon opinion, je crois que, sous tous les rapports, on ne saurait que s'associer aux vues du Gouvernement Anglais et accepter la proposition que l'Ambassadeur de S. M. B. à Paris a été chargé de vous faire relativement aux îles Bonin.

Agréez, etc.

(Sig.) Théodore Ducos.

En réalité, ce ne fut que le 11 juillet 1854, que le commodore Matthew C. Perry, commandant en chef les forces navales américaines dans les Indes Orientales, la Chine et le Japon, avait signé à Napa, dans la Grande Lieou-K'icou, un traité en 7 articles. Le marin américain avait recommandé à son gouvernement une prise de possession de l'archipel [1].

1. *American Diplomacy in the Orient,* by John W. FOSTER. Boston and New York, 1904, in-8, p. 229.

Peu de temps après, le Docteur Peter PARKER, qui fut ministre américain en Chine, préconisait l'occupation temporaire par la France de la Corée, par la Grande-Bretagne des Chousan, et par les Etats-Unis de l'île Formose [1].

En 1855, l'amiral GUÉRIN, qui avait déjà visité les Lieou-K'ieou en 1846 comme commandant de la *Sabine*, retourna à Nafa avec deux prêtres des Missions étrangères, les abbés MERMET [2] et GIRARD [3], et signa le traité suivant avec les autorités locales :

CONVENTION ENTRE LA FRANCE ET LES ÎLES LIEOU-KIIEOU.

Frégate *la Virginie*, le 17 décembre 1855.

En attendant la conclusion d'un traité plus complet entre Sa Majesté l'Empereur des Français et Sa Majesté le Roi des Iles Liou-tchou, la Convention suivante a été passée et arrêtée entre les représentants soussignés des deux Gouvernements à Nafa, le vingt-quatre novembre mil huit cent cinquante-cinq.

Savoir :

Pour S. M. l'Empereur des Français, M. le Contre-Amiral GUÉRIN, commandant en chef la Station navale de la Réunion, de l'Inde, de la Chine et du Japon, d'une part ; et pour S. M. le Roi des îles Liou-tchou,

---

1. *Ibid.*, p. 229.

2. Eugène-Emmanuel MERMET, du diocèse de Saint-Claude ; Missions étrangères de Paris ; quitte la France le 25 août 1854 ; missionnaire au Japon ; quitta la mission en 1864.

3. Prudence-Séraphin-Barthélemy GIRARD, du diocèse de Bourges ; Missions étrangères de Paris ; quitte la France le 29 mars 1848 ; missionnaire au Japon ; provicaire ; supérieur de la mission (1859-1866) ; † à Yokohama, le 9 décembre 1867, à 48 ans.

Leurs Excellences :

CHANG Kin-pao, Régent du Royaume ;

MA Leang-tsay, Ministre des Finances ;
WOUN Té-yi, Ministre des Finances.

Lesquels sont convenus des articles suivants :

ARTICLE PREMIER.

A l'avenir, lorsque des Français viendront aux îles Liou Tchou, ils seront traités avec toute la courtoisie et les égards qui sont dus aux sujets de Sa Majesté l'Empereur des Français. Toute denrée du pays qu'ils demanderont aux chefs ou aux gens du peuple leur sera vendue, sans que les autorités locales puissent établir aucun règlement prohibitif pour empêcher le peuple de leur vendre directement. Tous les objets de part et d'autre qu'ils voudraient acheter ou vendre seront échangés à des prix raisonnables.

ARTICLE 2.

Le Gouvernement de Liou-tchou refusant avec persistance de consentir à l'achat et même à la location, par des Français, de terrains, maisons et bateaux, il est arrêté entre les soussignés que les terrains, maisons et bateaux nécessaires aux Français leur seront fournis par les autorités du pays pendant tout le temps qu'ils en auront besoin. Si les terrains, maisons ou bateaux donnés aux Français ne leur convenaient pas, ils le feraient remarquer aux autorités locales qui devraient alors leur en fournir de plus convenables. Faute par elles de faire droit à leur réclamation, les Français seront autorisés alors à louer les terrains, maisons et bateaux à leur convenance.

Un terrain spécial situé à proximité d'un débarcadère sera concédé ou affermé à Toumai au Gouvernement Français par celui de Liou-Tchou, pour y établir un dépôt de charbon et les constructions nécessaires à la conservation et à l'administration de ce dépôt.

Les terrains, maisons ou bateaux occupés par des Français seront inviolables.

ARTICLE 3.

Toutes les fois que des bâtiments français entreront dans une des rades de Liou-Tchou, il leur sera fourni le bois et l'eau dont ils auront besoin aux prix courants ; mais, s'ils ont besoin d'autres objets, ils ne pourront les acheter qu'à Nafa.

ARTICLE 4.

Si des navires français viennent à naufrager sur l'une des îles Liou-Tchou, les autorités locales devront, dès qu'elles en seront informées, prêter assistance à l'équipage, pourvoir à ses premiers besoins et prendre toutes les mesures nécessaires pour sauver le navire et préserver les marchandises. Elles devront, en outre, conserver en lieux sûrs tout ce qui pourra être mis à terre jusqu'à ce que des bâtiments de cette nation viennent prendre ce qui aura été sauvé. Les dépenses occasionnées par le sauvetage des naufragés seront remboursées par la nation à laquelle ils appartiennent.

ARTICLE 5.

Les Français auront, aux îles Liou-Tchou, la liberté d'aller où il leur plaira et de communiquer librement et sans obstacles avec les habitants. On ne les fera pas accompagner d'agents chargés de les suivre ou d'espionner ce qu'ils font ; mais si ces personnes cherchent à acheter de force des objets, ou commettent tout autre acte illégal, elles seront arrêtées par les autorités locales, sans pour cela être maltraitées, et remises au capitaine du premier bâtiment français qui arriverait aux îles Liou-Tchou.

ARTICLE 6.

A Tumai est un cimetière pour les Français ; leurs tombes et tombeaux seront respectés [1].

____

1. Cf. LEAVENWORTH, *op. cit.*, p. 31, qui mentionne les tombes d'Adnet et de Jules Galland, de la corvette *la Victorieuse*, 10 sep-

Article 7.

Le Gouvernement de Liou-Tchou nommera des pilotes capables pour veiller les bâtiments qui passeront au large de l'île, et si quelqu'un se dirige vers Nafa, les pilotes se rendront dans de bons bateaux pour le conduire à un mouillage sûr. Le Capitaine payera au pilote cinq piastres pour ce service, et le même prix sera donné pour aller de la rade au dehors des brisants.

Article 8.

Lorsque des bâtiments mouilleront à Nafa, les autorités locales leur fourniront du bois au prix de 3.600 sapecs pour mille catties de bois, et de l'eau au prix de 600 sapecs pour mille catties ou six barriques.

Article 9.

S'il arrive que des matelots ou autres individus désertent des bâtiments de guerre ou s'évadent des navires de commerce français, les autorités locales, sur la réquisition du Capitaine, feront tous leurs efforts pour découvrir et restituer sur-le-champ entre ses mains les susdits déserteurs ou fugitifs.

Pareillement, si des habitants des îles, prévenus de quelque crime, venaient se réfugier dans des maisons françaises ou à bord des navires, l'autorité locale s'adresserait au capitaine du bâtiment, ou au maître de la maison qui, sur la preuve de la culpabilité, prendrait toutes les mesures nécessaires pour que l'extradition soit effectuée.

Article 10.

Si, malheureusement, il s'élevait quelque rixe ou quelque querelle entre les Français et les Lou-Tchouans, comme aussi

tembre 1846 ; il y a en tout neuf tombes étrangères : outre les deux françaises, six américaines, et une dont l'inscription est illisible.

dans le cas où, dans le cours d'une semblable querelle, un ou plusieurs individus seraient tués ou blessés, les habitants seraient arrêtés par les autorités du pays qui les feraient punir, s'il y avait lieu, conformément aux lois du pays. Quant aux Français, ils seront remis au Capitaine du premier bâtiment français qui se présenterait aux îles Liou-Tchou.

ARTICLE 11.

Si des bâtiments en détresse ou en avarie arrivaient aux îles Liou-Tchou, les autorités locales s'empresseraient de leur porter secours, de rechercher les matériaux nécessaires pour les réparer, et de mettre à leur disposition un local pour y déposer les agrès du navire, les marchandises et les vêtements de l'équipage.

Enfin il reste bien entendu que, quelque chose qu'il arrive, la France jouira toujours aux îles Liou-Tchou des mêmes avantages que la nation la plus favorisée.

Le désir mutuel des deux Gouvernements est qu'il existe toujours une entente parfaite entre leurs sujets respectifs.

Et ont signé, les jour, mois et an que dessus :

> Le C.-Amiral *(sig.)* GUÉRIN ;
> Le Régent du Royaume *(sig.)* CHANG Kin-pao ;
> Les Ministres des Finances *(sig.)* MA Leang-tsay, WOUN Té-yi.

Le contre-amiral Guérin se rendit ensuite sur les côtes de Mandchourie, à bord de la *Virginie*, puis fit voile pour la Corée, et, le 16 juillet 1856, il jetait l'ancre dans la baie de Broughton qu'il désirait explorer ; après avoir fait l'hydrographie de la baie, l'amiral se dirigea vers le Sud, explorant les embouchures des fleuves de Corée, donnant le nom du « Roi Jérôme » à l'une des principales baies. Après avoir séjourné trois semaines à l'embouchure du Yang-tseu, la *Virginie* fit voile pour les îles Lieou-K'ieou, où l'amiral Guérin avait laissé, l'année précédente, les abbés MERMET et GIRARD, qui n'avaient pas été inquiétés et qu'on avait laissés en possession d'un temple qui leur avait été assigné pour demeure, mais qui n'avaient cessé d'être l'objet de la surveillance des autorités. M. Mermet retourna à Hong-Kong et fut remplacé par MM. FURET [1] et MOUNICOU [2], venus sur la *Virginie*. Le séjour de ces deux missionnaires fut de courte durée ; ils ne paraissent pas d'ailleurs avoir obtenu le moindre succès. L'abbé Furet a laissé quelques lettres, datées de 1858, qui ont été publiées [3].

Aujourd'hui personne ne dispute aux Japonais la possession de l'archipel des Lieou-K'ieou 琉球 qu'ils appellent Ryù Kyù ; la capitale est Churi, dont le port, Nafa, est appelé par les Japonais Okinowa 沖繩. La visite du croiseur français *La Clocheterie* en 1877 fut toute pacifique [4].

1. Auguste-Théodore *Furet*, du diocèse du Mans ; Missions étrangères de Paris ; quitte la France le 19 avril 1853 ; missionnaire au Japon (1853-1869) ; quitte la mission du Japon en 1869.

2. Pierre MOUNICOU, du diocèse de Tarbes ; Missions étrangères de Paris ; quitte la France le 29 mars 1848 ; sous-procureur à Hong-kong ; missionnaire au Japon ; provicaire apostolique ; † à Kobé, le 16 octobre 1871, à 49 ans.

3. *Lettres à M. Léon de Rosny sur l'Archipel Japonais et la Tartarie Orientale*, par le P. FURET, missionnaire apostolique au Japon... Deuxième édition. Paris, Maisonneuve, MDCCCLXI, pet. in-12, pp. iv-120. (Voir *Bibliotheca Sinica*, 2e éd., col. 3013-3014.).

4. *Une visite aux îles Lou-tcheou*, par M. J. REVERTÉGAT, 1877. *(Le Tour du Monde*, XLIV, 1882, pp. 249-256.)

TABLE

Abbeville. — Imprimerie F. Paillart.

ABOULFEDA. — **Géographie** traduite de l'arabe par MM. Reinaud et Stanislas Guyard et accompagnée de notes et d'éclaircissements. Paris, Imp. Nat., 1848-83, 2 tomes en 3 vol. in-4° br., pl., 1091 pages... **50** fr.

BAILLE. — **Dictionnaire Chinois-Français.** 5 gr. volumes in-4° brochés... **100** fr.

BLOCHET. — **Le Messianisme** dans l'hétérodoxie musulmane. Le Mahdisme. Paris, 1903, in-8° br....................... **6** fr.

CAUSSIN DE PERCEVAL. — **Grammaire arabe vulgaire** pour les dialectes d'Orient et de Barbarie. Sixième édition. Paris, 1903, in-8° br... **5** fr.

CLÉMENT MULLET (J.-J.). — **Le livre de l'Agriculture d'Ibn-al-Awam** (Kitab-al-Félahah), traduit de l'arabe. Paris, 1864-67, 3 vol. in-8° br., 1434 pages, planches................. **30** fr.
Ouvrage couronné par la Société d'Agriculture de Paris.

DERENBOURG (J.), membre de l'Institut et DERENBOURG (H.), professeur à l'Ecole des Langues Orientales. — **Opuscules et traités d'Abou'lwalid Merwan Ibn Djanah de Cordoue.** Texte arabe publié avec une introduction française. Paris, Imp. Nationale, 1880, in-8° br., cxxiv-400 pages, fac-similé............. **15** fr.

FUMEY (Eugène), premier drogman de la légation de France au Maroc. — **Choix de correspondances marocaines** pour servir à l'étude du style épistolaire administratif employé au Maroc, 50 lettres officielles de la Cour chérifienne. Tome Ier : Textes et notes. — Tome II : Traductions. Les deux volumes gr. in-8°, brochés. Paris, 1903.. **25** fr.

GARCIN DE TASSY. — **Science des Religions.** L'Islamisme d'après le Coran, l'enseignement doctrinal et la pratique. Paris, 1874, in-8°, br... **7** fr. **50**

GASSELIN (E.). — **Dictionnaire Français-Arabe.** Deux beaux vol. in-4° br. de 975 et 860 pages à deux colonnes. Paris.... **200** fr.

RR. PP. HACQUARD et DUPUIS (Pères Blancs), missionnaires à Tombouctou. — **Manuel de la langue Songay** parlée de Tombouctou à Say, dans la boucle du Niger. Paris, 1897, in-12 br. de IV-283 pages..................................... **5** fr.

3, rue du Sabot, 3 — PARIS (VIe)

HARLEZ (C. DE). — **I-Li. Cerémonial de la Chine antique** avec des extraits des meilleurs commentaires, traduits pour la première fois. Paris, 1890, un beau vol. gr. in-8° br., de XVI-408 pp. et 7 planches.......................... **15 fr.**

JULIEN (Stanislas). — **Han-wen-tchi-nan.** Syntaxe nouvelle de la langue chinoise, fondée sur la position des mots, suivie de deux traités sur les particules et les principaux termes de Grammaire d'une table des idiotismes, de fables, de légendes et d'apologues, traduits mot à mot. Paris, 1869-70, 2 vol. gr. in-8°, br., 860 pages....... .... **30 fr.**

LAMAIRESSE (E.). — **Vie de Mahomet d'après la tradition.** Paris, 1897-98, 2 vol. in-12 br., de 402 et 387 pages ... **10 fr.**

QUERRY (A.). — **Droit musulman.** Recueil des lois concernant les musulmans, Schyites. Paris, Imp. Nat., 1871-72, 2 vol. in-8°, br., VIII-467 pages.......................... ..... **30 fr.**

SONNECK. — **Chants Arabes du Maghreb.** Etude sur le dialecte et la poésie populaire de l'Afrique du Nord. *Texte arabe.* Paris, 1902, in-8° br.... .... **15 fr.**

VIÇWA-MITRA. — **Les Chamites Indes pré-aryennes** (berceau). Origines des Egyptiens, Libyens, Sabéens, Chananéens et Phéniciens, des Polynésiens, de la civilisation Chaldéo-Babylonienne, de l'Amérique centrale, du Calendrier des Mégalithes, des noms de nombre, de la Métallurgie, etc., site du Paradis terrestre. Paris, 1892, un fort vol. gr. in 8° br., de VIII-786 pp.... **25 fr.**

Pour paraître :

RENÉ BASSET

Doyen de la Faculté des Lettres d'Alger
Correspondant de l'Institut

Mélanges Africains et Orientaux

ABBEVILLE. — IMPRIMERIE F. PAILLART